다문화주의와 평생교육

내일을여는지식 사회 18

여성결혼이민과
한국사회

다문화주의와 평생교육

권미경 지음

한국학술정보㈜

　최근 정부는 다양한 다문화(多文化)정책을 내놓고 있다. 다문화 사회에 대한 문제인식은 다소 늦은 감이 있지만 다문화사회 정착을 위한 과정은 발 빠르게 진행되는 듯하다. 이러한 정부의 정책적 노력에 발맞추어 지자체, 공공기관, 학계, 민간단체까지 다문화가정과 다문화교육을 연구하며 정책적 대안제시에 나서고 있다. 일면 희망적으로 보이기도 한다. 우리 사회는 다문화사회에 먼저 진입했던 다른 국가들이 거쳤던 시행착오를 건너뛰어, 보다 안정적으로 다문화사회에 진입할 가능성도 없지 않다.

　그러나 실제로 여성결혼이민자들을 만나 보면 그들은 여전히 가정문제, 자녀문제, 경제문제, 사회적 차별로 인해 고통 받고 있다. 외국인이기 때문에, 여성이기 때문에, 경제적 어려움 때문에 이중, 삼중의 고통과 차별을 받고 있다. 희망을 갖고 여러 지원 프로그램에 참가했다가 실망하기도 하고 상처받기도 한다.

　최근에 한 지원 프로그램에서 만난 여성결혼이민자들은 한편으로는 한국사회에 적응하여 살기 위해 열심히 노력하면서도 이혼, 양육권, 그리고 자녀의 유산상속과 관련된 법에 지나칠 만큼 관심을 보이기도 하였다. 아직 한국생활에 정착을 하지 못하고 자신의 미래에 대해 불안을 느끼고 있다는 증거라고 생각된다.

우리 사회는 머리로는 이들을 받아들여야 한다고 인정하면서도 가슴으로는 받아들이지 못하는 듯하다. TV나 영화를 통해 보는 외국, 특히 서양의 다양한 인종구성은 별로 이상하게 생각하지 않고, 오히려 다양한 생김새의 영화배우, 가수 등을 좋아하기도 한다. 그러면서도 우리 주위에 우리와 다르게 생긴, 다른 언어를 사용하는, 다른 문화적 배경을 가진 사람이 있다면 그들을 타자(他者)로 여기며 대부분 부정적 시선을 보낸다. 우리 일상공간에서의 '그들'을 거부하는 것이다.

단일민족국가라는 유산 때문인가? 역사적으로 창조되었을 뿐이라는 사실이 여러 자료를 통해 입증되었음에도 우리는 아직도 단일민족과 순혈주의를 강조하고 자랑스러워한다.

그렇다면 우리 한국사회는 어떻게 갈등과 차별 없이 이들과 더불어 살 수 있을까? 이민의 역사를 가진 여러 나라들을 살펴보면 그 바탕은 사회 내의 다양한 문화, 인종을 존중하고 공존을 인정하는 다문화주의이며, 정부는 다양성을 보호하고, 인종이나 민족에 따른 차별 없이 모든 사람에게 평등함을 보장하는 다문화주의 정책을 추진해 왔다. 그리고 정책 추진을 위해 제공되는 사회적, 경제적, 정치적 제도상의 지원에 있어 가정, 학교, 사회라는 삶의 터 어디에서든지, 그리고 전 생애에 걸쳐서 이루어지는, 시간과 공간을 아우르는 평생교육이 큰 역할을 하고 있음을 알 수 있다.

다문화사회에 진입하려는 우리 사회가 가지고 있는 문제점과 해결방안에 대한 호기심에서 출발한 이 책은 한국사회 속에서 살아가는 여성결혼이민자들에 초점을 맞춰 다문화주의와 평생교육의 역할, 그 실천영역에 대하여 고찰하였다.

1부는 한국사회의 다문화사회로의 진입 배경과 그 변화 속에 위치한 여성결혼이민자의 위상, 그리고 그들에 대한 여러 차원의 지원에 대해 살펴보았다.

2부는 초기의 인종주의부터 용광로주의, 다문화주의를 고찰하고, 각국의 다문화주의 정책을 비교 문화적으로 살펴보았다. 그리고 다문화주의 정책 추진 과정 속에서의 평생교육의 역할에 대하여 알아보았다.

3부는 여성결혼이민자들의 한국생활 체험에 대한 기술이다. 여성결혼이민자들이 한국인과 결혼해 한국에서 살면서 아내, 며느리,

어머니라는 가족구성원으로서, 또 지역사회의 구성원으로서 하게 되는 체험, 그리고 이들이 겪는 적응의 장애요인을 분류 및 서술하였다.

4부에서는 함께 어울리고 소통하는 다문화사회 실현을 위한 다문화주의와 평생교육의 실천방안에 대하여 언어교육, 문화교육, 양성평등교육, 여성 인적자원개발, 자녀의 학교교육, 다문화교육 등의 영역으로 나누어 살펴보았다.

결론적으로 다문화사회를 살아가는 우리 모든 구성원들이 함께 잘 살 수 있는 방법은 다문화주의에 입각한 평생교육의 실천으로 귀결된다. 그 구체적인 방안에 대해서는 많은 탐구와 노력이 필요할 것이다. 이 책이 그 시작이 된다면 더 바랄 것이 없다. 이 책을 출판하는 데 도움을 주신 모든 분들께 감사드린다.

2009년 4월

권미경

차 례

1 부

한국사회의 변화와 여성결혼이민자

1. 다문화사회로의 진입

북한이탈주민,[1] 국제이주노동자, 여성결혼이민자[2]가 증가하면서 다양한 문화와 인종을 가진 사회 구성원이 늘어나게 되고, 우리 사회는 다문화사회로 진입하게 되었다. 따라서 다문화가정[3]에 대한 사회적 관심도 증가하고 있다. 특히 여성결혼이민자의 경우 결혼 후 2년이 지나면 국적을 취득할 수 있고,[4] 또 자녀는 출생과 동시에 대한민국 국적을 가지게 되므로 여성결혼이민자들의 적응과 자녀문제는 매우 중요한 사회의 문제이다.

1980년대부터 종교단체[5]를 통해 일본 여성과의 국제결혼이 시

---

1) 북한이탈주민은 탈북자라고도 부르나 2005년 1월 10일부로 통일부는 탈북자라는 용어를 '새터민'으로 바꾸었다. '새터민'은 '새로운 터전에서 삶의 희망을 갖고 사는 사람'이라는 뜻이다.

2) 흔히 사용하는 용어인 '이주여성'은 여성이주노동자, 여성결혼이민자, 성매매 종사 외국인 여성을 모두 포함하는 광범위한 표현이므로, 결혼을 통해 이주한 여성들은 국제결혼 이주여성이라는 표현을 쓸 수밖에 없는데 이럴 때는 국제결혼 이주남성이라는 표현의 문제가 생긴다. 따라서 '여성결혼이민자'라는 용어를 채택하였다(설동훈 외, 2005).

3) 다문화 가정은 2004년 4월에 건강가정시민연대가 가정용어를 개선하기 위해 사용을 권장한 용어로 우리와 다른 민족, 문화적 배경을 가진 사람들로 구성된 가정을 통칭한다.

4) 2005년 8월 16일 정부 관계부처 명의로 발표된 여성결혼이민자에 대한 지원방안의 주요 골자는 국내체류 5년 이상일 경우에 한해 주어졌던 영주권을 국내거주 2년으로 완화하였다.

5) 주로 통일교를 통해 결혼이 이루어졌다. 통일교는 '참가정 실천운동'의 이름으로 국제결혼을 주선하여, 초기에는 통일교 신자를 중심으로 일본인 여성과 한국인 남성 간의 결혼을 주로 주선했고 1990년대 중반 이후로 적극적인 포교정책과 맞물려 비신자나

작되었으며, 1990년대 초에는 한·중 수교 이후 중국동포와 중국 한족의 결혼이주가 활발해졌다. 이때는 중국동포들의 취업이주 및 농촌 총각의 결혼문제가 맞물려 국제결혼이 전체적으로 증가세를 보이게 된다. 1990년대 중반 이후부터는 노동과 삶의 질 향상을 위해 결혼을 통해서 한국에 이주하는 빈곤국 여성과 주변화된 남성들 간의 결합으로 인해 필리핀, 태국, 몽골 등으로 여성결혼이민자들의 국적이 다양화되었고, 최근에는 베트남과 구소련 등으로 더욱 다변화되고 있다. 한국남성과 주로 동남아시아 출신 여성 간의 국제결혼은 남성이 생계부양 책임자이고 여성이 전업주부이자 다음 세대의 노동력 재생산자로서의 역할을 담당하는 전통적인 가부장적 성별분업 논리에 따라 이루어지면서 만들어 내는 특수한 시대적 현상이다(이수자, 2004: 206).

새로운 신자로 국제결혼 주선을 확대해 나갔다. 필리핀에서 통일교는 '세계평화통일가정연합'이라는 이름으로 한국으로의 국제결혼을 주선해 나갔고, 농촌지역에 거주하는 대부분의 일본인 여성과 상당수의 필리핀 여성을 통일교의 국제결혼을 통해 입국시켰다(왕한석·한건수·양명희, 2005:5).

<표 1-1> 국제결혼 추세 및 인구구성 전망(10년)

(단위: 건, %)

연도	총 결혼건수	국제결혼		외국인 아내		외국인 남편	
		결혼건수	구성 비율	결혼건수	구성 비율	결혼건수	구성 비율
1997	388,591	12,448	3.2	9,266	2.4	3,182	0.8
1998	375,616	12,188	3.2	8,054	2.1	4,134	1.1
1999	362,673	10,570	2.9	5,775	1.6	4,795	1.3
2000	334,030	12,319	3.7	7,304	2.2	5,015	1.5
2001	320,063	15,234	4.8	10,006	3.1	5,228	1.6
2002	306,573	15,913	5.2	11,017	3.6	4,896	1.6
2003	304,932	25,658	8.4	19,214	6.3	6,444	2.1
2004	310,944	35,447	11.4	25,594	8.2	9,853	3.2
2005	316,375	43,121	13.6	31,180	9.9	11,941	3.8
2006	332,752	39,690	11.9	30,208	9.1	9,482	2.8
2007	345,592	38,491	11.1	29,140	8.4	9,351	2.7
1997~2007	3,698,141	261,079	7.1	186,758	5.1	74,321	2.0

자료: 통계청(2008). 인구동태(혼인).

<표 1-2> 결혼이민자 현황

(단위: 명)

결혼 이민자									자녀현황		
계			국적 미취득자			국적 취득자					
계	남	여	계	남	여	계	남	여	계	남	여
144,385	16,702	127,683	102,713	13,711	89,002	41,672	2,991	38,681	58,007	29,837	28,170

자료: 행정안전부(2008). 국제결혼이주민 현황.

통계청(2008)에 의하면 2007년의 총 결혼건수 345,592건 중에서 외국인 아내와의 결혼은 29,140건으로 전체의 8.4%를 차지한다(표 1-1).

행정안전부(2008)의 자료에 의하면 2008년 5월 현재 결혼이민자는 144,385명으로 이 중 여성은 127,683명이며, 자녀수는 58,007명에 이른다(표 1-2). 여성결혼이민자의 출신국가는 전 세계 93개

나라에 이를 정도로 다양화되는 추세이지만 실제로는 주로 개발도상국으로, 한국남성과 아시아권 여성 사이의 결혼이 전체의 3분의 2가 넘는다. 이러한 추세는 점차 강화되고 있으며, 2000년대 초에는 중국, 일본, 필리핀 출신이 다수였으나 최근에는 베트남, 몽골, 우즈베키스탄 출신 등으로 다변화 경향을 보이고 있다. 국적별로 보면 중국, 조선족을 합해 89,456명(61.9%), 베트남 21,150명(14.6%), 필리핀 7,826(5.4%), 일본 6,464명(4.4%)순이며, 특히 베트남 여성과의 혼인은 높은 증가율을 보이고 있다(표 1 - 3). 필리핀 여성들은 초기에 상대적으로 높은 교육수준과 영어를 구사할 수 있다는 강점이 강조되었으나, 최근에는 문화적 차이와 자녀의 피부색에 대한 우려로 베트남 여성이 증가하고 있다(왕한석·한건수·양명희, 2005: 6). 베트남 여성의 경우 20대 안팎으로 한국인과 외모상의 구별이 되지 않고 순종적 성품을 가졌다는 이유로 국제결혼 중매시장에서 선호하는 나라가 되었다(이태옥, 2006).

〈표 1 - 3〉 여성결혼이민자 국적별 현황

(단위: 명, %)

구분	계	중국	중국 조선족	베트남	일본	대만	필리핀	몽골	태국	기타
계	144,385 (100)	33,667 (23.3)	55,789 (38.6)	21,150 (14.6)	6,464 (4.4)	3,805 (2.6)	7,826 (5.4)	2,054 (1.4)	1,843 (1.2)	11,787 (8.1)
국적 미취득자	102,713 (71.1)	22,683	32,466	19,660	5,994	3,341	4,716	1,855	1,644	10,354
국적 취득자	41,672 (28.9)	10,984	23,323	1,490	470	464	3110	199	199	1,433

자료: 행정안전부(2008). 여성결혼이민자 국적별 현황

지역별로는 경기에 39,395명(27.3%), 서울에 36,532명(25.3%)이

거주하고 있는데(표 1-4), 중국동포는 주로 도시에 거주하고, 필리핀·태국·베트남 여성은 주로 농촌에 거주하고 있다.

〈표 1-4〉 결혼이민자 및 자녀의 지역별 현황

(단위: 명, %)

구분	계		국적 미취득자		한국 국적을 취득한 자		국제결혼가정 자녀	
			국제결혼이주자		혼인귀화자			
합계	144,385	100.0	102,713	11.5	41,672	4.7	58,007	6.5
서울	36,532	25.3	24,048	2.7	12,484	1.4	7,500	0.8
부산	7,287	5.1	5,431	0.6	1,856	0.2	3,057	0.3
대구	4,436	3.1	3,424	0.4	1,012	0.1	2,254	0.3
인천	8,291	5.7	6,068	0.7	2,223	0.2	3,054	0.3
광주	2,807	1.9	2,094	0.2	713	0.1	1,608	0.2
대전	3,032	2.1	2,196	0.2	836	0.1	985	0.1
울산	2,431	1.7	1,797	0.2	634	0.1	1,068	0.1
경기	39,395	27.3	27,770	3.1	11,625	1.3	11,131	1.2
강원	3,636	2.5	2,665	0.3	971	0.1	2,590	0.3
충북	4,160	2.9	3,015	0.3	1,145	0.1	2,584	0.3
충남	5,874	4.1	4,284	0.5	1,590	0.2	3,421	0.4
전북	4,947	3.4	3,565	0.4	1,382	0.2	4,283	0.5
전남	5,919	4.1	4,501	0.5	1,418	0.2	4,902	0.5
경북	6,503	4.5	4,894	0.5	1,609	0.2	4,235	0.5
경남	7,934	5.5	6,057	0.7	1,877	0.2	4,601	0.5
제주	1,201	0.8	904	0.1	297	0.03	734	0.1

자료: 행정안전부(2008). 결혼이민자 및 자녀의 지역별 현황.

2. 한국사회에서의 여성결혼이민자

1) 여성결혼이민자의 위치

보건복지부의 실태조사(설동훈 외, 2005)에 따르면 국제결혼 부부의 연령 차이는 평균 7세 정도로 연령 차이가 큰 것으로 나타나는데, 남편이 10살 이상 위인 경우가 전체의 34%이며, 베트남(72%), 몽골(60%), 구소련(57%), 재중동포(37%)순으로 연령 차이가 극심하다. 이는 국제결혼업체를 통해 결혼을 하는 경우 남편이 10세 이상 연상인 경우가 60%를 초과하기 때문이다.

이들은 언어소통 문제와 생활전반의 문화적 차이 때문에 불편을 겪거나 가정이 파탄되는 사례가 발생하고, 각종 정보·자원·취업으로부터도 소외되고 있다. 또 사회복지서비스 제공기관을 이용하지 않는 경우가 86% 이상이며, 기관이 있다는 사실을 몰라서 이용하지 못하는 경우는 39.2%이다.

결혼이민자 자녀의 연령별 현황을 살펴보면, 전체 58,007명 중에서 만 6세 미만이 33,140명으로 57.1%를 차지하고 있어(표 2-5), 아직은 학교에서의 문제가 두드러지지 않고 있으나, 이들이 취학하게 되어 학생 수가 급증하게 될 때의 상황 예측과 함께 대책 마련이 필요한 시점이다.

2008년 4월의 교육과학부 자료는 행정안전부(2008)의 자료와 그 수에 있어 다소 차이가 있기는 하나, 전반적인 취학현황을 살펴볼 때, 현재 초·중·고 재학 중인 결혼이민자 자녀수는 2008년 현재 18,769명으로 이 중 초등학생이 15,804명으로 대부분을 차지하며 중학생은 2,205명, 고등학생은 760명이다(표 2-6). 2010년경부터 는 학생 수가 급증할 것으로 예상되고 있다.

이들은 어려서부터 언어습득과 교육에서 어려움을 겪는 경향이 있으며, 이러한 어려움은 기초학력 미달을 초래하기도 한다. 국제결혼 이주 가정 자녀 중 초등학생의 7.48%, 중학생의 9.52%, 고등학교의 6.09%는 기초학력 미달 학생이다(연합뉴스, 2006/4/23). 자녀양육 환경도 취약한 것으로 나타나는데, 상당수의 여성결혼이민자 자녀들은 부모의 낮은 사회경제적 지위와, 언어·문화·교육방식의 차이 등으로 가정·학교교육에서 문제를 드러내고 있다. 이들은 언어 발달 지체 및 문화 부적응으로 인해 학교수업에 대한 이해도가 낮으며, 지나치게 소극적이거나 반대로 폭력성 또는 과잉행동장애(ADHD)를 보이는 등 정서장애도 보인다. 또 교과서를 비롯한 교재와 교사들의 태도가 다문화주의를 포용하지 못하는 데서 오는 '차별'과 '배제' 때문에 아동들이 조기에 사회적 소외를 경험할 가능성이 높다. 설동훈 외(2005)의 연구에 따르면 여성결혼이민자 자녀 가운데 집단 따돌림을 경험했다는 비율은 17.6%이며, 그 이유는 엄마가 외국인이라서(34.1%), 의사소통이 잘 안 돼서(20.7%)의 순으로 나타났다.

〈표 2-5〉 결혼이민자 자녀의 연령별 현황

구 분	계	만6세미만	만7~12세	만13~15세	만16~18세
인원	58,007	33,140	18,691	3,672	2,504
비율(%)	100	57.1	32.2	6.3	4.3

자료: 행정안전부(2008). 결혼이민자 자녀의 연령별 현황

〈표 2-6〉 결혼이민자 자녀의 취학현황

구분	초		중		고		계	
	인원	증감(%)	인원	증감(%)	인원	증감(%)	인원	증감(%)
2005	5,332		583		206		6,121	
2006	6,795	27.4	924	58.5	279	35.4	7,998	30.6
2007	11,444	68.4	1,588	71.9	413	48.0	13,445	68.1
2008	15,804	38.1	2,205	38.9	760	84.0	18,769	39.6

자료: 교육과학부(2008). 결혼이민자 자녀의 취학현황

현재 초등학교에 재학 중인 국제결혼 가정 자녀들이 중·고교 진학 연령대로 진입할 경우, 정서적으로 민감한 학생들이 심리적 위축감과 자신감 상실 등 정서적 발달에도 좋지 않은 결과를 초래하여, 무단결석, 가출, 폭력 등의 사례가 늘어나 사회문제가 될 것이 우려된다.

설동훈 외(2005)의 연구에 따르면 전체 여성결혼이민자 가구 중 소득이 최저생계비 이하인 가구가 52.9%임에도 불구하고 기초생활보장 수급가구는 13.7%에 불과하며, 18세 미만의 아동이 있는 가구는 57.5%, 경제적 이유 때문에 끼니를 거른 경험이 있는 경우도 15.5%에 달했다. 여성결혼이민자의 경제활동 참여율은 60% 수준인데, 경제활동 이유로는 생계유지 목적(51%), 자녀교육비 충당(17%)이 많고, 취업직종은 음식점 종업원 등 서비스직이 가장 많았다(52%). 미취업 사유로는 자녀양육이 가장 많았고(43%), 다음이 구직

실패(21%)였다. 이들 중 23.6%가 건강보험, 의료급여 등의 실질적인 의료보장 체계 안에 들어가 있지 못하며, 가정폭력과 불화 등으로 이혼도 급증하고 있다. 가정폭력 경험은 언어폭력(31%)이 가장 많고, 신체적 폭력(26.5%), 성적학대(23.1%), 위협(18.4%)순이었다.

이주여성상담소나 상담전화를 이용한 사람은 10~13% 내외였는데, 가정폭력이 있었으나 신고를 하지 않은 이유는 결혼생활 유지를 위해서가 가장 많고, 신고할 줄 몰라서(14%), 경찰 문제해결 능력의심(13%), 체류자격 불안정에 대한 두려움(10%) 등으로 응답하였다.

통계청 자료(2007)에 의하면 국제결혼 부부의 이혼율은 급격히 증가하였는데, 2004년 3,400건, 2005년 4,287건, 2006년 6,280건, 2007년 8,828건으로 급격히 증가하고 있는 추세이며, 특히 2007년도 외국인 아내와의 이혼은 5,794건으로 2006년보다 51.7% 증가하였다(표 2-7). 여성결혼이민자는 체류 등 신분상의 불안을 느끼는 경우가 많은데, 그 이유는 영주권 또는 국적취득을 위해서는 2년간 정상적인 혼인생활을 유지하는 것이 필요한데, 한국 국적 취득 전까지 외국인 신분이므로 국적취득 전에 이혼하면 본국으로 귀국하거나 불법 체류자로 전락할 가능성이 있기 때문이다.

또한 한국인들의 사회적 편견에 시달리기도 하는데, 한국인의 배타직 태도는 피부색과 생김새가 많이 다른 외국인과 어울려 산 적이 없었던 한국인들에게, 국제결혼을 통한 다문화가정은 호기심의 대상일 수밖에 없었고, 더구나 순수혈통을 중시하는 태도가 자리 잡고 있기 때문이다. 또한 직업과 빈부에 따라 귀천을 따지는 관행이 존속하였는데, 국제결혼을 한 한국인들이 대체로 사회·경제적 하층에 속한 경우가 많았다(설동훈, 2006). 따라서 이들을 비

정상적인 경우로 보는 등 사회문제의 원천으로 보는 시각이 잔존하고 있으며, 언론을 통해 피상적으로 알게 된 내용을 토대로, 여성결혼이민자들을 한국으로 팔려 온 '씨받이'로 이해한다거나 혹은 한국에 돈 벌기 위해 정상적 결혼 생활을 할 의사가 없으면서도 온 것으로 생각하는 등, '선입관에 기초한 판단'을 하는 경우가 대부분이다. 또 여성결혼이민자가 우리나라의 복지자원을 부당하게 사용한다고 생각하기도 한다. 이러한 편견과 차별이 지속될 경우 이로 인한 사회적 갈등이 표출될 우려가 있다. 여성결혼이민자들을 매매혼적 성격으로 규정하기에는 한계가 있으며, 이들을 피해자, 정책적 대상자 집단으로 규정하는 것이 아니라 다양한 배경과 삶의 동기를 가진 이주자들이며 가족이라는 통제하에서도 제한된 이주지에서의 삶의 조건과 내용, 가족관계와 미래를 적극적으로 만들어 가는 행위주체자라는 것을 받아들여야 한다.

교육은 개개인이 타고난 능력과 조건의 불평등을 보완할 수 있는 가장 적합한 사회영역이다.

〈표 2-7〉 한국인과 외국인 부부의 이혼현황

(단위: 명, %)

	2002	2003	2004	2005	2006	2007
총 이혼 건수	145,324	167,096	139,365	128,468	125,032	124,590
• 외국인과의 총 이혼	1,866	2,164	3,400	4,278	6,280	8,828
총 이혼 대비 구성비	1.3	1.3	2.4	3.3	5.0	7.1
증감	−	298	1,236	878	2,002	2,548
증감률	−	16.0	57.1	25.8	46.8	40.6
• 한국인 남편+외국인 처	401	583	1,611	2,444	4,010	5,794
증감률	−	45.4	176.3	51.7	64.1	44.5
• 한국인 처+외국인 남편	1,465	1,581	1,789	1,834	2,270	3,034
증감률	−	7.9	13.2	2.5	23.8	33.7

자료: 통계청(2007). 인구동태(이혼).

여성결혼이민자들과 그 자녀들이 처해 있는 현재의 불리한 조건과 환경을 개선하기 위해 여러 단체나 기관에서 교육을 실시하고 있지만, 여성결혼이민자를 대상으로 하는 교육의 대부분은 적응을 돕기 위한 한국어와 단순 문화체험이나 취미 수준의 문화교육[6]이 주요 프로그램이며, 실제적으로 필요한 문화, 관습, 사회구조, 법과 제도, 의료 등 구체적인 지식과 정보를 제공하는 강좌는 거의 없는 실정이다. 또한 여성결혼이민자의 자립을 돕기 위한 직업교육도 아직은 제대로 이루어지지 않고 있다.

여성결혼이민자 자녀들도 교육에 있어서 많은 어려움을 겪고 있는데, 경제적 빈곤과 생활환경의 불안정, 부모의 자녀학습 지원 부족 등 가정환경상 불리한 처지에 있다. 따라서 건강한 신체발달에 어려움을 겪으며, 학습 결손이 누적되고, 또한 차별이나 집단 따돌림 등으로 안정된 정서발달이 곤란해지는 상황에 처해지고 있다. 여성결혼이민자들의 자녀들은 언어 발달 지체 및 문화 부적응으로 인해 학교수업에 대한 이해도가 낮으며, 지나치게 소극적이거나 반대로 폭력성 또는 과잉행동장애(ADHD)를 보이는 등 정서장애도 나타나며, 교사와 또래집단들의 '차별'과 '배제' 때문에 아동들이 조기에 사회적 소외를 경험할 가능성이 높다(설동훈 외, 2005). 현제 초등학교에 재학 중인 국제결혼가정 자녀들(87%)이 중·고교 진학 연령대로 진입할 경우, 정서적으로 민감한 학생들이 심리적 위축감과 자신감 상실 등 정서적 발달에도 좋지 않은 결과를 초래

---

6) 실제로 여성결혼이민자를 대상으로 하는 교육을 실시하고 있는 부산의 한 기관의 프로그램을 보면 한국어, 요가, 종이접기, 노래배우기, 한복 입기 등이다. 또 서울의 어느 기관의 문화 프로그램도 경복궁 문화체험, 인사동 거리체험, 문화축제 참가 등 일회성 체험 프로그램이 주를 이룬다.

하여, 무단결석, 가출, 폭력 등의 사례가 늘어나 사회문제가 될 것이라고 우려된다.

여성결혼이민자들과 그 자녀들은 경제적 자본(financial capital), 인간자본(human capital), 사회적 자본(social capital)[7] 측면에서도 불리하다. 이 세 가지는 학업성취와 성장에 있어 많은 영향을 미치는 가정환경 배경의 구성 요소이다. 또한 아동의 가정에서의 초기 경험을 이르는 문화자본(cultural capital)[8]도 많이 소유하지 못하고 있다. 상위 20% 집단과 하위 20% 집단 간의 사교육비 지출 격차가 2004년에 8.6배로 늘어나 사교육비의 양극화 현상도 심화되고 있는(양정호, 2006) 상황에서 자녀를 위한 사교육비를 지출할 수 없는 여성결혼이민자의 자녀들은 더욱 낮은 학업성취를 보일 수밖에 없다.

또한 학교의 지원 부족으로 학교에서 위축되기 쉽고, 따돌림이나 폭력을 당하게 된다. 소수자에 대한 문화적 편견은 이들 자녀들의 학교적응을 더 어렵게 할 수 있다. 이러한 교육취약 집단의 자녀의 경우 학업성취가 낮을 가능성은 학교 급이 높아질수록 심화되고, 성인이 되어 지식정보화 사회의 적응력이 떨어지게 된다.

부모의 빈곤과 낮은 사회적 지위, 빈약한 자본은 자녀의 학습능력 부족으로, 또 학교에서의 낮은 학업성취로 연결되어 이것은

---

7) 콜만(Coleman, 1988)에 의하면 경제적 자본은 가족의 소득수준에 의해 결정되는 자녀에 대한 부모의 물질적 지원 능력이다. 또 인간자본은 부모의 교육수준과, 학업에 도움을 줄 수 있는 인지적 환경이다. 사회적 자본은 부모와 자녀 사이의 사회적 관계 속에 형성되는 자녀교육에 대한 부모의 관심 및 시간의 투입이라는 형태로 나타난다(이종각, 2005:314).

8) 문화자본은 1970년대에 부르디외(Bourdieu)와 빠스롱(Passeron)이 처음으로 사용한 말로서, 어떤 사회의 구성원은 그 사회의 지배계급에 의해 가장 높이 평가되는 언어를 이해하고 활용하는 능력이 많으면 많을수록 문화자본을 많이 소유하고, 이러한 문화자본은 한 개인의 교육적 성취와 나아가서 세대 간 계급이동 과정에 영향을 미친다는 것이다(이종각, 2005).

다시 실업 또는 고용 불안정의 상태로 연결됨으로써 빈곤이 자녀 세대에게 대물림되는 과정이 연속된다. 교육 불평등의 문제는 그 자체로 그치지 않고 다음 세대와 사회전체에 파급되며, 결국 개인과 사회의 안정에 부정적 영향으로 작용한다(인권정책연구회, 2005).

이러한 문제는 학교뿐 아니라 개인, 가정, 지역사회의 문제들이 복합적으로 작용한 것이므로 지원의 문제에 있어서도 취약집단을 둘러싼 개인, 가정, 학교, 지역사회의 복합적 관계에 대한 고려가 필요하다. 일시적이고 처방적인 시혜성 복지정책만으로는 이들에 대한 문제를 해결할 수 없으며 이들에게 교육기회를 넓혀 스스로 빈곤탈출을 도와주고 학령기 아동 청소년기뿐만 아니라 영유아 및 성인기의 교육문제를 해결할 수 있는 전 생애적 접근이 필요하다.

3. 여성결혼이민자에 대한 지원

1) 여성결혼이민자에 대한 지원

정부는 1990년대 중반 이후부터 급격히 늘어난 한국남성의 국제결혼에 대해 처음에는 국제결혼이 초래할 사회적 현상에 대한 고려 없이 단순하게 농어촌지역의 결혼 문제를 해결하는 수단으로 이해했다(설동훈 외, 2005). 따라서 1990년대에 국제결혼을 통해 이주한 여성결혼이민자들은 정부나 지방단체로부터의 지원을 거의 받지 못했고, 지역사회에서도 여성결혼이민자들이 스스로의 삶을 개척하고 적응할 수밖에 없었다.

그 후 시민단체나 언론을 통해 이들의 상황이 알려진 후 정부 및 지방자치단체는 여성결혼이민자들을 지원하기 위한 정책을 마련하기 시작하였다. 여성결혼이민자에 대한 차별해소와 다문화 사회를 위한 정책이 시급한 과제로 떠오르면서 정부는 2004년 후반부터 전국적인 실태파악에 나섰고, 여기에 2005년 5월 대통령이 "100대 국정과제 로드맵 포함과제는 아니나, '외국인 이주여성', 자녀의 인권실태 파악 및 차별개선 추진을 대통령 지시과제로 관리하라.”고 지시하면서(대통령자문 빈부격차차별시정위원회, 2006) 여성결혼이민자 정책은 활기를 띠게 되었다. 2006년에는 미국의 슈퍼볼에서의 한국계 미국인 하인즈 워드의 성공스토리가 알려지면서, 폐쇄적인 우리 사회를 반성하고, 결혼이민자, 나아가 다문화 사회에 대한 정부 정책은 힘이 실리게 된다.

정부는 결혼이민자 유입이 던져 준 이러한 과제를 해결하기 위해 2005년 8월 16일과 11월 25일, 2006년 4월 26일 세 차례에 걸쳐 지원 대책을 마련했다. 2005년 8월 정부는 제1차로 체류불안 문제 해결부터 시작하였다. 안정적 체류지원, 생활정보 제공, 한국어·한국문화 이해 교육, 가족관계 증진 및 가정폭력피해자 지원, 기초생활 보장, 취업을 위한 교육·훈련 및 일자리 연계지원 등이 그 핵심 내용이다. 9월에는 ‘출입국관리법 시행령’을 개정하여, 거주(F-2)[9] 체류자격을 가진 결혼이민자의 영주권 취득요건을 완화하고, 별도의 허가 절차 없이 취업도 자유롭게 할 수 있도록 제도를 개선했다.

제2차 대책은 생활안정대책으로서 결혼이민자 가족의 사회적응 지원체계 구축, 자녀양육 지원 등이 핵심 내용이었다.

제3차 대책은 결혼이민자의 사회통합 지원에 맞춰졌다. ‘여성결혼이민자에 대한 차별과 복지 사각지대 해소를 통한 사회통합과 열린 다문화사회 실현’에 주안짐을 두있는데, 여성결혼이민자를 위한 사회통합지원 대책을 위해 주무부처인 여성가족부를 비롯해 보

---

9) F-2 비자는 ‘거주’의 비자로 대한민국에 계속 거주하여 생활의 근거가 국내에 있는 자, 그의 배우자 및 출생자녀와 국민의 배우자 거주(F-2) 자격을 가지고 있는 자의 출생자녀로서 미성년인 자와 국민의 자로서 대한민국의 국적을 가진 사실이 없는 자 및 거주(F-2) 자격을 가지고 있는 자의 처가 된 자로서 일정기간 이상 계속하여 국내에 체류한 자 외에 대한민국에 특별한 공헌을 한 사실이 있거나 기타 계속하여 국내에 체류하여야 할 상당한 이유가 있다고 인정되는 자를 포함한다.

건복지부, 법무부, 농림부, 교육부 등 12개 관련부처가 모두 모여 결혼에서부터 생활적응, 출산·육아·교육에 이르기까지 여성 이민자들의 가족, 이웃들이 '통합'하는 과정 전체를 아울렀다.

여기에서 '탈법적인 결혼 중개 방지 및 국제결혼 당사자 보호', '가정폭력 피해자에 대한 안정적인 체류 지원 강화', '한국사회 조기 적응 및 정착 지원', '자녀의 학교생활 적응 지원', '여성결혼이민자 가족의 안정적 생활환경 조성', '다문화에 대한 사회적 인식 개선 및 업무 책임자 교육', '추진체계 구축' 등 총 일곱 개 정책 과제를 제시하고, 관련 정부 부처를 아우른 추진체계를 마련했다(표 3-8). 그리고 부처 간의 역할분담 및 협조체제도 구축하였다(표 3-9).

<표 3-8> 여성결혼이민자가족 사회통합 지원 대책

영 역	과 제
탈법적인 결혼중개 방지 및 당사자 보호	• 국제결혼 중개업체 관리를 위한 법률제정 • 국제결혼에 대한 정보·교육으로 결혼당사자 보호 • 결혼비자 발급 서류·절차 표준화, 국가간 협력체계 구축
안정적인 체류지원	• 배우자의 신원보증 해지신청 관리 강화 • 혼인파탄 입증책임 및 간이귀화 입증요건 완화 • 전용 핫라인 설치 등을 통한 가정폭력 피해자 보호
조기적응 및 정착지원	• 정보제공 시스템 구축 및 다문화교육 실시 • 찾아가는 서비스 제공 및 온라인 정보 활용 지원
아동의 학교생활 적응지원	• 다문화교육 추진체계 구축, 학교의 여성결혼이민자 • 자녀 지원기능 강화, 자녀지원을 위한 교사역량 강화 • 집단 따돌림 예방, 복지 및 상담서비스 제공
안정적인 생활환경 조성	• 산전 후 지원 등 자녀출산 및 양육지원 • 기초생활 보장, 직업상담 및 공공서비스부문 취업 지원 • 무료건강검진 실시, 방문보건서비스, 무료 진료 지원
사회적 인식개선 및 업무책임자교육	• 일반 국민의 의식제고를 위한 홍보 추진 • 지역사회의 다문화 친화적인 체계구축 및 분위기 조성 • 공무원 등 업무책임자 교육
추진체계 구축	• 시·군·구 단위로 결혼이민자가족지원센터 운영 • 자원봉사 인프라 구축, 상담 강사 통역 인력 양성 • 업무 추진체계 및 전달체계 구축, 추진기반 마련

자료: 교육인적자원부 편. (2006) http://www.president.go.kr.

　이에 따라 정부는 2006년 한 해 동안 전국에 '결혼이민자 가족지원센터'를 21곳에 세웠다. 결혼이민자 가족지원센터는 각 시, 도별로 1곳, 전라남북도, 경상남북도, 충청남도에 2곳으로 농촌의 수요를 반영하고 있다. 결혼이민자가족지원센터는 결혼이민자가 한국사회에 정착하는 데 가장 필요한 것이 한국어라고 판단하여 한국어·문화 교육과 상담을 하고, '결혼이민자가족 여름 캠프', '결혼이민자 남편들의 모임', '지구촌 음식기행' 등의 프로그램을 운영하고 있다. 2006년 12월까지 약 8만여 명의 결혼이민자와 그 가족들이 참여했다. 이에 정부는 2007년 17곳을 늘려 총 38곳의 센터를 운영하고, 2008년 현재 80개소가 운영되고 있다. 운영 현황은 <표 3-10>과 같다. 결혼이민자 가족지원센터는 2008년 9월 22일부터 다문화가족지원법이 시행됨에 따라 다문화가족지원센터로 변경되었다.

〈표 3-9〉 여성결혼이민자 가족지원을 위한 부처 간 역할분담 및 협조체제

구 분	담당부처	
	주 관	협 조
● 국제결혼 당사자 보호, 언어문화이해교육, 가족의 생활정착 지원, 가정폭력 피해자 지원, 사회적 인식 개선, 전달 체계(결혼이민자 지원센터) 구축	여성가족부	법무부, 문화관광부, 보건복지부, 정보통신부, 농림부, 행정자치부
● 국제결혼 중개업체 관리 감독	보건복지부 법무부	
● 생게·의료지원 및 생휠징보 제공	보긴복지부	여성가족부, 지자체
● 인신매매 성격의 국제결혼 방지, 체류 자격 불안정 해소	법무부	여성가족부, 경찰청
● 자녀의 학교생활 적응 지원	교육부	여성가족부, 보건복지부, 지자체
● 일자리 알선 및 훈련지원	노동부	여성가족부
● 불법행위 단속	법무부 경찰청	
● 업무관계자 교육	중앙인사위	전 부처, 지자체

자료: 대통령자문빈부격차차별시정위원회. (2006) http://www.pcsi.go.kr

〈표 3-10〉 2008년 결혼이민자 가족지원센터 운영 현황(80개소)

시 도	지 역	기관·단체명
서울(4)	성북구	천주교노동사목위원회
	영등포구	대한불교조계종사회복지재단(건강가정지원센터)
	동대문구	경희대학교(건강가정지원센터)
	동작구	중앙대학교(건강가정지원센터)
부산(3)	부산	부산시(여성문화회관)
	부산	부산시(여성회관)
	사하구	사하구
대구(3)	남구	불교사회복지회
	달서구	계명대학교(건강가정지원센터)
	서구	가정복지회
인천(3)	인천	인천시(여성복지관)
	계양구	빈곤퇴치운동본부
	강화군	인천교구 강화천주교회
광주(2)	광주	광주시
	북구	이주가족복지회
대전(2)	대전	대전대학교(건강가정지원센터)
	대덕구	대전카톨릭사회복지회
울산(1)	울산	울산대학교(건강가정지원센터)
경기(9)	수원	천주교수원교구유지재단(엠마하우스)
	부천	부천문화재단
	안성	성결원
	남양주	남양주시
	고양시	고양시
	의정부시	경민대학교(건강가정지원센터)
	안산시	안산YMCA
	성남시	신구대학 산학협력단
	용인시	우원기념사업회
강원(6)	춘천시	홀트아동복지회 강원아동상담소
	강릉시	강릉문화원
	원주시	명륜사회복지관
	속초시	속초YMCA
	홍천군	홍천문화원
	횡성군	원주카톨릭사회복지회

시　도	지　역	기관·단체명
충북(5)	청주시	충북이주여성인권센터
	옥천군	옥천한국어학당
	충주시	충주결혼이민자가족지원센터
	제천시	제천외국인한글학교
	보은군	아사달
충남(5)	아산시	아산시
	공주시	공주기독교종합사회복지관
	금산군	금산문화원
	부여군	부여군
	예산군	행복나무
전북(7)	익산시	원광대학교(건강가정지원센터)
	장수군	호남사회연구회 논실마을사람들
	김제시	김제이주여성쉼터
	정읍시	정읍시
	남원시	한울안운동전북지부
	완주군	우석대 산학협력단
	전주시	아시아노동인권센터
전남(10)	전라남도	전라남도
	순천시	순천시지역사회복지협의체
	나주시	나주결혼이민자지원센터
	영암군	영암이주여성센터
	여수시	여수시
	광양시	광양시
	고흥군	고흥군
	장흥군	장흥군
	해남군	두성재단
	장성군	전남대학교 국어교육원
경북(10)	구미시	아름다운가정만들기
	예천군	예천군
	포항시	포항시
	문경시	문경시
	경주시	경주시
	안동시	천주교안동교구유지재단
	상주시	상주교회

시 도	지 역	기관 · 단체명
경북(10)	경산시	경산시
	김천시	조계종 직지사 지부
	영주시	영주가흥종합사회복지관
경남(9)	경상남도	창원대학교(건강가정지원센터)
	진주시	진주시
	김해시	인제대학교(건강가정지원센터)
	마산시	마산YMCA
	밀양시	성우애육원
	거제시	거제YMCA
	함양군	함양문화원
	양산시	양산외국인노동자의집
	거창군	거창YMCA
제주(1)	제주시	제주외국인근로자센터

결혼이민자 가족지원센터에 나오기 힘든 결혼이민자를 위해서는 찾아가는 서비스로 가정을 찾아가 한국말을 가르치고, 자녀교육을 돕는 '찾아가는 서비스'를 도입했다. 산모와 아이에게 가장 손길이 필요한 때 도움을 주기 위해 '산전·후 도우미'도 파견했다. 또한 여성결혼이민자들의 취업을 알선하여 필리핀 여성들의 경우 영어를 구사한다는 장점을 활용하여 원어민 강사 교육 후에 유치원이나 초등학교, 주민 자치센터에서 활동하도록 하기도 하고 태국이나 베트남 여성은 다문화강사로 활동하도록 돕고 있다. 또한 자조집단 네트워크를 형성하도록 지원하며, 친정 맺기 행사를 통해 여성결혼이민자와 한국 가정을 연결시켜 주고 있다. 2006년 11월에는 핫라인 이주여성 긴급전화 1366센터를 설치해 영어, 중국어. 베트남어, 몽골어, 러시아어, 태국어 등 6개 국어로 외국인 여성들이 자유롭게 상담하고, 필요한 경우 무료 법률 구조서비스도 받을 수 있도

록 했다.

여성가족부는 결혼이민자가족의 한국문화 및 가족생활 적응 지원을 위하여 2005년부터 한국어·한국문화교육, 가족교육, 가족생활상담, 초급 한국어교재와 모성보호가이드 발간, 멘토(친정어머니) 매칭 등의 사업을 실시하고 있다(여성가족부, 2006). 또 3월부터 전국을 6개 권역(서울권, 인천·경기·강원권, 충청권, 호남권, 영남권, 부산권·울산권)으로 나누어 지역별로 운영기관을 선정하여 사업을 추진하였으며, 한국이주여성인권센터를 관리기관으로 지정하였다(표 3 - 11).

2008년 3월 21일에는 다문화가족지원법을 법률로 지정해 2008년 9월 22일부터 실행하기 시작하였다. 그럼으로써 다문화가족 사회통합을 위한 법적, 제도적 기반이 마련되기 시작했다고 할 수 있는데, 구체적으로는 다문화가족에게 필요한 생활정보 제공과 교육지원, 다국어에 의한 서비스 제공 등 결혼이민자와 가족구성원의 사회적응을 위한 정책을 주요내용으로 한다. 또한 법 시행과 함께 다문화가족 실태조사를 3년마다 실시하기로 하였다.

교육과학기술부는 '다문화가정 학생 교육 지원방안'을 발표해 교육부와 전국 1개 시, 도, 교육청의 실행계획을 담아 2009년부터 2012년까지 4년 동안 국가와 지방이 추진해야 할 4대 정책과제 14개 세부 실행과제에 총 700억 원 가량의 예산을 투입하는 것을 주요 골자로 발표하였다.

지방자치단체들도 앞 다투어 이들의 정착을 돕는 정책을 내놓고 있다. 지방자치단체에서는 중앙부처의 정책을 일선에서 시행하는 동시에 지역상황에 맞는 자체적인 정책을 수립, 추진하는 역할을 담당하고 있다(김이선, 2006). 지자체들은 그동안 사회단체나 봉사단체를 중심으로 이루어지던 여성결혼이민자들의 교육사업과 복지사업에 관심을 쏟기 시작하였다.

여성결혼이민자들을 지원하기 위한 시민단체로는 한국이주여성인권센터, 이주여성인권연대, 이주여성 정착지원연대, 외국인이주노동자대책협의회, 이주노동자인권연대 등의 여러 단체들이 활동하고 있다. 이들은 최근 급증하고 있는 국제결혼의 현황을 소개하거나, 여성결혼이민자들의 열악한 인권 실태, 남편과 시집 가족으로부터의 피해사례 폭로, 여성결혼이민자에 대한 보고서 발표, 사회적 문제제기 등을 통해 국적법 개정이라는 실질적인 성과를 이뤄 내기도 했다.

<표 3-11> 여성결혼이민자 지원사업 기관

구 분	지 역	사업기관
관리기관	총괄	한국이주여성인권센터
운영기관	서울지역	서울외국인노동자센터
	경기 · 인천 · 강원지역	인천여성의 전화
	충청 · 대전 지역	충북이주여성인권센터
	호남 · 광주 지역	전북여성농민회연합
	경상 · 대구 지역	창원여성의전화
	부산 · 울산 지역	부산여성회

자료: 여성가족부(2006). 여성정책연차보고서, 2005.

다문화가정의 자녀들을 위한 교육기관도 설립이 되었다. 안산 코시안의 모임은 1996년 4월에 시작되었는데, 2000년 9월 코시안의 집이라는 공동체로 발전하게 되었고, 2003년 10월 다문화 가정의 아동을 위한 코시안의 집을 설립했다. 여기에서는 부모교육과 국제결혼 가정여성의 자존감 향상 프로그램을 운영하며, 몽골아동을 위한 코시안 스쿨도 운영하고 있다. 부산에서는 2006년 9월에 다문화가정의 자녀를 위한 '아시아 공동체 학교'가 설립되어 운영되고 있다. 2007년 1월에는 광주의 '좋은교사 광주전남모임'과 광주 이주여성 지원센터를 비롯한 5개 시민단체의 후원금으로 운영되는 '새날학교'가 설립되었다.

2) 지원의 한계

현재 정부가 추진하고 있는 여성결혼이민자 가족 사회통합 지원 대책은 '여성결혼이민자의 사회통합과 열린 다문화사회 실현'을 목표로 하고 있다. 정부의 여성결혼이민자를 위한 지원 대책은 현장의 중요성을 고려하여 전문가와 시민단체 대표들이 참여하였기 때문에, 초기의 동화에 맞추어졌던 정책이 '통합'의 방향으로 많이 바뀌었다고 할 수 있다.

그러나 이처럼 정부가 통합적 지원 체계를 제시하고 있으나, 실제로 중앙정부 각 부서가 충분히 협조하고 자원 중복을 최소화하려는 노력은 충분하지 못한 형편이다. 또한 여성결혼이민자의 교육 프로그램 중 그들의 수요를 고려하지 않고 일방적으로 동화의 관점에서 이루어진 것도 많다. 관련 사업을 시행하는 기관의 사업내용을 살펴보면, 한국생활 적응 및 문화 이해, 가족관계 증진, 여성 복지 증진, 인권보호, 위안행사, 취업기술 교육 및 일자리 알선, 일반교육, 문화교류 등 상당히 다양하나, 실제로는 한국어 또는 한글

교육과 한국요리 강습, 전통문화체험이 거의 대부분을 차지하고 있어 한국문화에 대한 적응이 크게 강조되고 있다. 여성결혼이민자의 문화적 배경을 이해할 수 있는 기회는 극소수의 지자체에서만 시행되고 있으며, 이 경우에도 요리교류, 풍물교류 등 일회성 프로그램에 한정되어 있어서 여성결혼이민자들의 출신문화에 대한 이해를 높이는 데에는 한계가 있다(김이선, 2006).

현재 여성가족부와 문화관광부, 지방자치단체 주관으로 실시되고 있는 한국어교육, 부부교육 및 문화체험 등은 아직은 시범사업 수준이고, 전체 여성결혼이민자 규모에 비해서도 수혜대상이 매우 미미하다. 한글교실과 같이 짜인 프로그램에 여성결혼이민자들을 참여시키는 식의 지원은 형식적, 수직적인 관계를 형성하게 되며, 만남의 양에 비해 성과를 이루어 내지 못한다.

또 여성결혼이민자들이 한국남성들의 배우자로서 정당하게 인정받으면서 살아가는 데 필요한 정책들은 아직까지 여러 가지 면에서 미흡한데, 가족관계, 특히 자녀교육과 며느리 역할을 강조하는 교육이 상당수이며, 한국사회의 이상적 가족상황을 주로 소개하고 강조하고 있는 수준이다. 시혜적이고 남성 중심적인 시각으로 정책의 초점은 아내와 며느리로서의 역할에 맞춰져 있다. 한국에 왔으니 당연히 빨리 한국의 언어와 문화를 배우라는 정책은 이들을 주체적인 인격으로 대하기보다는 가족관계에서의 역할만을 강조하면서 이들의 정체성과 주체성을 억압하는 것이다(이태옥, 2006). 일부 지자체의 경우 여성결혼이민자를 저출산·고령화 시대의 자원으로 보고, 인구수를 늘리기 위한 방편이나 홍보만을 겨냥한 일회성 정책을 내놓고 있다. 비교적 성공적인 사례라고 할 수 있는 취업알선에 있어서도, 현재는 방과 후 영어나 중국어 교사의 알선에 그치고 있으며, 다양한 문화적인 배경을 지닌 여성결혼이민자들의 인적자원을 제대로 활용하지 못하고 있다.

또한 여성결혼이민자를 위한 다방면에 걸친 정책을 마련하는 것과 그 제도를 실제로 운영하는 것은 별개의 문제라고 볼 수 있다. 우선 관련부처 간 연계가 이루어지지 않아 업무의 일관성이나 체계성이 떨어진다. 현장에서 서비스 중복과 과소문제가 동시에 발생하는 경우가 많다. 따라서 정부의 추진체계를 일원화하는 것이 필요하다.

현행처럼 예산권을 갖고 있는 정부 부처 중심의 정책 입안 및 분류는 부처 간 정책 중복 등으로 집중력이 약화되는 한계도 갖고 있다. 또 정책을 실행하기에는 관련업무가 여러 부처에 분산되어 비효율적으로 추진되고 있으며, 중앙 - 시도 - 시군구 - 읍면동 공공전달체계 및 지역사회 내 공공 - 민간 간 네트워크 구축이 미흡한 형편이다. 현재 시행되고 있는 정책들은 대부분이 일회성, 전시성 행사 위주로 이루어지고 있는데, 더욱이 여성 결혼이민자들을 빨리 한국사회에 적응시키고 동화시켜 문제를 해결하기 위한 일방적인 방안들 위주로 지원이 이루어지고 있으므로 근본적인 통합의 문제에 집근하지 못하고 있는 실정이라고 할 수 있다.

가장 우선되어야 여성결혼이민자들에 대한 실태조사가 제대로 이루어지지 않고 있으며, 여성인권운동단체들도 국제결혼의 피해사례의 폭로와 여성결혼이민자에 대해 사회적 문제제기를 하여 국적법 개정이란 실질적인 성과를 이뤄 냈으나, 모든 여성결혼이민자들을 피해자 집단화하면서 그들을 다양한 주체성을 가진 여성으로 보지 못하게 된 점도 있다(이태옥, 2006). 이들을 다양한 배경과 동기를 가진 삶의 주체자로 인식하고 피해자 지원의 차원이 아닌 여성결혼이민자들의 주체성을 발현시킬 수 있는 지원이 부족한 실정이다.

여성결혼이민자 가운데 많은 수가 남편을 포함한 가족 간 갈등과 감시 등으로 결혼생활에 어려움을 겪고 있고, 또 교육이나 복지의 기회가 있어도 참여하지 못하는 경우가 많다. 실제로 여성단체들이 주선한 가정방문, 남편 간담회나 가족캠프 등 여성결혼이민자들과 그들의 가족을 위한 프로그램에의 참여율은 낮은 편인데, 그 이유는 일을 해야 한다거나 거부감, 정신지체 장애로 인한 이해부족 등이 많다. 따라서 가족의 참여는 매우 저조하고, 개별적 만남에서도 남편들은 사적인 문제로 치부하며 드러내기를 싫어하는 경향이 많다고 한다(이태옥, 2006).

언어적, 문화적 배경이 다른 여성결혼이민자와 우리사회의 통합이 하루아침에 이루어지기를 기대하는 것은 무리이다. 수십 년 동안 시행착오를 겪으며 다문화 사회로 정착한 캐나다, 미국 등과 달리 우리사회의 변화는 이제 시작이기 때문이다. 따라서 다문화사회의 강점에 대한 홍보와 함께, 사회 전체의 교육을 통한 인식 전환이 이루어져야 한다. 여성결혼이민자를 적응시키기 위해 말과 문화를 가르치는 것과 함께 우리사회가 단일민족에 대한 환상을 깨는 것이 필요하며 장기적이고 지속적인 체계적 정책 지원이 요구된다.

2 부

이주, 다문화주의, 그리고 평생교육

4. 인종주의, 용광로주의, 다문화주의

다문화주의(multiculturalism)에서 다문화란 다양한 문화를 의미한
다. Timm(1996)은 다양성(Diversity)은 인종, 에스닉, 종교집단의 다
양성을 의미하며, 여기에는 젠더, 계급, 종교, 심지어는 빈곤, 언어
적 요인들까지 모두 포함한다고 하였다. 미국 메릴랜드대학의 '다
양성에 대한 연구(University of Maryland Diversity Database)'에 의
하면, 다문화주의는 한 사회 내의 다양한 문화, 인종, 에스닉, 관습,
의견을 존중하고, 인정하려는 사회적 실천으로 보고 있다.[10] 김형인
(2006:17)은 다문화주의는 이 지구 위의 여러 문화, 문명, 사회, 그
리고 그 문화와 사회를 이루는 민족, 인종, 집단, 국가들이 평등의
원리 위에 서로의 문화를 상호 존중하며 평화 공존하는 것이 바람
직하다는 믿음이라고 정의내리고 있다.

결국, 다문화주의는 하나의 사회 내부에 복수문화의 공존을 인
정하고 문화의 공존이 유발하는 긍정적인 면을 적극적으로 평가하
는 문화주의로서, 문화 간의 우열을 부정하는 것이 아니라 열등문

---

10) The Practice of acknowledging and respecting the various cultures, religions, races, ethnicities, attitudes and opinions within an environment.
http://www.inform.umd.edu/Edres/Topic/Diversity/Reference/divic. html#M. 유정석(2003), 재인용

화나 소수문화를 보호하고 육성하는 측면이 강하며, 문화 간의 격차와 이질성에 의해 무시되거나 차별되는 것을 전략적으로 방지하고 문화에 따른 사회적, 정치적, 경제적 갈등을 해소하는 데 목적이 있다고 할 수 있다(구견서, 2003:30).

현재 다문화주의는 누구나 동의하는 보편적 가치가 되었지만, 문화권 사이의 평등 관계가 확실히 수립되기 시작한 것은 겨우 반세기가 지났을 뿐이다. 제2차 세계대전이 일어나기 전까지는 사람들은 대체로 지구상에 있는 사회, 국가, 인종, 문화를 직선적으로, 우열이 뚜렷한 고급과 저급의 스펙트럼 선상에서 파악해 왔고, 19세기 말과 20세기 초에 이르러 인종주의는 과학이라는 탈을 쓰고 더욱 기승을 부리다가 결국 인종청소의 만행을 저지르는 히틀러와 나치당을 탄생시켰다. 이들의 반인륜적 행위에 몸서리를 친 후에야 사람들은 문화나 인종에 우열의 점수를 매기던 자신들을 반성하면서 문화권을 평등한 관계에서 수평적으로 보려는 시각을 가지게 된다(김형인, 2006).

다문화주의라는 개념의 본격적 등장은 1970년대 이후 캐나다와 호주에서였는데[11] 다민족으로 구성된 캐나다는 퀘벡 주와 서부 주와의 관계에서 생기는 문화 간 충돌을 해소하고 국민국가의 통합을 위해 '2개 국어·다문화주의'를 표방하였다.[12] 호주에서의 다문화주의는 다민족주의의 의미를 담고 있고, 국가통합 또는 국민통합

---

11) 1920년대에 이미 미국에서는 다문화주의에 대한 논의가 시작되었지만, 흑인계 미국인, 원주민, 라틴계 미국인들의 문화적 융합이 시도되기 시작한 것은 1960년대 말과 70년대 초에 와서였다.
12) 구견서(2003)에 의하면 이언어주의는 다양한 하위유형으로 존재하는데, 이행형 이언어주의는 이민자나 외국인이 공용어를 이해하지 못하는 경우에 어쩔 수 없이 하는 것으로, 공용어로 이해하기 위한 과도적인 조치라고 한다. 따라서 소수민족이 다수민족의 언어를 습득하게 되면 이언어주의는 그 역할이 종료된다는 것이다.

이론으로 기능하고 있다. 미국에서는 다문화주의가 사회적 공감대를 얻기 전에 소수 민족문화와 주류문화 간의 갈등을 해소하기 위한 방편으로 '동화주의'와 '용광로주의(Melting Pot)'[13]가 있었다. '동화주의(assimilation)'는 소수 민족이나 소수 문화집단이 자신들의 문화를 버리고 주류 문화, 즉 백인 문화에 완전히 흡수되어야 한다는 생각에 기초하는데, 역사적으로 미국의 정책들은 교육시스템을 통해 소수문화집단을 동화시키려고 시도하였다는 비난을 받아왔다(Mitchell, 1997).

'용광로주의'는 새로운 이민자들은 커다란 가마솥(cauldron) 안으로 들어가서, 자신들의 원래의 민족성을 없애고, 백인들이 가지고 있는 민족적인 가치들에 순응하여, 결국 다양한 문화들이 융합되어 새롭고 독특한 미국의 문화를 만들어야 된다는 생각이었다. 이 이론하에서는 모국어나 다른 문화적 전통은 버려지고, 지배 문화를 따라야 한다. 이러한 동화주의나 용광로주의는 모두 결국에는 백인 문화를 중심으로 소수 민족문화를 동화 혹은 융합시키려는 불평등한 문화정책으로 귀결되고 말았기 때문에, 문화적 다원주의를 옹호한 듀이(Dewey)와 같은 학자들에 의해 비판받았고, 1950년대 '시민권리운동(The Civil Rights Movement)'이 소수 민족의 문화적 자부심과 권력 불평등에 대한 인식을 불러일으키고 다문화주의의 촉매제 역할을 함으로써 심각한 논의의 대상이 되었다. 즉 1960년대의 흑인 인권 운동, 여성 운동 등 다양한 사회운동에 힘입어, 소수 민족문화의 가치와 다양성을 무시하고 백인 중심의 문화적 통합을

---

13) 이 용어는 식민지 시대에 처음 등장하고, 그 이후에 Israel Zanguill이 쓴 "Melting Pot"이라는 제목의 브로드웨이 연극에서 다시 나타났다.

이루려던 인식이 큰 도전을 받게 된 것이다.

독일이나 일본, 한국, 이슬람 국가 등과 같은 전형적인 단일민족 국가나 이념국가는 다문화주의를 국가통합 또는 국민통합의 차원이 아닌, 국가를 해체하고 국민을 분열하는 것으로 이해하는 경향이 있다고 한다.[14] 따라서 이들 국가에서는 이러한 경향이 인종주의로 발전되는 경우도 있다. 예를 들면 외국인 노동자를 수용하는 문제는 정부의 입장과 국민의 입장이 다르다고 할 수 있다. 정부는 부족한 노동력 확충과 외국에 대한 개방정책 차원이지만, 국민의 입장에서는 일자리를 빼앗기고 그들에게 사회복지가 제공되게 되므로 자신들에게 불이익을 주는 것으로 받아들일 수 있다. 진정한 다문화주의는 모두를 위한 기회의 평등과 결과의 평등을 보장해 주는 것이어야 한다.

유정석(2003)에 따르면 다문화주의는 네 가지로 구분해 볼 수 있는데, 보수주의적 다문화주의, 자유주의적 다문화주의, 좌파 자유주의적 다문화주의, 비판적 다문화주의이다. 구견서(2003)도 다문화주의를 자유주의적 다원주의(liberal pluralist approach), 코퍼레이트 다원주의(corporate pluralist approach), 급진적 다원주의(radical pluralist approach), 연방제 다원주의(ethnic federalism pluralist approach), 분리·독립 다원주의(secessionist / separationist pluralist approach) 등의 유형으로 구분하였다. 자유주의적 다원주의는 사회통합 측면에서 문화적 다양성을 허용하고, 에스닉 집단과 민족의 존재를 인정하지만 공적 생활에서는 주류사회나 지배사회의 언어, 생활규칙 등을 지킬 것을 요구한다. 차별을 금지하며 사회참여를 위해 기회평등을

---

14) 新泉社編輯部編(1990). **現代日本の偏見と差別**. 東京: 新泉社. 구견서(2003), 재인용, 32.

보장한다. 두 번째, 코퍼레이트 다원주의는 결과의 평등을 보장하려는 의도이다. 적극적인 재정적·법적 원조를 하며, 공적 생활 영역에서 다언어방송, 다언어의사소통, 다언어문서, 다언어 및 다문화교육 등을 적극적으로 추진한다. 취업 시 할당 제도를 실시하고 인종차별금지법의 제정을 강조한다. 세 번째, 급진적 다원주의는 주류사회의 문화, 언어, 규범, 가치, 생활양식 등을 부정하고, 독자적인 생활방식이나 생활을 추구하는 움직임이라고 할 수 있다. 네 번째, 연방제 다원주의는 소수민족 집단을 지역적으로 구분하여 자치성을 인정하는 입장인데 다양한 민족의 자립을 통해 통합을 추구한다는 데 의의가 있다. 대표적인 예가 캐나다, 스위스, 미국, 구소련이다. 다섯 번째는 분리·독립 다원주의인데, 지역적으로 주변적인 소수집단이 분리와 독립을 요구하는 논리이다.

구견서(2003)는 다문화의 실천모델을 제시하고 있는데, 1단계는 문화적 차별 극복단계, 2단계는 사회적 차별 극복 단계, 3단계는 경제적 차별 극복 단계, 4단계는 정치적 차별 극복 단계이다. 문화적 차별 극복 단계는 인종과 문화 차별을 배제하기 위한 단계로 다문화를 인정하는 단계이며, 여기에서 다문화교육정책이 필요하게 된다. 2단계 사회적 차별 극복단계에서는 사회적 지위에 대한 차별, 즉 인종 간 결혼 차별, 사회시설 및 복지 차별, 종교적 차별 등을 없애는 것이 중요하다. 3단계인 경제적 차별 극복 단계에서는 경제활동과 경제이익 등에서 기회와 결과의 평등정책을 추구하게 되며, 마지막 4단계인 정치적 차별 극복 단계에서는 지도자 선거권, 피선거권, 공무원이 될 수 있는 권리 등을 동등하게 하는 정책이 시행된다.

5. 다문화주의 정책의 비교문화적 고찰

이민의 역사를 가진 여러 나라들은 여러 시행착오를 거치면서 자국의 사회적, 역사적, 경제적 상황에 따라 사회통합을 위해 각각 다른 다문화주의 정책을 실시하고 있다. 다문화주의 정책은 사회문화적 다양성을 보호하고 인종, 민족, 국적에 따른 차별과 배제 없이 모든 개인이 공평한 기회에 접할 수 있도록 보장하는 정부의 정책과 프로그램을 지칭한다고 할 수 있다.

다문화주의를 표방하는 대표적 국가 중 하나인 미국은 원주민을 제외하고는 다양한 이민 집단으로 시작된 나라이므로 초기부터 다문화적인 성격을 지니고 있었다. 이에 따라 이질적인 집단 사이의 갈등도 다른 나라보다 일찍 경험하게 되면서 미국은 다문화주의의 실험실이 되어 왔다고 할 수 있다. 1950년대에는 미국사회는 '용광로'로 비유되어 백인 중심의 동화주의적 접근을 취하고 있었다. 즉 미국에 이민 오면 다양한 이민 집단이 미국사회라는 용광로에 녹아들어서 새로운 미국인으로 거듭난다는 것이며, 이 개념의 근저에는 용광로의 근본적 색채가 영구 내지는 서유럽적 문화라는 유럽 제일주의의 이념이 암암리에 존재했다(김형인, 2006:16).

하지만 현재는 내용물이 각각 맛을 그대로 보존하는 샐러드 볼 (Salad Bowl)로서 인식이 될 만큼 미국사회는 다문화사회가 되었다고 할 수 있다. 동화주의적 접근에 대한 반대 입장인 스튜(stew)나 샐러드의 개념은, 스튜나 샐러드가 각각의 아이템들 때문에 전체적으로 독특한 맛을 지니게 되며, 만약 스튜에서 고기를 빼거나 샐러드에서 토마토를 빼 버리면, 전체의 맛은 달라진다는 것이다 (Bennett, 1995).

1960년대의 시민권 운동은 미국 이민법의 인종 및 민족 차별적 요소를 폐지하는 동력을 제공하여 다문화주의가 미국에서 확고해진 기점이라고 할 수 있다. 1964년 의회는 민권법을 통과시켜서 공공기관에서 입학, 고용, 승진의 경우에, 또한 공공기물과 장소의 이용에서 어떠한 미국의 국민도 피부 색깔 때문에 차별받지 않는다는 철칙을 세우게 된다. 이듬해에 존슨 대통령은 행정령 11246호로 '적극적 차별철폐정책(Affirmative Action)'[15]을 세우고 이런 요구를 수용하지 않을 경우 연방정부의 재정적 지원을 말소한다고 공포했다(김형인, 2006:20). 이 정책은 여성, 소수민족에게 취업기회를 증가시키기 위해 고안되었다. 이 정책은 역차별이라는 많은 반대에도 불구하고 미국에서 인종차별뿐 아니라 모든 소수자들의 권리를 신장하기 위한 역할을 하고 있다. 또한 1967년 미국 대법원은 백인과 다른 인종의 결혼을 금지하는 법을 위헌이라고 판결하였는데, 따라서 이른바 '러빙(Loving) 대 버지니아(Virginia)' 사건[16] 판

---

15) 적극적 차별철폐정책은 적극적 우대조치, 소수민족 우대정책, 또는 소수자 차별철폐 정책, 적극적 인종통합 정책 등으로 번역된다.
16) '러빙 대 버지니아' 사건은 1958년 버지니아주 경찰이 워싱턴에서 결혼식을 올린 흑인 여성 밀드레드 지터와 백인 남성 러빙을 법을 어겼다며 체포했는데, 주 법원이 둘

결로 버지니아를 비롯한 27개 주는 인종을 차별하는 내용의 결혼 관련법을 바꿔야 했다. 2005년 현재는 5900만 쌍의 부부 중 7%인 413만 쌍이 다른 인종끼리의 결합인 것으로 추정되고 있다.

미국의 다문화주의와 비교해 보면 캐나다는 '민족적 모자이크(ethnic mosaic)'로 비유될 수 있다. 캐나다는 여러 인종과 민족 집단들 간의 조화와 상호 협력을 중시하며, 이중민족 간 공존과 번영의 기치하에 국민생활의 미시적 차원까지 다문화주의적 정책을 표방하는데, 40여 년간의 정책적 시행착오 과정을 거쳐 오늘에 이르렀다(유정석, 2003). 캐나다의 다문화주의에서는 사회문화적 다양성이 사회를 분열시키기보다는 오히려 통합하는 방향으로 작용하는 것이 최소한의 전제조건이 되고 있다(정책기획위원회, 2005:28). 문화적, 인종적인 다양성을 수용하고 사회의 모든 구성원의 자유를 인정하며 그들의 문화적인 유산을 발전시켜야 한다는 인식 확산과 함께 다문화적인 요소들을 보호하고 포함하기 위한 사회적·경제적·정치적인 제도의 모든 지원을 제공하며, 캐나다의 공식적인 언어를 강화하고 동시에 영어와 프랑스어의 사용을 증진하고 보존하는 것이 필요하다고 본다. 캐나다의 다문화주의는 점점 다양화되는 사회의 현실을 직시하고 영국계와 프랑스계로 양분된 캐나다 사회가 분리되지 않고 통합된 체계를 유지하기 위해 선택한 방안인데, 특히 이중문화주의는 캐나다의 통합성과 개별성을 이중으로 방어해 주는 역할을 하고 있다고 할 수 있다.

네덜란드의 다문화주의 정책[17]은 민족 간 차별이 없는 정치문화

에게 징역 1년형을 선고하고, 러빙이 대법원에 주 법의 위헌 여부를 가려 달라고 재소한 사건이다. 대법원은 오랜 심사 끝에 1967년 6월 "주 법이 개인의 삶과 자유를 보장한 수정헌법 제14조에 어긋난다."고 판결했다(이상일, 2007).

를 선호하며 또한 이민자에 대한 것도 법으로 의무화하여 통합을
촉진시키는 것이다. 이민자들을 차별 없는 국민으로 만드는 것이 목
표이며, 사회의 갈등과 폭력, 범죄의 요인이 되지 않도록 민주시민
으로서의 교육을 하는 것이다. 정부는 1981년 소수민족을 위한 정
책을 제안하고, 1983년에 소수민족보고서를 발표하였다. 여기에서
인종과 문화적 차이가 인정되고 환영받는 다문화사회의 촉진과 법
적인 평등을 이루기 위한 정책 장려, 경제적·사회적 불평등을 해
소하기 위한 정책이 추진되었다. 또 자치조직을 세우도록 정부가
재정적인 지원을 하고 자문센터를 세워 선발된 소수민족 대표들이
자신들이 당면한 문제에 대해 정부관리에게 설명하도록 법적 보장
을 하였다.

아시아 국가 중에서 대만과 일본은 우리보다 10년 이상 앞서서
같은 상황을 맞았다. 대만의 경우 1980년대부터 도시의 하층 노동
자와 농촌 남성들이 주변 국가의 여성을 배우자로 맞는 국제결혼
이 증가하였는데, 전체 결혼 건수 중에서 국제결혼 건수가 차지하
는 비율은 1998년 15.7%에서 꾸준히 상승하여 2003년에는 32.1%
로 늘어났다(臺灣 內政府 統計處, 2003). 외국인 신부의 대만 진
입은 대만 자본주의 발전의 반영이라고 할 수 있는데, 대만 주변
국가의 저숙련 여성노동자들이 한편으로는 외국인 노동자로, 또 다
른 한편으로는 결혼을 통해 보다 나은 삶의 기회를 찾아 대만으로
몰려왔다(김윤태·설동훈, 2006:144).

일본의 경우에도 현재 약 180개국, 약 600만 명에 달하는 외국
국적을 지닌 사람들이 일본에 체류하고 있는데, 외국인의 증가는

---

17) 네덜란드의 다문화주의 정책에 대한 내용은 고재성(2007)의 논문을 재정리하였다.

그 유형이 매우 다양하다. 과거에는 구미계의 백인의 이미지가 외국인을 대표하였으나, 현재 일본에 체재하고 있는 외국인을 대표하는 것은 아시아계의 사람들이다. 즉 닛케이진(日系人) 이주노동자[18]나 필리핀 혹은 태국 등 동남아시아에서 건너온 여성이주노동자, 중국이나 한국에서 온 유학생·취학생 등이다. 후생노동성의 인구동태통계(2004)에 의하면, 2003년의 국제결혼건수는 일본 국내에서 이루어진 79만여의 전체 결혼건수 중 4.9%를 차지하여, 약 24쌍 중의 1쌍이 국제결혼을 하고 있다고 한다. 일본인 남편과 결혼하는 외국인여성의 국적은 중국이 10,242명으로 가장 많으며, 필리핀 7,794명, 한국·조선(조총련계 재일한국인) 5,318명, 태국 1,445명이다. 이들 여성들은 주로 돈을 벌기 위해 온 연예계통의 엔터테이너이거나 여성부족대책으로 농촌의 며느리 맞아들이기 운동을 통해 들어온 뉴커머(Newcomer)[19] 여성들이다(김갑성, 2006:12).

대만과 일본의 여성결혼이민자들도 우리나라의 경우와 마찬가지로 여러 가지 한계에 봉착해 있다. 남편들이 대부분 경제적 빈곤 상태인 경우가 많기 때문에 이들도 경제적으로 빈곤한 경우가 많다. 또 상대적으로 낮은 임금을 받으면서 언어와 환경적응 문제에 부딪친다. 대부분의 여성결혼이민자가 가사·간병·비숙련직 등 내국인이 기피하는 직종을 담당하여 저렴한 노동력을 제공하고 인력부족을 보충하는 긍정적 효과가 있는 반면(Piper and Roces, 2003), 내국인이 취업기회를 잠식하고 임금수준을 낮추거나 혹은 사회복지 지출을 증가시키는 부정적 측면도 지적되고 있다.

---

18) 브라질이나 페루 등의 남미 지역에서 온 일본계 외국인들을 말한다.
19) 올드커머(Oldcomer)는 일본에서 해방을 맞은 재일한국인들을 이야기하며, 뉴커머(Newcomer)는 1980년대 이후 일본에 정착한 사람들을 말한다.

따라서 이러한 문제를 해결하기 위해 대만은 이민정책 실시의 내실화를 위한 이민전담기구를 설립하고 출입국 및 이민법 수정초안을 마련하여 결혼중개업 관리를 강화하는 등 제도적 노력도 기울이고 있다. 대만의 결혼이민자에 대한 관련규정은 외국인 여성의 위장결혼을 방지하기 위해 국적부여조건은 강화하는 대신 취업에서는 국민과 같은 완전보장을 추구하고 있다. 내국인과 동등한 취업, 사회복지, 교육기회를 제공하려는 노력을 하고 있다(臺灣 內政府 統計處, 2004).

일본은 기본적으로 여성결혼이민자 문제를 국가의 기본단위를 이루는 '가족' 문제로 접근해 국가적인 차원에서 '다문화·공생사회 추구'라는 목표를 세우고 정책을 추진하고 있다. 건강보험, 연금보험, 고용보험, 산재보험 등 사회보험뿐만 아니라 사회수당인 아동부양수당, 특별아동부양수당 등을 통해 보호하며, 일본의 지방자치단체는 거주지 확인, 언어장벽 문제해결, 외국인 가족의 세대 간 격차 문제 해결 등을 위한 포괄적인 행정서비스를 제공한다(김갑성, 2006).

결혼이민자의 문제를 '가족'의 문제로 접근하는 것은 독일도 마찬가지이다. 독일은 이민국가는 아니었지만 서독이 경제성장과 함께 노동수요를 확보하기 위하여 받아들였던 외국인노동자들이 장기간 체류하면서 국적을 취득하게 되었으며 국제결혼이나 망명 등에 의해 이민이 줄곧 늘어 왔다(강권찬, 2004:66). 독일은 이주민이라는 개념이 망명자, 외국인, 이주노동자 등의 명칭보다는 이주 배경을 가진 사람(Personen mit Migrationshintergrund)이라는 개념으로 새롭게 주목받고 있다(윤선영, 2006:13). 이들의 문제를 해결하기 위해 연방 여성·가족·노인·청소년부(BMFSFJ: Bundesministerium für Familie, Senioren und Jugend)가 2000년에 연방포럼 '가족'(Das Bundesforum Familie)을 조직하였는데, 이 조직은 2005년 현재 독일 전국에 걸쳐 약 100개의 가족관련 조직으로 구성되어 있는 연합체이며 가족친화적 사회구조를 만들기 위한 다양한 정책 제안을 하고 있다. 연방포럼 '가족'에는 노동자복지회(Arbeiterwohlfahrt) 등 사회복지단체, 각 지방자치단체 사회·여성·가족 관련부, 전국독신부모연합회(Verband Alleinerzihenender Mütter und Väter e. V) 등 자조단체, 독일모슬렘중앙회(Zentralrat der Muslime in Dertschland) 등 종교단체가 총망라되어 소속되어 있다. 연방포럼 '가족'의 여러 프로젝트 중에서 특히 2003년부터 2004년까지의 프로젝트는 '이민 가족－통합과 배제 사이에서(Migrationsfamilie－zwischen Integration und Ausgrenzung)인데, 교육, 취업, 지역사회의 세 영역으로 분류하여 정책을 추진하고 있다(정재훈, 2006:37).

6. 다문화주의 정책 속의 평생교육

1) 다문화주의 정책을 위한 평생교육

다문화주의 정책 속에서의 평생교육적 노력들은 여러 차원에서 이루어지고 있는데, 대만의 경우는 결혼이민자의 생활적응 능력을 향상시키고 사회적 지지망 결여문제를 해결하기 위해, 성인교육반을 개설하였다. 1999년 12월 '결혼이민자의 생활적응 지도실시 계획'을 반포하고, 2003년에는 수정·실시안을 반포했는데, 이에 따라 여성결혼이민자의 대만에서의 생활 적응 능력을 향상시키기 위해 생활적응, 거류와 정주, 지방 민정과 풍속, 취업, 위생, 교육, 자녀교육, 안전 및 관련 생활 적응 지도 등의 과정을 개설하였다. 정부는 대만어와 함께 출신국의 언어가 병기된 '이중 언어교재'를 개발하고 있으며, 여성결혼이민자의 요구를 고려하여 통일된 교육과정, 교재, 이중 언어교재를 개발하고, 일방적 동화방식을 지양하여 다문화주의적 교육을 채택하고 있다. 교육부는 거류증과 대만 국적을 취득하기만 하면 학습 기회를 주어 공식적으로 학력을 인정해주고, 민간단체와의 협력으로 TV 프로그램을 제작하는 등 다원적 문화교육에 주력하고 있다(김윤태·설동훈, 2006).

미국의 경우도 TV를 활용하여 미국 공영방송인 PBS의 경우에는 각 달별로 '아시아 문화전통의 달', 또는 '아프리카계 미국인 문화 전통의 달'과 같은 주제를 정하고 프로그램 사이마다 짧은 홍보 광고와 프로그램을 방송하기도 한다(왕한석·한건수·양명희, 2005).

일본은 사회에서 외국인을 지역주민의 하나로 받아들이고자 하는 환경이 갖추어져 있지 않다. 따라서 외국인에 대한 일본사회에의 적응 강요만이 아닌 일본인 스스로도 변화해야 한다는 인식이 높아지고 있다. 이를 위해 다언어·다문화 서비스 시스템을 구축하고자 하고 있다. 또한 일본어 교육 프로그램을 확충하여 외국인들이 자립할 수 있도록 해 주고 있다. 무료 혹은 저렴한 경비로, 노동시간과 생활시간을 고려한 일본어 프로그램을 확충하고 있으며, 일본어뿐 아니라 일본문화, 관습, 사회구조, 법과 제도, 의료 등 구체적인 지식과 정보를 제공하는 강좌도 개설하고자 하고 있다. 서비스 기관이나 조직에 의한 외국인 지원을 확보하고, 보건·의료·복지 전문가의 의식 전환을 위해 연수를 실시하며, 시민과 여성결혼이민자의 가족들을 대상으로 하는 타문화이해강좌와 일본의 문화, 생활습관을 교육하기 위해 외국인을 대상으로 하는 타문화이해강좌 등을 열고 있다(김갑성, 2006). 또한 외국인의 일상 생활문제나 요구에 관한 실태조사를 많이 실시해 이를 지원프로그램과 연결시키고 있다.

네덜란드는 노동시장으로의 접근을 보다 유연하게 하고 언어능력을 높이기 위해 언어교육과정의 도입과 새 이민자들에 대한 적응프로그램을 권장하였다(고재성, 2007). 기본적으로 소수민족에 대해 그들을 동화시키는 정책을 펴기보다는 그들 나름대로의 영역을 유지하면서 다문화적인 사회로의 지향을 자연스럽게 받아들이게 하였으며(Blömker, 2004:219) 또 소수민족뿐만 아니라 다수 네덜란드인들도 다문화사회의 새로운 조건들에 적응하도록 교육받고, 소수민족들은 네덜란드의 법과 사회질서를 받아들이고 인정하며, 사회에 대한 책임을 지고, 사회가 평화롭고 현대적이 되도록 기여하며, 자신들의 편견을 수정하고, 언어나 사회에 대한 지식, 전문교육, 민주정치 교육 같은 사회적 참여에 필요한 능력획득을 위해 교육을 받도록 하고 있다(고재성, 2007). 다수인 네덜란드인들도 편견과 차별을 없애도록 노력하며, 보다 융통성 있게 소수민족들을 같은 시민으로서 받아들이도록 하는 교육을 실시하는 것이 필요하게 되었다.

독일도 외국인에 대한 차별이 편견이나 인습에서 시작되는 점에 착안해 1999년부터 교육자, 사회사업자, 청소년 관련종사자들에게 현장 중심적인 평생교육 서비스를 제공하고 있다. 또한 시민단체를 통해 타문화의 이해를 돕기 위한 상호문화간의 배움, 반인종차별주의 훈련, 이민청소년들의 만남 주선 등을 지원한다. 또한 이민자에게도 의료보험, 실업보험, 사회복지보조금, 연금, 자녀 의무교육 등 사회복지 기본혜택을 제공한다. 연방포럼 '가족'의 프로젝트의 세 영역인 교육, 취입, 지역사회 중 취입의 영역에서도 외국인 가족이 가진 취업능력에 대한 인정기준을 보다 명확하고 정확하게 정하고 재교육기회를 확대할 필요성이 대두되고 있다(BMFSFJ, 2005:4). 노동자복지회에 위탁하여 '경영과정에서 다문화에 대한 개방적 태도(Interkulturelle Öffnung im Rahmen des Managementprozesses der Arbeiterwojlfahrt)'라는 모델 프로젝트를 진행 중인데, 이주과정이 대량으로, 그리고 지속적으로 이루어지고 있는 독일 사회에서 외국인들이 본래 갖고 있던 행동·유형문화·지향하는 태도를 일단 있는 그대로 인정하고 받아들이는 사회적 인식의 형성이 다문화에 대한 인식의 출발이라고 본다. 지역사회 영역에서는 외국인 가족이 적절한 대인복지서비스를 제공받을 수 있는 능력을 갖는 것이 중요하다는 인식을 바탕으로, 이러한 서비스 활용능력을 갖고 더 나아가 지역사회에서 보육, 언어교육, 상담, 평생교육, 단체활동 등 기회활용을 통해 다른 사회구성원과 함께 어울려 살아갈 수 있는 능력을 갖출 수 있는 네트워크 구축이 필요하다고 인식한다. 또 외국인을 담당하는 공무원이나 경찰들에게 다양한 교육을 시키며 그 내용은 다문화능력 교육[20]이다. 이들은 정기적으로 행정대학에서 교육을 받으며, 근무의 핵심 원칙은 고객지향적인 원칙에 따른다. 또한 다른 외국인 담당 공무원들과의 협력관계도 매우 중요한 역할을 한다. 독일은 1999년부터 교육자와 사회사업가 등에게 외국인에 대한 인식 개선 교육을 하고 있으며, 정부는 시민단체가 반인종차별 주의와 다문화 이해교육 프로그램을 운영하도록 경제적 지원을 하고 있다(정재훈, 2006).

다문화주의 정책 속에서의 평생교육적 노력은 학교교육을 중심으로도 이루어지고 있다. 미국의 학교는 소수민족집단의 관계 개선, 인종평등, 사회적 약자에 대한 보건 및 영양공급 등을 위한 정책의 중심이 되어 왔다. 과거 수십 년간의 교육정책들은 다문화적 상황으로서의 학교문제와 관련되어 있었다. 교육자들은 학생들의 문화

---

20) 다문화능력교육은 매우 중요한데, 다른 나라와 다른 민족과의 만남은 그 의사전달이나 관습 등을 잘 파악하지 못하게 될 때 많은 비용과 시간이 들게 되기 때문이다. 미국의 경우에는 이미 상업적으로 사설기관에서 이런 교육들이 이루어지고 있다(고재성, 2007).

적 차이가 학교에서 발생하는 교육의 양과 종류에 중요한 영향을 미친다고 생각하였다. 따라서 평가에 있어서도 문화적 편견이 포함되지 않은 평가도구(culture-free tests)를 고안해 내고 있다. 이는 다양한 표준화검사나 지능검사 등에 있어 유색인종 자녀 등 소수문화집단이 낮은 점수를 받는다는 것을 고려해 언어나 문항구성에 있어 문화적인 편견이 반영되지 않은 평가도구를 활용하는 것이다.

1993년까지 35개의 미국 주들이 인종, 계급, 다른 문화적 집단들에 관련된 정책들을 펴 나갔다. 이민자를 대상으로 하는 교육도 공교육에서 이루어져 지자체가 출자하는 '칼리지'라 불리는 지역대학(community college)에서 미국시민 소양교육과 영어교육을 무료로 제공하고 있다(김형인, 2006:27).

대만과 독일의 경우는 여성결혼이민자의 자녀를 위해 학교교육뿐 아니라 유아교육 측면에서도 고려를 하고 있다. 대만의 경우 한 해 태어난 아이들 중에서 국제결혼 가족 자녀수가 차지하는 비율은 1998년 5.1%였으나 2003년에는 13.4%로 높아져 2004년의 경우 전국 신생아 7.5명 중 1명은 외국인이나 중국대륙인·홍콩·마카오인과 국제결혼한 대만인의 자녀인 것으로 나타난다(臺灣 內政府 統計處, 2003). 여성결혼이민자의 경우 대만의 언어, 문화, 교육에 대한 이해와 정보가 부족하고, 득히 남편의 사회경제직 지위가 낮은 경우에는 그 자녀들은 교육에서 매우 불리하다. 자녀의 부적응 문제는 주로 가족 내 언어소통의 문제점, 어머니의 낮은 교육수준, 경제적 어려움 등에 기인한다. 따라서 2003년에는 결혼이민자 자녀를 최우선 대상으로 선정해서 학교에서 개별지도하고, 공립유치원과 탁아소에 우선 진학할 수 있도록 배려하며 결혼이민자 자녀가 많이 분포되어 있는 지방정부에 유치원을 설립하도록 지원하고 있다. 그 외에도 아동발달 검사 강화, 발달지체 아동에 대한 조기치료 및 서비스 제공, 아동의 생활상황 연구, 생활적응 학습토론회, 민간단체와 연계한 열등 환경 아동에 대한 가정보육 등을 실시하고 있다(고재성, 2007).

독일의 경우 연방포럼 '가족'의 2003년부터 2004년까지의 프로젝트인 '이민가족 – 통합과 배제 사이에서(Migrationsfamilie – zwischen Integration und Ausgrenzung)'는 교육, 취업, 지역사회의 제 영역으로 분류하여 정책을 추진하고 있는데(정재훈, 2006) 이 중에서 교육이 가장 기본적인 요소이다. 외국인 아동·청소년 대상 교육의 기본 방향은 이들의 이중 언어 구사능력과 다문화 적응능력을 긍정적으로 평가하여 이러한 능력을 키워주는 교육환경을 만드는 것이다(BMFSFJ, 2005). 따라서 내외국인 구분을 떠나 어렸을 때부터 양질의 보육·교육을 받도록 보육시설을 확충한다. 3세 이하 아동 부모가 원하는 시간대에 아이를 맡기고, 또 여러 가지 언어로 운영하는 보육시설을 확대하는 방안도 추진되고 있으며, 전일제학교 운영의 확대도 추진 중이다. 또 교사 등의 교육인력이 다문화에 대한 이해를 할 수 있게 하기 위한 기회 제공도 추진한다.

일본에서는 국제결혼을 통해 태어난 아이들이 차별을 받는 현상이 나타나고 있는데, 국제결혼을 통해 태어난 아이는 혼혈아 혹은 '하프(half)'[21]라고 불리면서 외국인 어머니가 가난한 나라 출신이라는 점 때문에 편견의 대상이 되기 쉽다. 그러나 최근에는 '하프'

---

21) 일본사회에서 '하프'라는 말은 국제결혼을 통해 태어난 아이를 가리키는 말로서, 혼혈아와 함께 오랫동안 사용되어 왔다.

라는 말 대신 '더블(double)'이라는 말을 쓰는데, 이 말은 아버지와 어머니로부터 두 개의 문화를 이어받는다는 뜻으로 보다 긍정적인 의미를 가지고 있다. 정부는 1991년부터 이들 자녀에 대한 실태조사를 실시하고 그것을 바탕으로 지도 및 교육과정을 개발하기 시작하였다. 교육과정, 교재, 일본어 과정의 필요성, 모국어 보호, 과연령 학생에 대한 배려, 과외활동 배려, 생활지도, 상급학교 진학을 위한 지도체제의 확립, 학교와 자원봉사자의 연계의 중요성을 강조하고 있다(김갑성, 2006). 외국인자녀의 문제는 국제교육 측면에서도 국제화한 일본의 중요 교육과제라고 인식하고 1991년에 국제이해교육학회를 구성하고, 21세기를 준비하는 일본의 다문화이해 교육을 위한 활동을 시작하였다.

네덜란드의 경우에는 다문화사회를 이루기 위해 이민문화를 보전시키고 발전시키는 전략들이 제안되고, 이민자들의 모국어로 하는 수업을 법적으로 보장하며 이민자들을 위한 사립학교 설립도 허가하였다(고재성, 2007).

2) 외국 다문화정책의 시사점

대부분의 사회에서 이민자들은 그 나라의 새로운 문화에 적응해야 하는 것을 당연하게 받아들였으며, 가장 관대한 경우에도 유입된 소수의 문화를 관용해 주는 정도였을 것이다(김남국, 2005, 88). 그러나 또 다른 지역적 양상들을 보면 기존의 문화 속에서 자신들의 문화적 정체성을 유지하기 위한 끈질긴 시도들이 관찰되기도 한다(정책기획위원회, 2005:26). 이러한 다양한 노력들은 다문화주의 정책의 배경을 이루고 있다.

이민 역사가 오래된 국가에서는 외국인과 내국인의 차별 해소에 큰 관심을 기울여, 외국인에 대한 적대감과 편견 해소정책을 강화하는 추세인데, 캐나다는 백인 중심의 동화정책이 아닌 여러 인종과 민족 집단들 간의 조화와 상호 협력을 중시한다. 다문화주의를 캐나다의 정체성과 문화유산의 가장 중요한 특성으로 규정짓고, 문화적, 인종적인 다양성을 수용하고 캐나다의 모든 구성원의 자유를 인정하며 그들의 문화적인 유산을 발전시켜야 한다는 인식 확산과 함께 다문화적인 요소들을 보호하고 포함하기 위한 사회적·경제적·정치적인 제도의 모든 지원을 제공하고 있는 것은 특히 시사하는 바가 크다. 우리 정부의 지원책이나 제도 등은 아직은 내국인 중심의 동화정책이라고 할 수 있다. 문화적, 인종적 다양성을 수용하기보다는 적응을 통한 동화에 중점을 두고 있다. 그러나 궁극적으로는 여러 인종과 민족 집단들은 조화를 이루고 함께 협력하는 것이 필요하며, 따라서 캐나다가 공식적인 언어를 강화하면서 동시에 영어와 프랑스어의 사용을 증진하고 보존하는 것도 눈여겨보아야 한다.

많은 소수집단들의 권리를 신장하는 데 큰 역할을 하고 있는 미국의 '적극적 차별철폐정책(Affirmative Action)'과 같은 교육과 취업에 있어서의 우대제도나 매스컴을 통한 인식전환을 위한 노력들은 더불어 사는 다문화사회의 기초를 이룰 것이다. 또한 이민자를 위한 무료 공교육의 제도화는, 아직은 대부분의 여성결혼이민자가 교육에서 소외되고 있는 우리의 현실에서 교육기회의 평등 차원에서도 필요하다고 할 수 있다.

일본의 경우 국제결혼을 통해 태어난 아이에 대해 혼혈아 혹은 '하프(half)'라는 차별적 용어 대신 아버지와 어머니로부터 두 개의 문화를 이어받는다는 긍정적 의미의 '더블(double)'이라는 용어를 사용하기 시작했다는 것은, 그만큼 일본인들의 인식이 변화되고 있다는 것을 의미한다. 우리의 경우 국제결혼을 통해 태어난 아이들에 대하여 아직도 혼혈아, 튀기[22] 등의 차별적 용어와 함께, 코시안, 온누리안이라는 말을 같이 쓰고 있는 상황에서, 차별적 인식을 전환할 수 있는 긍정적이고, 미래지향적인 용어를 찾아 사용하는 것이 필요하다고 본다. 또한 일본어뿐 아니라 일본문화, 관습, 사회구조, 법과 제도, 의료 등 구체적인 지식과 정보를 제공하는 강좌를 개설하는 것처럼 우리도 한국어와 단순 문화체험 교육에 머무르지 말고, 한국생활을 위해 실제적으로 필요한 여러 정보와 문화를 제공하는 교육을 실시해야 한다. 자녀에 대한 배려에 있어서도 구체적인 실태조사와 함께 지원이 이루어져야 한다.

한국보다 10년 이상 앞서서 똑같은 상황을 맞았던 대만은 우리의 정책에 시사하는 바가 크다. 이민정책 실시의 내실화를 위해 이민전담기구를 설립하고, 결혼중개업 관리를 강화하는 것 등은 현재 우리에게 필요한 제도적 노력이라고 할 수 있다. 또 내국인과 동등한 취업, 사회복지, 교육기회를 제공하려는 노력과, 성인교육반 개설, 다국어 교재의 제작, 결혼이민자 자녀를 최우선 대상으로

---

22) 사전적으로 원래 '종(種)이 다른 두 동물 사이에서 난 새끼'를 의미하는 튀기는 사람에게 적용해서 '혈종이 다른 종족 간에 태어난 아이'라는 의미로 사용되기도 한다. 튀기는 동물에게 적용을 하면 특별한 부정적인 의미가 없을 수도 있는 표현이지만, 사람에게 적용을 할 때에는 이미 경멸적인 의미를 포함하고 있는 것으로 느껴진다(설동훈 외, 2004:107).

선정해서 학교에서 개별지도하고, 공립유치원과 탁아소에 우선 진학할 수 있도록 배려하며, 결혼이민자 자녀가 많이 분포되어 있는 지방정부에 유치원을 설립하도록 지원하는 것 등은 여성결혼이민자들과 그 자녀들의 교육복지 실현을 위해서 반드시 필요한 정책이라고 할 수 있다.

독일은 외국인 가족에 대한 정책이 일반적인 독일인 가족과 동일하게 이루어지고 있고, 외국인 가족이 갖는 동등한 참여 권리, 기회평등, 법적 평등이 강조된다. 이를 위해 조직된 연방포럼 '가족'(Das Bundesforum Familie)의 프로젝트는 교육, 취업, 지역사회의 세 영역으로 분류하여 정책을 추진하고 있는데, 자녀들의 이중 언어 구사능력과 다문화 적응능력을 키워 주는 교육환경 조성은 우리에게도 당면 과제라고 할 수 있다. 또한 내외국인의 구분 없는 양질의 보육시설 확충, 전일제학교 운영의 확대 등은 여성결혼이민자들의 교육과 취업을 위해서도 수용해야 할 제도이다.

이민자들을 차별 없는 네덜란드 국민으로 만드는 것이 목표이며, 사회의 갈등과 폭력, 범죄의 요인이 되지 않도록 민주시민으로서의 교육을 하는 네덜란드의 다문화주의적인 통합정책은 소수민족뿐만 아니라 동시에 다수 네덜란드인에게도 적용된다는 데 시사점이 있다. 다수인 네덜란드인들도 다문화사회의 새로운 조건들에 적응하도록 훈련받고, 소수민족들은 네덜란드의 법과 사회질서를 받아들이고 인정하며, 사회에 대한 책임을 지고, 사회가 평화롭고 현대적이 되도록 기여하며, 자신들의 편견을 수정하고, 언어나 사회에 대한 지식, 전문교육, 민주정치 교육 같은 사회적 참여에 필요한 능력들을 획득하는 것은 동화정책이 아닌, 그들 나름대로의 영역을

유지하면서 다문화적인 사회로의 지향을 자연스럽게 받아들이게
하는 것이다.

3) 다문화주의 정책의 쟁점

국가가 다문화주의를 수용하고 다문화 정책을 시행하는 깃이 바
람직하다고 하더라도, 다문화주의 정책에 대한 비판적 고찰을 통해
그것을 바탕으로 우리의 맥락 속에서 논의하는 것은 필요한 작업
이라고 할 수 있다.

현재 서구 국가에서 지향하는 자유주의적 다문화주의는 소수자와
소수집단의 권리 보호, 문화 평등권 보호를 위해 중요한 역할을 하
고 있지만, 여전히 다수의 문화를 지배적으로 여기고, 소수 문화가
그것에 크게 위배되지 않는 범위 내에서만 인정하려 한다고 비판받
고 있다(김욱동, 1998, 이용승, 2004). 이러한 문제점은 오랜 기간
다문화주의를 채택해 오고 있는 여러 국가에서 최근 몇 년 사이에
백인과 유색인 간의 갈등 현상이 나타나면서 가시화되고 있다. 한
국에서도 소수 문화의 특수성을 배제하는 다수문화 보편주의의 성
향을 띠는 다문화주의가 시행된다면 여성결혼이민자들의 문화적 차
이가 차별의 근거가 되는 현실을 개선하기는 어려울 것이다.

또한 다문화주의를 적극적으로 인정한다고 해서 다문화사회가
갑자기 안정되는 것은 아니다. 오히려 특정 집단에게 문화적 권
리23)를 줌으로써 서로 다른 문화집단 사이에 생겨날 수 있는 불평

---

23) ‘문화적 권리’란 표현이나 접근, 물리적 차별에 의해 희생될 수 있는 문화적 소수의 정체

등의 문제를 어떻게 해결할 것인가라는 더 심각한 문제에 직면하기도 한다(김남국, 2005:99). 캐나다의 경우에도 실제로 집단 간 관용의 폭을 넓히기보다는 불만과 불평등을 촉진시키기도 하였으며, 이러한 경향은 캐나다 국민을 대상으로 정부가 다문화정책을 펼쳐야 하는지, 그렇지 않으면 흡수하고 동화해야 하는지에 대한 의견을 물었을 때, 1985년의 경우에는 56%가 모자이크 문화를, 27%만이 용광로 문화를 주장했지만, 1995년의 경우에는 모자이크 문화가 44%, 용광로 문화가 40%로 나타나 동화를 지지하는 국민들이 증가한 것을 보면 알 수 있다(황용복, 2005).

미국의 경우에도 소수민족을 지원하기 위한 '적극적 차별철폐정책'이 논란의 대상이 되어 왔다. 1996년 캘리포니아(California)에서는 주민들이 투표로 '적극적 차별철폐정책'의 일환으로 실시했던 할당제를 무효화하고, 다음 해에 캘리포니아는 "인종, 민족성을 이유로 공공기관의 고용, 공립교육, 공공계약에서 어떤 개인이나 집단에게도 차별 내지 우대조치를 하지 않는다."라고 공표했다. 이 정책에 대한 반대는 역차별의 관점 외에도 여러 가지가 산재해 있는데, 이 정책에도 불구하고 흑인을 비롯한 많은 소수민족 대중은 가난과 열등한 교육, 생활환경에서 벗어나지 못하며, 이 정책은 단지 소수민족의 향상을 상징적으로 보여 줄 뿐이지, 실제에 있어서는 투자만큼의 효과를 거두지 못하고 있다는 것이다. 따라서 인종적 고려에 의한 지원이 아닌 경제적 빈곤층에 대한 포괄적 지원이 이루어져야 한다는, 즉 소수민족의 지원정책이 민족적·인종적 지

성을 보호하기 위해 예외적인 규정이나 역차별을 통해 지원하는 것, 공적 영역에서 문화적 정체성을 드러내는 언어, 의상, 소품 등의 사용을 허용하고 지원하는 것, 지방이나 국가 차원에서 특별한 대표의 권리나 자치를 허용하는 것 등을 말한다(김남국, 2005:91).

원보다는 저소득 사회계층 지원의 일환으로 환원되어야 한다는 주장이 대두되었다. 또 몇몇 사람들은 소수민족에 대한 지원은 그것 자체가 민족이나 인종을 구별함으로써 오히려 인종주의적이라고 반박하기도 한다. 결국 인종과 민족에 대한 쿼터를 불식하고 사회 저변층에 대한 계층적 지원을 강화함으로써 그 지원이 자연스럽게 흑인 내지 소수민족에게 돌아가도록 해야 한다고 주장하였다. 반면 이러한 정책을 지지하는 사람들은 보다 폭넓은 인도적 시각에서 이 문제에 접근하는데, 근본적인 문제 해결을 위해 소수자에 대한 이런 우대정책이 앞으로도 지속되어야 한다고 주장한다. 이 정책이 비록 개인적으로는 불공평한 결과를 가져온다 해도, 미국사회 전체의 안전과 번영을 도모하는 거시적 시각에서 보자면 소수민족에게도 행복추구의 균등한 기회가 제공되는 것을 북돋아 줌으로써 건강한 사회를 추구하는 데 기여해야 한다고 주장한다. 또 소수자의 고용이 미국인 주류의 고용에 대해 전혀 위협적이 되지 않는다는 점을 강조한다. 예컨대, 2000년도 미국 인구조사에 의하면 백인 실직자는 1,100만 명이고 흑인 실직자는 130만 명이기 때문에 설령 모든 흑인 실직자가 취업을 한다고 하더라도 백인 일자리의 작은 몫만을 빼앗을 것이라는 논리를 내세운다. 이들은 '적극적 차별철폐정책'의 효과는 미국의 문화지도를 다문화주의로 확실히 바꾸어 놓은 1등 공신으로 이 정책이 지속적으로 계승 발전되어야 한다는 입장을 갖고 있다(김형인, 2006).

이처럼 다문화주의는 실천과정에서 적어도 세 가지의 현실적인 문제점에 부딪치는데, 첫째는 문화적 권리를 부여하는 과정에서 생기는 선정의 자의성과 집단 간 불평등의 문제이다. 다문화주의에서 중요하게 생각하는 개인의 정체성에 대한 존중이 다문화주의 내부의 공동체에 대한 자의적 서열 때문에 전혀 보호받지 못하는 결과를 가져오는 것이다. 결국 평등이라는 관점에서 보면 한 집단에게 특별한 문화적 지위를 허용하는 다문화주의 정책의 모순은 영원히 해결 불가능한 것이다. 둘째는 문화집단 안에서 개인이 차지하는 지위의 문제이다. 다수집단이 주장하는 흡수 동화나 소수 집단이 주장하는 강력한 다원주의는 개인이 아닌 집단이 그런 주장을 할 수 있는 도덕적 권리를 갖고 있는 것으로 간주한다. 그러나 집단에게 문화적 권리를 부여한다고 해서 그 집단에 속한 개인의 권리가 보장되는 것은 아니다. 셋째는 다문화주의와 국가 정체성과의 관계이다. 다문화주의는 서로 다른 개인과 집단들을 묶어서 하나의 공동체로 기능하게 하는 상호 신뢰의 기초를 어디에서 구할 수 있는가라는 질문에 뚜렷한 답을 제시하지 못한다(Charney, 2003: 김남국, 2005). 결국 문화집단 간의 불평등 문제, 집단 내 개개인의 취약한 지위문제, 국가 정체성을 둘러싼 기존 집단과 새로운 이주집단 사이의 갈등 등의 문제 해결책의 제시가 필요한데, 다문화주의가 통합을 위한 이념으로서 효력을 발휘하기 위해서는, 우선 소수집단이 전체사회에 평등하게 참여하여 사회경제적 권력을 획득하는 것이 중요하다. 이런 의미에서 1980년대 이후의 캐나다의 다문화주의 정책이 문화보다 평등에 중점을 두고 이들의 통합을 저해하는 차별 및 편견을 극복하려고 노력해 온 것은 필연적인 흐름이라고 할 수 있으며(정책기획위원회, 2005:29) 다문화교육의 필요성이 여기에서 대두된다고 할 수 있다.

3 부

여성결혼이민자들의 한국생활 체험

7. 연구의 방법

본 연구는 여성결혼이민자의 한국생활 체험을 이해하고 그것을 통하여 다문화주의와 평생교육의 역할에 대한 이해를 시도하려는 것이다. 따라서 인간 삶의 체험을 현상학적 입장에서 접근하고 있으며, 연구는 질적 연구방법론을 통해서 진행된다. 특히 질적 연구방법론 중에서도 자전적 문화기술(autoethnography)[24]의 특성을 띠고 있다. 따라서 우선 현상학적 체험연구에 관해 먼저 논의하고, 질적 연구방법론 중의 하나인 자전적 문화기술에 대해 제시하고자 한다.

1) 체험연구의 성격

여러 개인이 경험한 현상[25]의 의미를 기술하는 것이 현상학적[26]

---

24) 자전적 문화기술은 자서전적 문화기술이라고도 하는데, 비슷한 여러 방법들을 포괄하여 표현한 용어로 볼 수 있다. autobiography, memoir, narrative ethnography, self-ethnography, fiction까지도 묶어서 표현할 수 있는 용어라고 할 수 있는데, 연구자의 개인적인 경험이 연구대상인 문화나 집단과 긴밀하게 연결될 수 있고, 이것을 통하여 사회문화적인 통찰을 얻을 수 있다는 것을 전제로 한다.
25) 현상이란 연구 대상자들이 경험하는 개념으로 슬픔, 분노, 혹은 사랑과 같은 심리적

연구인데, 연구자는 경험들을 중심 의미 혹은 경험의 '본질'로 환원시킨다(Moustakas, 1994). 현상학적 관점들은 연구자가 전통적인 경험적, 양적인 과학의 관점보다 광범위한 관점으로 연구를 수행하는 것, 연구자가 경험에 대한 자신의 선입관을 유보하는 것, 대상을 '저쪽에 있는' 실재로 볼 뿐만 아니라 자신의 감각을 통해 대상을 경험하는 것, 그리고 '본질'을 포착하는 몇 개의 진술로서 개인이 경험에 부여하는 의미를 보고하는 것을 포함한다(Stewart & Mickunas, 1990).

현상학적 인식론은 인간의 의미 구성이 인간 주체의 지향적인 의식 속에 이루어지고 있음을 주목하는데, 인간은 제한된 신체능력 속에서 구체적인 시간과 공간, 관계, 조망을 지닌 지각작용을 통해 세계의 의미를 구성해 나가는 존재이다(이기연, 2006:23). 따라서 인간 삶의 경험과 개인적인 체험[27]으로부터 교육에 대한 이해가 시작되어야 한다고 본다(Bollnow, 1972; van Manen, 1990). 현상학적 연구에서 체험은 의식적 존재인 인간의 개인적 경험의 중요성을 강조한다(Moustakas, 1994).

개념이다(Cresswell, 2005).

26) 현상학의 지적 기원은 1930년대 후설(Husserl)까지 거슬러 올라가며, 슈츠(Schuts)는 후설의 사상을 보다 공고히 하였다. 현상학은 근본적으로 관념철학이 쇠퇴하고 실증과학이 전개되면서, 인간과 역사적 현실마저 자연물과 같은 대상적 실재로 환원시키는 경향이 강해지자 이에 대한 반기를 들고 일어난 것이다. 현상학적 관점은 사회현상이란 의미구성의 간주관적 과정을 통하여 협상되고 유지되며, 구성원이 소유하는 인식은 이러한 과정의 결과라는 가정에서 출발한다(Philips, 1983).

27) 체험은 경험과 구분되는 개념이다. 경험(experience 혹은 Erfahrung)이 우연성을 포함한 만남, 마주침을 표현하는 어휘라면 체험(lived experience, 혹은 Erlebnis)은 주체적으로 경험하는 것이다. 사람이 같은 상황에 놓여 있을 때 같은 경험을 한다고 할 수는 있지만 같은 체험을 한다고 말할 수는 없다. 개인은 생활세계 속에서 각기 고유한 체험을 하므로 한 개인이 고유하게 겪는 과정은 체험이라는 용어로 표현할 수 있다 (이기연, 2006:23). 현상학적 연구에서 체험은 의식적 존재인 인간의 개인적 경험의 중요성을 강조한다(Moustakas, 1994).

이러한 접근은 "연구자의 사고를 가득 채우고 있는 온갖 이론과 선입견을 풀어 헤치고 타자와 공유하는 경험의 장을 관통하는 설명방식"이고 또한 "가급적 교육현상을 공감적인 차원에서 보고자 하는 시도"인 것이다(조상식, 2002).

이러한 인식에 근거해서 삶의 경험이나 개인적인 체험에 대한 연구들이 질적 연구 영역에서 이루어져 왔다. 초등학교 신임교사의 교직생활에 관한 문화기술적 연구(허정수, 2004), 수업연구대회에서의 교사체험의 의미(강현숙·김대현, 2006)의 연구는 교사체험에 대한 문화기술적 연구들이다. 이혼과정 경험에 대한 질적 연구(금명자 외, 2004), 남북한 이문화부부의 가족과정 경험에 관한 질적 연구(이민영, 2005)는 가족생활과 관련된 체험을 분석한 연구이며, 초기 모성 경험에 관한 문화기술적 사례연구(노영주, 1998)와 첫 어머니됨의 체험 연구(손승아, 2000), 주의력 결핍 및 과잉행동장애 아동 어머니의 양육 경험에 관한 질적 연구(정명신, 2001), 부모결연프로그램에 참가한 정신지체학생 어머니들의 경험에 관한 질적 연구(전혜인·박지연, 2005), 수간호사의 임상실습교육 체험(정정임, 2006), 성인여성의 학습체험에 관한 질적 연구(이기연, 2006) 등은 여성의 체험에 대한 현상학적 접근이라고 할 수 있다. 또 소수 민족 유아의 유치원 생활 경험(유혜령, 1999)과 입학 초기 중학생의 삶(김대현·김현주, 2003), 여중생의 무용수업 체험에 관한 질적 연구(김윤희, 2002), 청소년센터에서의 대안적 학습에 관한 문화기술적 연구(배은주, 2004)는 아동, 청소년의 체험을 다양한 교육적인 상황에서 접근하고자 시도한 연구들이다.

개인의 체험을 통하여 교육의 의미를 탐구하는 것은, 구체적 현실 속에서 드러나는 '교육'은 어떤 특정한 시공간에서 살고 있는 사람들에게 체험되는 것이라는 것이다. 시공간의 변화는 그 속에 거하는 사람의 경험의 변화를 수반하고, 그 경험 속에서 개개인의 체험은 달리 형성된다는 것이다(이기연, 2006). 또한 체험은 개인적 차원에서만 이루어지는 것이 아닌, 그 개인이 속해 있는 사회, 또 그 개인을 둘러싸고 있는 문화의 영향 속에서 이루어지는 것이다.

지금까지 교육학 분야에서 이루어진 체험에 관한 연구들은 대부분 개인적 측면 중심이었고, 그 개인이 속해 있는 사회, 문화 속에서의 타인과의 상호작용이나 관계에 대해서는 그리 주목하지 않았다. 체험은 사회 속에서 존재하는 한 개인이 겪는 주관적인 변화라고 할 수 있는데, 같은 사회 속에 있더라도 각자가 처해 있는 현재, 과거, 미래에 따라 다르게 체험되는 것이라고 할 수 있다. 여기에서의 이 다른 체험은 단순하게 개인적인 차원에서 비교할 때 다름으로 나타나는 것이고, 개인적 삶의 차원을 넘어선 차원을 고려할 때, 개인의 다양한 체험은 이미 사회문화적인 조건이 반영되어 형성되는 사회형성적이고 구성적인 것이다(이기연, 2006:26).

따라서 여성결혼이민자의 한국 생활체험 연구는, 우연성을 포함한 만남을 의미하는 '경험'을 넘어서서 그 경험으로 인해 여성결혼이민자들에게 어떠한 변화가 일어나는지, 즉 주체적으로 경험하는 '체험'을 연구하는 것이며 더 나아가 여성결혼이민자들이 속한 사회와 문화 속에서의 다른 사람과의 상호작용, 관계성에 대한 연구이다. 이것은 그들이 속해 있는 사회, 그들을 둘러싸고 있는 문화의 영향을 연구하는 것이다.

2) 체험연구와 자전적 문화기술

체험 연구는 일상적인 경험들의 의미를 보다 깊이 이해하고자 하는 현상학적 입장에서 출발한다. 따라서 체험연구는 연구자 개인의 사적인 상황이나 사건에 초점을 맞추어 자신의 체험을 있는 그대로 기술하는 방법으로 시작하는 것이 필요하다(van Manen, 1990). 현상학적 체험연구는 경험의 의미를 인간 경험 전체의 맥락 속에서 더 깊이 이해하기 위해 다른 사람들의 경험과 성찰을 빌려 온다. 타인의 경험을 통해 경험의 의미를 더 풍부하고 깊게 이해할 수 있기 때문이다. 타인의 경험적인 자료들을 빌린다는 것은 대화, 인터뷰, 참여관찰, 글쓰기 등 질적 연구방법론과 관련이 된다. 질적인 연구방법을 사용한다는 것은 연구자가 단순히 자료수집을 위한 방법적 기술로 사용한다는 의미의 수준이 아니라 연구문제 자체가 질적 연구방법을 사용하여야만 찾아질 수 있는 성질의 것이고, 그러한 연구문제는 실증주의적 차원에서 진행하고 있는 조작적 정의와 통계적 수치로 해결될 성향의 문제가 아님을 전제한다(이기연, 2006:27).

크레스웰(Creswell, 2005)은 연구 패러다임으로서 질적 연구는 사회적 또는 인간의 문제를 탐색하는 독특한 방법론적 연구전통들에 기반하여 이해하는 연구과정이며 연구자는 복합적이고 전체적인 그림을 구축하고, 언어를 분석하며, 정보제공자들의 구체적인 시각들을 보고하고, 자연스러운 상황에서 연구를 수행한다고 하였다. 따라서 질적 연구방법론은 양적 연구방법론과는 분명하게 구분된다.[28] 질적 연구방법론으로는 많은 접근 방법이 존재하는데,[29] 이러한 여러 질적 연구의 지적전통은 독자적인 하나의 분야로 연구가 진행되기도 하지만, 각 전통들의 연구주제나 연구방법은 어느점에서 공통점이나 유사점이 발견될 수 있으므로, 대부분은 다른분야의 지적 전통과 상호작용하여 복합적, 다각적으로 연구되고 있다. 다른 전통의 관점을 공통으로 수용하여 분석에 적용하는 경우도 많다(이용숙·김영천, 1998).

질적 연구 중에서 비교적 많이 연구되는 방법은 문화기술지(ethnography)[30]인데, 문화기술적 연구방법은 문화 공유 집단에 대한 분석으로서 자료분석에서, 주제 - 문화적 주제를 발전시킨다(Creswell, 2005). 문화 공유 집단을 관찰하고 참여함으로써 '연구대상 문화'를 볼 수 있고 그것을 해석할 수 있는데, 문화는 행동, 언어, 인공

---

28) 양적 연구를 하는 연구자는 소수의 변수들과 많은 사례들을 가지고 연구를 진행하는 반면, 질적 연구자들은 소수의 사례와 많은 변수들에 의존한다(Ragin, 1987). 양적 연구방법은 실증주의에 기반하는데, 세상의 실체와 법칙이 인간의 인식 밖에 객관적으로 존재한다고 본다. 단일한 실체적인 현실의 존재를 상정하고, 현실의 총체는 그것을 구분하는 부분들의 총합과 같다고 본다. 또 관찰자와 관찰 대상자의 분리가 가능하다고 본다. 시공간을 추월한 일반화의 가능성을 인정하며, 또 단선적인 인과론적 관계를 상정하고, 가치독립적인 연구가 가능하다고 본다. 그러므로 객관적으로 존재하는 실체인 '진리'를 탐구하기 위해 가설을 설정하고 검증함으로써 밝혀 낼 수 있다고 본다(조용환, 1999; 조혜영, 2001). 그러나 구성주의(constructionism)나 해석주의(interpretivism)에 기반하고 있는 질적 연구방법은 '진리'는 객관적 실체로 존재하지 않으며, 사회적으로 구성되며, 세상은 한 집단이 물려받은 경험세계의 전통 속에서 부단히 구성해 나가는 것이기 때문에, 서로 다른 집단은 서로 다른 세상을 살고 있다고 본다. 이러한 입장에서는 '진리'나 '지식'은 유일한 것이 아니며, 그 맥락과 분리되어 논의되는 것은 의미가 없다고 본다.

29) 제이콥(Jacob, 1988)은 질적 연구의 전통을 크게 여섯 가지의 영역으로 규명하였는데, 첫째 인간기호학/상징학, 둘째 생태학적 심리학, 셋째, 총체적 문화기술지, 넷째, 인지인류학, 다섯째, 의사소통의 문화기술지, 여섯째 상징적 상호작용으로 분류하였다. 또 크레스웰(2005)은 질적 연구방법에 대한 지적 전통을 전기적 생애사, 현상학, 근거이론, 문화기술지, 사례연구 등 크게 다섯 가지로 구분하여 제시하고 있다.

30) 'ethnography'의 어원은 사람, 인종, 또는 문화집단을 의미하는 그리스어 'ethnos'가 'graphic'과 결합하여 만들어졌다. 문화기술은 사람과 그들의 문화적 기반에 대한 사회과학적 기술을 의미하는데(Vindich & Lyman, 2000: 40) 인류학 영역에서 서구의 인류학자들이 덜 알려진 부족을 연구하는 방법으로 시작되었다.

물에서 볼 수 있다.31) 문화기술의 구체적인 연구방법은 참여관찰과 심층 인터뷰이다(Spradly, 1979; 1980). 교육현장에서는 이러한 방법을 이용하여 많은 연구가 이루어져 왔으며, 지금도 대표적인 질적 연구방법 중의 하나로 활용되고 있다. 특히 심층 인터뷰는 소수집단, 특히 이민자, 여성집단, 노인집단, 빈곤계층, 일탈자 등의 집단문화나 특성을 깊이 있게 연구하는 데 많이 이용되는데, 예를 들면 한국남성과 결혼한 중국 조선족 여성에 대한 연구(강유진, 1999), 1992년 이후 한국과 베트남 사이의 국제결혼에 대한 연구(하밍타잉, 2005), 국제결혼 이주여성의 딜레마와 선택(김민정 외, 2006), 디아스포라로서의 주체형성을 위한 이주여성의 저항과 전략(쯔지모토 도시코, 2006) 등은 여성결혼이민자들의 결혼과 삶에 대한 문화기술적 연구라고 할 수 있다. 직업교육훈련의 성별 불평등 특성 분석(권정숙, 2000)과 직장 내 성차별 문화와 여성정책 효과에 관한 연구(한정자, 2002)는 여성의 성별 불평등 문제를 다루었고, 한국노인의 노인되어 감에 대한 문화기술지(유양경, 2003), 노인 성교육프로그램 개발에 관한 연구(성경원, 2005)는 노인들의 문제를 다루었다. 탈북가정 유아의 남한사회 적응과정에 대한 현장연구(이부미, 2003), 성인 대학원생의 학습과 변화(정은희, 2005), 재북미 한인청소년을 위한 한국문화교육프로그램 개발 연구(이경란, 2006) 등도 탈북가정 유아, 성인 대학원생, 재북미 한인청소년 등 특정 집단의 의식이나 개인적 사건, 문화 등을 심도 있게 다루었다.

심층 인터뷰는 설문지 조사만으로는 알기 어려운 개인의 정체성,

---

31) 문화는 사람이 하는 것, 말하는 것, 만들고 사용하는 것과 마찬가지로, 그들이 실제로 하는 것과 그들이 해야 하는 것 같은 것을 살펴보는 것을 포함한다(Spradley, 1990).

의식 변화 등에 보다 깊이 있게 접근하게 해 주며, 개인을 통한 역사적 사건이나 사회구조 이해에도 효과적이라고 할 수 있다(中野卓·櫻井厚, 1995). 심층 인터뷰는 연구자와 연구참여자와의 상호작용을 통해 진행되며, 연구자는 대략적인 면접의 질문을 준비하고 있기는 하지만, 순서대로 구조화된 질문을 미리 준비해 놓은 설문지 조사와는 다르다. 조사 단계에서 면접 대상자에 던지는 질문도 그때그때 수시로 설정하다가 수정되는 연속적인 방식으로 임한다(쯔지모토 도시코: 80).

나는 박사과정 중에 이러한 문화기술적 연구 방법으로 논문을 쓰기 위해 현장연구자로서 사람들을 만나고 면담하는 경험을 여러 번 하였는데, 연구의 과정에서 혼란과 갈등을 겪기도 하였다. 질적 연구의 과정에서 연구가 진행되고 연구참여자들과의 친밀한 개인적 관계가 형성되면서, '내가 이 연구를 하는 목적은 무엇인가?', '연구에 참여한 이들을 위해 내가 해 줄 수 있는 것은 무엇인가?', '그들은 연구자로서의 나를 어떻게 느끼고 받아들이고 있을까?', '나는 연구자로서 그들과 어느 정도의 거리를 유지해야 하는가?', '그들의 이야기를 낱낱이 밝혀내는 것은 과연 윤리적으로 정당한 일인가?'라는 갈등과 혼란이 생겼다. 연구자인 내가 그들의 이야기를 어떻게 전달해야 하는지, 또 내가 그들의 삶에 개입함으로써 그들에게 생기는 변화와, 그들이 나의 삶에 개입함으로써 나에게 생기는 변화는 어떠한지에 대한 의문이 들었고, 또 그들의 아픈 체험과 상처를 억지로 들추어내는 것은 아닌지에 대한 갈등이 생겼다.

다른 질적 연구자들도 경험한 이러한 문제를 해결하기 위한 시도 중 하나인 자전적 문화기술[32]은 문화기술 연구에서 제기되는 연구자의 권위와 윤리에 대한 반성, 재현의 위기에 대한 새로운 시도, 실천의 문제에 대한 고민 등과 함께 시작된 움직임이라고 할 수 있다(이기연, 2006:29). 이것은 문화적, 사회적, 정치적인 것들을 자전적이고 개인적인 것과 관련시키는 연구이며, 기술(writing)이고, 이야기이며, 방법이다(Ellis, 2004:xix). 자전적 문화기술자들은 일인칭 관점으로 자신이 체험한 것을 기술하고, 자신의 개인적인 이야기로 시작하여 자신이 겪은 체험을 이해하고자 하며, '체계적인 사회학적 내성(systematic sociological introspection)'과 '감정적 회상(emotional recall)'을 이용하고, 그 체험을 하나의 이야기로 쓴다. 그 목적은 보다 큰 집단이나 문화를 일반화하기 위해 자신의 삶의 경험을 이용하는 것이며, 또한 자기 자신과 세계를 위해 뭔가 의미 있는 것을 행하기 위한 길을 제공하는 것이다(Ellis, 2004:xvii).

자전적 문화기술이 자서전이나 회고록과 다른 점은 타인들과의 관계를 통하여 생기는 연구자의 행동, 사고 및 경험의 문화적 분석과 해석을 강조한다는 것이다. 개인적인 삶의 경험은 공적인 삶의 경험의 표현 모습의 하나이며, 동시에 한 개인의 삶이란 사적 영역과 공적 영역의 역경 체험(liminal experience)에서 일어나는 것으로 간수한다.[33] 나의 이야기로부터 시작하는 것은 연구자가 느

---

32) 이 접근은 서구 백인 남성 중심의 객관적 관점(voice from nowhere/everywhere)의 연구 경향을 비판하고, 연구자와 자신을 동일시하고, 자신의 체험을 연구자로서 재현하려는 시도라고 할 수 있다(Ellis & Bochner, 2000: 742; Lincoln & Denzin, 2003).

33) 터너(Turner, 1975)의 통과의례 모형에서 어중간한 경계 체험과 그 극복과정을 표현하는 용어이다. 터너가 제시한 통과의례 모형은 갈등 - 위기 - 재구조 - 재통합/분열 과정이고 그 과정에서 겪는 체험을 의미한다. 그 시작점을 덴진은 '공현적 순간'(epiphany moment)이라고 표현하였는데(조용환, 2005a; Denzin, 2003), 덴진은 '공현'이라는 용어를 '경계를 넘어 이동할 때 겪게 되는 갈등, 위기, 재구조, 재통합/분열

긴 감정이나 정서 상태 등은 사적이고 개인적인 것이 아니라 그 개인이 속해 있는 사회 문화적, 역사적 맥락과 관련된 것이므로 개인적인 감정이나 느낌 등이 사적인 문서로 분리되지 않고 공적인 텍스트를 통해 표현되어야 한다고 강조하는 것이다(Callaway, 1992; Denzin, 2003).

연구자 개인의 이야기로 시작하는 것은 연구자와 연구참여자 간의 구분을 모호하게 하고, 연구를 목적으로 다른 사람의 사생활을 엿본다는 느낌이나, 연구자는 안전한 영역에 있으면서 타인의 상처를 들추고 있다는 비난에서 벗어날 수 있다. 연구자와 연구 참여자는 경험을 공유함으로써, 서로 간의 경계를 넘어설 수 있다고 보는 것이다. 그러므로 자전적 문화기술은 연구자와 연구참여자 간의 관계에 대한 성찰을 기반으로 그 관계에서 일어날 수 있는 '대상화된 관계 형성'이나 '권력관계에 의한 거리감'을 극복하고자 하는 노력에서 한 단계 진전되어 있다고 본다(이기연, 2006). 자전적 문화기술에서는 연구자는 객관적인 관찰자가 아니며, 연구의 과정에 연구자 자신이 직접 관여하게 되고, 참여자와 이루어진 상호작용을 기술하며, 연구자의 과거의 기억과 체험이 연구에 포함되고, 연구자의 주관적 관점으로 연구참여자의 체험을 해석한다.

이 연구는 연구자인 내가 연구현장과 연구참여자들과 맺고 있는 관계로 인하여 자전적 문화기술의 특성을 띠고 있으며, 여성결혼이

의 계기들에 연결된 의례화한 역경 체험'이라는 의미를 표현하기 위하여 썼다. 터너의 통과의례 모형에서 어중간한 경계 체험과 그 극복 과정을 지칭하는 '역경'의 의미와 통한다고 할 수 있다. 이는 기독교에서 예수의 출현을 표현하는 용어에서 비롯된 것으로, '사적 문제의 공적 설명'(public explanation of private troubles)이다. 텐진은 터너의 '역경'의 의미에 사적 영역과 공적 영역의 경계를 넘나드는 의미를 강조하고자 하는 '공현'이라는 용어를 쓴 것이다.

민자들의 체험에 관하여 관심을 가지고 있는 현상학적 체험연구이다. 따라서 '연구자로서의 나'의 관점에서 여성결혼이민자들의 삶과 체험을 기술하며, 또한 나의 관점이 곳곳에 개입되고 있다. 연구의 전체 과정 속에서 연구자의 객관적 관점을 유지하기 위해 나의 관점을 제한하기보다는 연구자로서 연구참여자의 상황과 체험을 이해하기 위해 나의 관점을 개입시킬 것이다.

3) 연구의 설계

연구의 설계는 질적 연구의 6단계(Creswell, 2005)인 이론적 관점들, 연구 도입, 연구목적과 연구문제의 설정, 자료 수집, 자료분석, 글쓰기(report writing), 그리고 검증(verification)에 따라 진행하였다.

여성결혼이민자들의 체험을 심층적으로 이해하기 위하여 연구 참여자의 선정이 무엇보다 중요한데, 문화기술학적 연구에서 연구참여자는 하나의 뚜렷한 특성을 가지고 있어야 한다. 따라서 질적 연구에서 주로 이용하는 비확률표집(nonprobability sampling)의 하나인 유목적 특성표집법(purposeful sampling)에 의해 연구참여자를 선정하였다. 이러한 선정방법은 진실성(credibility)과 신뢰성(trustworthiness)이 높은 자료를 얻을 수 있는 장점을 가지고 있다. 여기에서 연구대상의 규모를 적게 하여 진실성을 높일 수 있다는 장점은 양적 방법에서 주로 사용하는 연구대상의 규모를 크게 하여 일반화의 수준을 높일 수 있는 대표집단 무선표집법(representative random sampling)과는 그 의미에서 차이가 있다. 즉 양적연구에서의 '대표성'(representativeness)은 모집단을 설명할 표집집단을 의미하지만 질적 연구에서는 특정 상황을 대표할 수 있는 표집집단을 의미한다. 구체적으로 이 연구에서 연구 참여자는 중국 한족, 중국동포, 네팔, 베트남, 러시아 출신의 여성결혼 이민자들 5명이다. 이들을 선정한 이유는 여성결혼이민자들 중 중국 출신과 중국동포가 가장 많고 또 최근 동남아시아 출신 여성들도 증가하고 있으며, 구소련 출신 여성결혼이민자들의 비율도 꽤 되기 때문이다. 최근에 한국에 이주한 여성결혼이민자들은 연구에서 제외하였는데, 그 이유는 자녀가 없거나 너무 어려서 외부 출입이 자유롭지 않고, 한국의 상황, 문화, 교육문제에 대한 인지가 부족할 것이라고 판단했기 때문이다. 이들을 대상으로 한 실태연구는 현재 많이 진행 중이므로 심층적 연구를 위해 연구대상자를 제한하였다. 자료수집 형태는 교실수업과 수업 이외 시간의 관찰, 비공식적 대화, 심층 인터뷰, 현장노트, 수필 등이다. 인터뷰의 내용 구성은 <표 7-12>와 같다. 1차 인터뷰를 진행한 후, 그 결과를 다시 분석하여 2차 인터뷰 문항을 구성하여 인터뷰를 하였고, 후에 부족하거나 보완이 필요한 내용은 3차 인터뷰를 실시하였다.

자료의 처리는 크레스웰(2005)의 나선형 자료 분석방법을 기초로 하여 <그림 7-1>과 같이 먼저 수집한 자료의 파일을 만들고 조직화하였다. 그 다음 전체 텍스트를 읽고, 여백 노트를 만들고, 최초의 코드를 형성하였다. 사회적 배경, 행위자들, 사건들을 기술하고 현장의 그림을 그린 후 주제와 유형화된 규칙을 찾기 위해 자료를 분석하였다. 그 후에 결과를 해석하고 이해하며, 표, 그림 등이 첨가된 이야기(narrative)를 제시하였다. 내러티브의 형식은 여성이민자들의 문화적 행동을 기술하였다. 연구 과정이나 결과에 대한 논의에서는 연구자 자신이 연구도구로 사용되는 질적 연구의 특성상 연구자의 주관적 편견이 영향을 미치는 것이 배제되지 않았으며, 또한 연구참여자들이 외국인인 관계로 심층면담 시 표현하는 언어구사 및 표현능력이 연구결과에 미치는 영향이나 완전하지 못한 한국어를 이해하고 분석하는 과정에서의 연구자의 주관도 배제할 수 없었다. 연구 참여자들의 이야기를 기술하는 데 있어서 가능한 한 연구참여자들의 말을 생생하게 전달하려고 하였으나, 이해를 쉽게 하기 위해 간혹 조사나 의미상 생략된 말들을 수정, 첨가하였다.

　연구를 평가하는 기준은 연구과정에서 타당도와 신뢰도를 위한 노력이 얼마나 많이 이루어졌느냐에 달려 있다고 할 수 있다. 따라서 이 연구에서의 타당도와 신뢰도를 위한 노력은 페터만(Fetterman, 1989)과 해머스리와 아킨슨(Hammersley & Atkinson, 1995)이 제시한 자료의 '다원화',[34] 해머스리와 아킨슨이 사용한 응답자 검증[35]과 더불어 링컨과 구바(1985)가 제시한 타당도 준거의 내용들에 의해 실시하였다. 타당도 준거의 내용들은 다각적 접근법, 구성원 간의 검토, 동료 간 협의, 참고자료 사용인데, 다각적 접근법은 심층 인터뷰, 2차 자료, 연구참여자와 관련된 사람의 증언으로 수집된 세 가지 방법을 혼용하여 적용힌다. 이것은 다원화의 섬증과정과 어느 정도 일치한다고 할 수 있겠다. 본 연구에서 특히 2차 자

---

34) 다원화는 상이한 정보원을 비교하는 것 이상으로, 연구자가 현장조사의 각기 다른 단계로부터 수집한 정보를 비교하고, 연구 현장에서 발생하는 일시적 주기의 상이한 시점에서 수집한 정보를 비교하며, 상이한 연구자가 수집한 정보를 비교하는 것 등을 의미한다(Cresswell, 2005).
35) 응답자 검증은 자신의 신념과 행동이 기술된 행위자가 이야기의 타당성을 인정하는지 여부를 결정하는 것이다(Cresswell, 2005).

료로 얻어진 자료와 참여자와 관련된 사람의 증언은 면담을 통해 얻을 수 없는 중요한 정보를 주었다. 구성원 간의 검토는 가끔씩 연구의 전 과정에 연구 참여자를 개입시키면서 수집된 정보와 도출된 해석을 연구참여자에게 보여 주고 그 기록의 정확성과 해석을 점검하는 것으로서 응답자 검증의 과정과 일치한다. 본 연구에서는 수집된 면담내용과 2차 자료를 중심으로 구성원 간 검토가 이루어졌는데, 먼저 수집된 자료에 대해 구두로 연구참여자에게 설명해 주고 1차 확인을 받았으며, 컴퓨터로 전사한 후에 자료를 참여자들에게 보여 주었다. 또한 자료 분석이 이루어지는 동안에도 지속적으로 의견을 수렴하였고, 자료 분석이 완성된 후 자료를 연구참여자들에게 보여 주고 그 내용을 설명하여 주고 내용을 확인받았다.36) 동료 간의 협의 과정은 자료를 수집·분석·해석하는 단계에서 질적 연구를 수행한 경험이 있는 사람들과의 협의과정을 거쳐서 자료의 해석방법을 결정하였다. 참고자료의 사용은 여성결혼이민자들의 한국생활에 관계된 제반 자료들을 이용하였는데, 신문기사, 방송 보도내용, 사진 자료, 인터넷 자료 등을 활용하였다.

---

36) 연구의 참여자들이 외국인이고 한국어 읽기 능력이 다소 부족하였으므로 자료를 일단 보여 주고 연구자가 쉬운 한국말로 설명을 해 주었다.

<표 7-12> 인터뷰의 내용 구성

분 류			인터뷰 내용 구성
여성결혼 이민자의 체험 (1차)	한국에서 의 생활	자국에서의 생활	• 한국에 오기 전 생활 • 한국에 오게 된 계기 • 결혼의 과정 등
		한국에 처음 와서	• 첫인상 • 문화적 충격 등
		가족관계 형성하기 / 아내로서 살아가기	• 남편과의 관계 • 남편과의 의사소통의 어려움 • 아내의 위치에 대한 자국과의 비교 • 남편과의 문화적 차이점 등
		가족관계 형성하기 / 며느리로서 살아가기	• 며느리로서의 체험 • 친척들(주로 시어머니, 시아버지)과의 관계 • 한국의 며느리에 대한 생각 등
		가족관계 형성하기 / 어머니로서 살아가기	• 어머니가 되었을 때의 느낌과 걱정 • 양육의 어려움 • 학교교육에서의 어려움 등
		지역사회 구성원 되기 / 사회적 지지망 형성하기	• 이웃과의 관계 • 친구와의 관계 • 사회적 지지의 필요성 등
		지역사회 구성원 되기 / 외국인으로서 살아가기	• 차별, 편견의 체험
여성결혼 이민자의 체험에서 추출된 평 생교육영 역(2차)		언어교육	• 한국어 습득 과정에서의 어려움 • 한국어 교육에서 필요한 것 • 자국 언어 유지의 어려움과 필요성
		문화교육	• 문화 차이 인지 • 문화습득의 어려움 • 자녀교육에서 문화교육의 중요성
		양성평등교육	• 여성과 남성의 평등한 삶을 위한 양성평등교육 의 필요성 등
		인적자원개발	• 취업의 어려움 • 취업을 위해 필요한 교육 • 직장 내 인종차별, 성차별 근절, 인적자원 개발 등
		자녀교육	• 자녀의 학교생활의 문제점과 적응문제 • 학교교육의 어려움 • 자녀교육을 위해 필요한 것 등
		다문화교육	• 공무원, 교사, 학생, 시민의 다문화 교육 필요성 등
추가(3차)			1차, 2차의 인터뷰 내용에 따라 추가됨

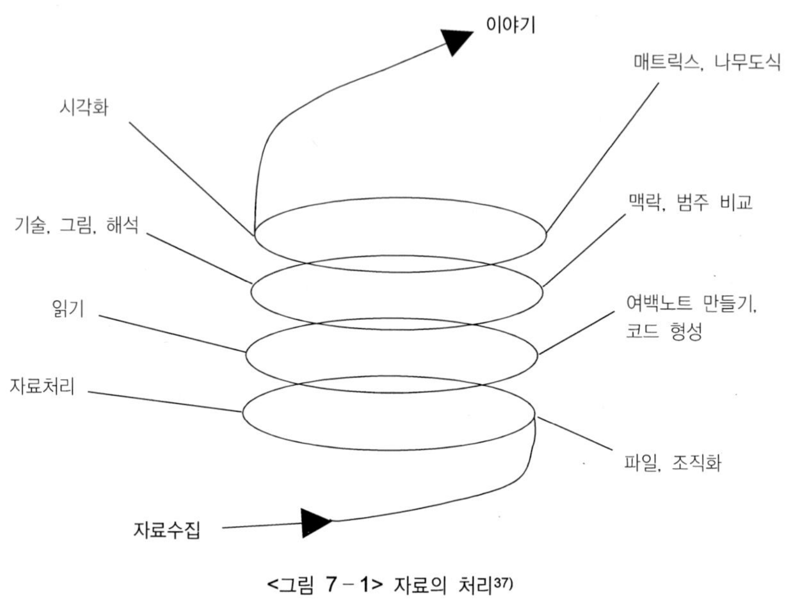

<그림 7 – 1> 자료의 처리[37]

---

37) 자료 처리 방법은 크레스웰(2005)의 나선형 자료 분석방법을 참조하였다.

8. 여성결혼이민자들과의 만남

이 연구의 시작은 연구자인 내가 외국인에게 한국어를 가르치는 강사로, 또 교육학을 전공하는 학생으로서 여성결혼이민자들을 만나면서부터라고 할 수 있다. 16년간 한국어 교육을 하면서 많은 외국인을 만났는데, 그중에는 한국인 남성과 결혼하기 위해, 또는 결혼했기 때문에 한국어를 열심히 배우는 많은 여학생이 있었다.[38] 주로 일본인 여성이 많았고, 미국인, 프랑스인, 러시아인 등도 있었다. 이들은 한국어를 배우면서 한국문화에도 많은 관심을 가지고 있었고, 또 수업시간에는 자신들이 한국 남성과 어떻게 만나서 사랑하게 됐는지, 그리고 결혼하게 됐는지에 대해 많은 시간을 할애해 설명하고, 사진을 가지고 와서 보여 주기도 해서 동료 학생들의 부러움을 샀다. 그들과 식사를 하거나 그들의 집에 초대받아 가기도 하고, 가끔 아내가 수업 끝나기를 기다리던 한국인 남편과 이야기를 하면서 내가 국제결혼에 대해서 가지고 있던 생각이 편

---

38) 한국인 여성과의 결혼 때문에 한국어를 배우는 외국인 남성은 별로 많지 않았다. 지금 기억으로는 특정 종교단체에서 주선한 결혼을 위해 한국어를 배우는 일본인 남학생이 두 세 명 정도 있었던 것 같다. 그때는 왜 남성의 경우는 한국인과 결혼했는데도 한국어를 배우지 않는지, 왜 여성들만이 이렇게 한국어를 열심히 배우는지에 대한 문제의식이 별로 없었다.

견일 뿐이라는 것을 알게 되었다. 방학 때는 아내의 모국에 같이 가서 부모나 형제자매를 만나고, 여행을 하기도 하였고, 자녀가 있는 경우에 그들은 자신들의 자녀에게 두 나라의 언어를 다 가르치고, 교육도 두 나라에서 다 받을 수 있게 해서 국제적인 인물로 키우겠다는 꿈을 이야기하곤 했다. 가끔 문화 차이로 시집과 갈등이 있는 경우가 있었지만, 그때 그들의 남편은 든든한 바람막이의 역할을 하였다. 동료 강사들과 함께 국제결혼이라는 것이 정말 괜찮은 것 같다고 이야기하면서 국제결혼을 꿈꾸기도 하였고, 실제로 일본인이나 미국인, 독일 교포와 결혼해서 한국을 떠난 강사들도 몇 명 있었다.

그러다가 나도 결혼, 출산을 하면서 고향을 떠나 남편의 직장이 있는 곳으로 오게 되었고, 다시 외국인에게 한국어를 가르치게 되었다. 한국어를 배우는 학생들이 많지는 않았지만, 학생 수가 적은만큼 개인적인 친분은 돈독했다. 2002년에 한 태국 여학생을 가르치게 되었는데 그 학생은 태국에서 대학을 졸업하고 회사에 다니다가, 회사 일로 태국에 와 있는 한국인 남편과 사랑에 빠져 결혼을 하였다. 전형적인 태국인의 얼굴은 아니었지만, 자그마한 키, 동그란 얼굴과 눈, 조금 까만 피부를 가지고 있었다. 할머니가 중국인 화교라고 하였다. 그녀는 남편을 따라서 부산에 와 살고 있었는데, 남편은 회사 일 때문에 태국에 다시 가게 되었고, 그녀는 아들을 키우면서 시부모와 같이 살았다. 아이는 3살이었는데, 그때 나의 아들도 3살이었기 때문에 우리는 선생님과 학생이라는 입장을 떠나 3살짜리 아들을 키우는 어머니라는 같은 입장에서 많은 이야기를 나누었다. 자신과 남편이 태국에서 처음 만나게 된 낭만적인 이야기와 육아의 어려움을 이야기하고, 고향을 떠난 객지생활의 쓸쓸함을 같이 나누기도 하고, 서로가 알고 있는 육아 정보를 알려 주기도 하였다. 나는 특별히 더 많은 관심을 가지고 그녀를 대했고, 또 그녀의 한국생활 적응을 위해 한국어뿐만 아니라 한국문화에 대해서도 많은 것을 알려 줘야 한다는 의무감 같은 것을 느끼기도 했다.

그런데 그렇게 한두 달을 지내다가 그 학생은 일주일에 닷새 있는 수업에 자주 결석을 하기 시작했다. 전화를 하면 시어머니가 받아서 집에 없다고 얘기하기도 하고, 학교에 왔을 때 물어보면 왜 결석했는지 대답을 하지 않았다. 그렇게 얼마를 보내다가 수업에 아이를 데리고 왔다. 아이는 한국인인 아빠의 모습보다는 엄마의 모습을 많이 닮아 있었다. 자세히 물어보니 시어머니와 시아버지가 그녀에게 욕을 하고, 고향에 돌아가라고 하면서 아이도 미워하고 물건을 던지기도 한다고 하였다. 그래서 아이를 데리고 그냥 무작정 나가서 몇 시간 지내다가 집에 들어간다고 하였다. 아이는 간단한 영어로 의사소통을 했고, 그 나이 또래의 한국아이에 비해 한국어를 잘하지 못했다. 아이를 데리고 수업에 와도 괜찮다고 했지만 그렇게 며칠 지내자 아이는 수업에 계속 방해가 되었고, 다른 학생들은 동정을 하면서 싫은 내색은 하지 않았지만 불편해하는 것을 느낄 수 있었다. 그녀도 무척이나 미안해하였다.

또 그렇게 한 주를 보냈는데, 어느 날 그녀가 큰 가방을 들고 아이와 함께 교실에 들어와서는 울기 시작하였다. 나중에 물어보니 시어머니와 시누이가 은행카드와 통장까지 빼앗아 가서 돈도 한 푼 없다고 하였다. 어쩔 수 없이 아이와 그녀를 우리 집에 데리고

가 하루를 재웠다. 다음 날 그녀는 태국에 있는 남편과 연락이 되었다고 하면서 집을 떠났다. 그 이후로 태국으로 돌아갈 거라는 전화만 받았고, 연락은 끊어졌다. 그녀를 보면서 국제결혼이란 이중적일 수 있다는 생각이 들었다. 우리보다 잘사는 나라 사람들과의 결혼과 가난한 나라 사람들과의 결혼. 우리사회의 편견은 잘사는 나라 사람들과의 국제결혼은 어떻게 보면 축복이고 자랑일 수 있지만, 가난한 나라 사람과의 결혼은 그 가난 때문에 부끄럽고 무시해도 괜찮다는 그런 생각을 가지는 것 같았다. 그 이후 계속 여기저기에서 이야기되는 여성결혼이민자들에 대한 방송이나 신문지상의 소식을 들으면서 그들의 어려움에 대해 많은 생각을 하게 되었다. 태국에서 왔던 그녀는 영어도 할 수 있고, 대학을 졸업했으며, 또 한국인 남성과 사랑해서 결혼을 해 한국에 왔는데도 한국인들의 편견과 차별 속에서 태국으로 돌아갔다. 그렇다면 소위 말하는 매매혼을 통해 우리나라에 들어오고, 언어와 문화를 모르는 상황 속에서 주위 사람들의 차별과 무시 속에서 살면서, 자녀를 낳아 양육하고, 교육열이 세계 어느 나라보다 높은 한국의 학교 속으로 보내야 하는 그녀들은 어떻게 한국에서 살아갈 수 있을까.

박사과정에 들어오고, 여성문제에 관심을 가지게 되고, 또 대학에서 한국어 교육과 여성교육에 관한 강의를 하면서, 여성결혼이민자에 대한 관심은 더 커져 그들을 특별한 의미로 인식하게 되었다. 나 자신이 여성이기에 여성으로서의 나의 삶을 돌아보면서, 그들의 여성으로서의 삶, 즉 딸로서, 아내로서, 어머니로서의 삶을 더 깊이 알고 싶었고, 적응을 위해 가장 기초가 되는 언어와 문화를 포함하는 여러 가지의 교육문제, 또 앞으로 우리 사회 속에서 큰 집단을 형성하게 될 자녀에 대한 교육에도 관심을 가지게 되었다. 그때부터 여성결혼이민자를 위한 동호회에 가입도 하고 그들을 지원하는 NGO 단체들에 관심을 가지게 되었다. 그러나 내가 가입한 동호회는 명목상으로만 유지되고 있었고, 실제 활동은 별로 없었으며, 단체들은 일반적인 여성결혼이민자, 즉 여기에서 생활하면서 아이를 낳고 키우는 보통의 여성결혼이민자보다는 쉼터나 상담을 통해 문제를 호소하는 여성결혼이민자들의 문제를 다루고 있는 경우가 많았다.

여성결혼이민자들의 일상적인 모습을 보고 싶어서 어느 여성결혼이민자 교육기관의 아는 사람을 통해 접근해 보려고 하였으나, 교육기관을 통한 접근은 쉽지 않았다. 처음 간 곳은 한국어 수업이 이루어지는 동안 시어머니로 보이는 듯한 노인과 한 남자가 교실 밖에 앉아 있었다. 그 남자는 어느 한국어 수강생의 남편이었다. 이들은 밖에서 큰 소리로 한참동안 며느리와 아내에 대해 문화도 모른다는 둥, 무식하다는 둥, 음식도 할 줄 모른다는 둥 안 좋은 소리를 하고 있었다. 이들은 수업이 끝나자마자 아내와 며느리를 금방 데리고 돌아가 버렸다. 그 기관의 담당 직원도 이들과 인터뷰하기는 쉽지 않다고 이야기해 주었다. 현재 한국어를 가르치고 있는 후배를 통해 소개받은 다른 이주여성 관련 기관에서도 인터뷰를 허락할 수 없다는 말을 들었다. 여성결혼이민자들이 자신들에 대한 관심을 부담스러워하고, 또 그 기관에서도 연구를 허락할 수 없다는 것이었다. 여성결혼이민자들을 만나기 위한 첫 과정에서부터 문지기(gatekeeper)들의 승인을 얻기가 어려웠다.[39] 결국 다른

---

39) 문지기란 연구 집단이나 현장에 들어가기 위해 먼저 만나 승인을 얻어야 되는 사람

세 번째 기관에서 기관 대표의 허락을 받고 주요 정보제공자를 만날 수 있었다. 이 기관은 여성결혼이민자가족들을 포함한 다문화가정의 자녀들을 대상으로 하는 기관이며, 여성결혼이민자들의 교육도 함께 이루어지고 있는 기관이었다. 주요 정보제공자들은 네팔과 러시아에서 이주한 여성결혼이민자들이었다. 그들은 한국에 이주한 지 각각 10년, 13년이 되었고, 초등학교와 유치원에 다니는 자녀가 있는 여성들이었다. 이들은 의외로 나에게 적대감을 갖지 않았고, 처음부터 많은 대화를 나누게 되었다. 이들과의 대화를 통해 이들과 주변의 여성결혼이민자들의 상황을 알 수 있었고, 이들을 통해서 다른 여성결혼이민자들을 소개받았다. 이 기관에는 여러 명의 여성결혼이민자들이 있었는데 기관의 직원들과 담당자들의 정보를 통해 현재 한국생활에 성공적인 적응을 하고 있으며, 한국생활의 체험에 대한 연구를 하기에 적합하여 연구목적에 부합되는 여성결혼이민자 6명을 더 선정하였다. 그리고 이들의 출신국을 고려하여 중국 한족, 중국동포, 네팔, 러시아 출신의 여성결혼이민자들을 최종 연구참여자로 결정하였다. 여성결혼이민자들 중에는 중국출신과 중국동포가 가장 많고 또 동남아시아 출신의 여성들도 증가하고 있으며 구소련 출신 여성결혼이민자들의 비율도 꽤 된다는 점을 고려하였다. 또 특별히 이들의 의사소통 능력이나 협조 등도 중요하게 고려하였다. 이들 외에 또 다른 연구참여자는 베트남 출신의 여성결혼이민자이다. 2003년 이후부터 베트남 여성결혼이민자들이 크게 증가하였으므로, 이들을 연구에 참여시키고 싶었지만, 이 기관의 베트남여성 2명은 모두 최근에 출산을 하여 기관에 나오지

───────────────

을 말하는 문화기술적 용어이다.

않고 있었다. 따라서 나는 현재 한국어 교육을 하고 있는 후배에게 부탁하여 몇 명의 베트남 여성들을 소개받았다. 그중에서 아직 자녀가 어리거나 한국에 온 지 2년이 채 안 된 여성결혼이민자들은 제외하고[40] 한국에 온 지 5년 된 베트남 여성 한 명을 소개받았다. 이렇게 최종적으로 선정된 여성결혼이민자들에게 연구의 목적과 진행절차에 대해 설명하고 연구참여에 대한 동의를 받았다.

상호작용으로서의 심층 인터뷰를 시도하는 데 중요한 요소 중 하나는 연구자의 신분 밝히기인데, 나는 참여자들에게 16년 동안 외국인에게 한국어를 가르쳤고, 고향을 떠나 부산에 살고 있으며, 현재 아들 한 명이 있다고 하였다. 처음에 나를 낯설게 바라보던 이들은 내가 한국어 선생님이라는 말에 경계심을 좀 늦추었고, 자녀를 키우는 같은 어머니라는 사실에 심리적 거리를 좀 줄이는 것 같았다. 그러나 나는 역시 외부인이었고, 나를 '선생님'이라고 부르면서 약간의 거리를 두는 것은 연구가 끝날 때까지도 완전히 극복하지 못했다. 다행히 중국교포인 왕정수는 나와 동갑이라는 것을 알고 격의 없이 대해 주었다.

연구참여자 중에서 4명은 부산시내의 한 교육기관에서 한국어교육 외에도 다른 문화관련 교육을 받고 있으며, 다른 한 명은 2년 전에 2개월간 대학에서 진행하는 한국어교육 프로그램에 참가했었고, 현재는 아무 교육도 받고 있지 않았다. 이들의 한국 체류기간은 5년에서 13년이다. 4명은 현재 유치원이나 학교에 다니는 자녀가 있으며, 한 명은 자녀가 없다. 입국경로는 취업, 자국에서의 연

---

40) 이들은 한국에 온 지 얼마 안 되었거나 자녀양육 때문에 외부출입이 자유롭지 않고, 한국의 상황이나 문화, 교육문제에 대한 인지가 부족할 것이라고 판단하여 연구참여자에서 제외하였다.

애를 통한 결혼, 결혼중매업체를 통한 유입, 지인의 소개이다. 연구참여자의 인적사항은 다음 <표 8 - 13>와 같다.

5명이라는 연구참여자의 수는 적다고 생각될 수도 있으나, 이 연구에서 제시할 여성결혼이민자들의 체험은, 한국에 이주해 온 여성결혼이민자들의 삶을 일반화시키는 것에 초점을 둔 것이 아니었기 때문에, 심층적 체험 연구를 하기에 적당한 수라고 판단하였다.

참여자 선정 이후 나는 이들과의 만남을 기록하기 시작하였다. 이들을 만난 날에는 그날 있었던 일과 나누었던 이야기들, 그리고 나 자신의 느낌과 감정 등을 기록하였다. 그리고 이들과 비형식적인 대화를 많이 나누었으며, 또 동의를 얻어 녹음기를 이용해 대화를 녹취하였다. 이들의 일상적인 모습과 대화 등을 유심히 관찰하고, 이들의 한국어 수업에도 참석하여 관찰과 녹취를 하였다. 또 그 기간 동안의 여성결혼이민자들에 관련된 기관의 프로그램이나 자료, 포스터, 관련 신문기사, 방송 프로그램 등을 수집하였다. 녹음기를 이용해 녹취한 것은 전사하여 자료파일로 만들고, 간략하게 기록한 현장일지는 기억을 더듬어 시간의 흐름에 따른 기술방식으로 복원하였다.

이 연구의 참여자들인 러시아에서 온 타냐, 중국에서 온 장연주와 중국교포 왕정수, 베트남 출신의 신민아, 네팔 출신의 마리가 들려준 이야기는 생애사적인 성격이 강했는데, 이들은 자국에서의 생활과 한국에 이주하게 된 동기나 계기, 그리고 남편과의 만남과 현재까지의 삶의 체험에 대한 이야기를 들려주었다.

〈표 8-13〉 연구참여자의 개인적 특성

이름[41]	나이	출신국	현재 국적	혼인 년도	입국 년도	입국 경로	남편 직업	남편과의 나이차	한국어 수준	자녀 수
타냐	35	러시아	한국	1994	1995	취업	일용직 노동자	10살	중	2
장연주	32	중국한족	한국	1997	2003	연애결혼	종교기관 직원	동갑	중	0
왕정수	42	중국교포	한국	1995	1996	연애결혼	선원	9살	상	2
신민아	29	베트남	베트남	2003	2003	결혼중매업체	공장 직원	12살	하	1
마리	32	네팔	네팔	1997	1997	지인소개	중장비 기사	12살	중상	2

이들과의 만남은 2007년 2월부터 5월까지 일주일에 두세 번씩 집중적으로 이루어졌고, 관찰과 함께 매번 대화내용을 녹음하고 전사하였다. 인터뷰는 보통 1시간에서 3시간 정도로 진행되었다. 여성결혼이민자들의 교육 프로그램이 일주일에 세 번 있었는데, 연구참여자들이 모든 프로그램에 참여하는 것은 아니었기 때문에, 매일 그 기관에 나오는 마리와 타냐를 제외하고는 인터뷰를 할 시간을 약속하는 것이 쉬운 일은 아니었다. 기관에서 못 만날 경우에는 따로 약속을 해서 점심시간에 잠시 만나거나, 외부에서 만나기도 하였다. 또 베트남 출신의 신민아는 따로 약속을 하여 그녀의 집 근처나 중간지점에서 만났다. 이들은 모두 진지하고 성실하게 인터뷰에 응해 주었다. 이들 외에도 러시아 교포인 나타샤[42]가 연구에 많은 도움을 주었다.

마리와 타냐는 자녀들이 공부하는 동안 이런저런 얘기를 나누면서 한국어 공부도 하고, 그 밖에 학교에 필요한 여러 가지 일을

---

41) 연구참여자의 이름은 모두 가명이다.

42) 나타샤는 러시아교포였고 또 러시아교포 남성과 결혼하였다. 그리고 자녀들도 이미 독립을 한 상태였다. 따라서 나타샤는 연구참여자에서 제외하였고, 가끔 러시아어 통역을 부탁하거나, 참고사항을 위해 질문을 하는 정도로만 연구에 참여하였다.

도와주고 있었다. 이들은 이미 매스컴에도 여러 번 출연했고, 특히 마리는 인터뷰를 많이 해 봐 이런 상황에 익숙한 것 같았다. 말을 유창하게 하는 마리에 비해 타냐는 한국어 실력이 다소 부족했는데, 나의 말을 이해는 했지만, 조금 어려운 말은 다시 물어보기도 하고, 말은 빨리하지만 발음도 부정확하였다. 또 부산 사투리도 심해 인터뷰하기가 쉽지는 않았다. 또 타냐의 5살짜리 아들인 윤제는 언제나 엄마 주위에서 뛰어다니면서 놀고 엄마를 찾았기 때문에 인터뷰가 원활하게 진행되기 어려운 조건인 경우가 많았다. 다행히 나타샤나 다른 사람들이 윤제를 돌봐 주기도 하고, 또 나타샤가 어려운 말들은 통역을 해 주었다. 신민아의 경우에도 한국어 실력이 초급 정도였기 때문에 기본적인 의사소통은 할 수 있었으나, 의미를 이해하지 못해 다시 질문을 해 주거나 그녀가 이해할 수 있는 다른 어휘를 사용하여 질문해야 했다. 그리고 그녀의 대답이 불충분하면 다시 재질문하거나 확인하는 작업을 거쳐야 했다. 이러한 과정에서 다년간의 나의 한국어 교사 경험은 질문의 진술 방법과 그들의 불충분한 진술의 해석에 도움이 되었다.

왕정수는 적극적으로 인터뷰에 참여하였다. 중국교포인 왕정수는 많은 이야기를 하고 싶어 하였는데, 그녀는 억양이나 어휘사용이 조금 차이가 나기는 했지만 유창한 한국어를 구사하였다. 왕정수는 두 명의 아이를 키우고 있었다. 왕정수는 한국에 10년 넘게 살면서도 자신의 이야기를 남들에게 하지 않았고, 또 매스컴의 인터뷰도 여러 번 거절했다고 한다. 그러나 이제는 자신의 체험을 알리고 다른 여성결혼이민자들에게 도움이 되었으면 한다면서 많은 이야기를 들려주었다. 특히 나와 나이가 같다는 것을 알게 된

후 우리는 금방 공감대가 형성되고, 많은 이야기를 격의 없게 나누게 되었다. 왕정수는 매우 진지하게 인터뷰에 응했는데, 결혼과 자신의 종교생활, 아이의 출산과 양육, 학교에 보내기까지, 그리고 한국며느리로서의 삶에 대해 많은 이야기를 하였다. 왕정수는 아직 한국어가 유창하지 않은 중국 출신의 장연주와의 인터뷰에도 통역 등 많은 도움을 주었다. 장연주는 연구참여자 중 가장 내성적이었는데, 그것은 그녀의 성격이라기보다는 아직 한국어를 잘 못 하기 때문인 것 같았다. 이들 이외에도 중국인 여성 두 명을 만났지만 이들은 한국에 온 지 얼마 되지 않았고 모두 자녀가 어렸으며, 인터뷰하는 상황을 꺼리는 것 같았다. 몇 번 말을 걸어도 가볍게 대답할 뿐 나를 부담스러워하는 것 같았다. 이들 중 한 명은 생후 한 달 된 아이를 안고 한국어 수업을 받으러 왔으며, 또 다른 한 명은 시어머니한테 7개월, 두 돌 된 어린 두 자녀를 맡기고 온다고 하였다. 이들은 한국어 수업이 끝나면 곧바로 갔기 때문에 인터뷰를 할 수가 없었다. 이들은 기관에 있는 동안 짧은 시간을 활용해 한국어 공부에 몰두하고 있었는데, 타냐의 아들 윤제가 왔다 갔다 하자 공부에 방해가 되는 듯 짜증스러운 표정으로 바라보기도 하였다. 왕정수에게는 이것저것 한국어에 대해 물어보기도 하고, 마리, 타나와 가끔씩 이야기를 하기도 하였으나 공부 이외에는 다른 대화는 별로 나누지 않는 것 같았다. 이들과의 이야기는 직접적으로 이 논문에서 인용하지는 않았지만 참여관찰 속에 듣게 된 이야기로서 보조적으로 사용하였다. 또 이들을 담당하고 교육하고 있는 교사들의 이야기도 참고하였다. 신민아의 경우도 과거에 그녀에게 한국어를 가르쳤던 교사로부터 신민아의 학교생활과 일상생활, 수업태도 등에 대해서 많은 이야기를 들을 수 있었다.

교육기관에 나오는 타냐, 왕정수, 장연주, 마리 등 4명의 여성결혼이민자들은 모두 서로를 언니, 동생으로 부르면서 친하게 지내고 있었는데 같은 나라 출신끼리는 더 친하게 지내는 것 같았다. 자조적 모임까지는 만들어지지 않았지만 비공식적으로 모이면서 친분관계를 유지하고 한국어 공부나 자녀교육 등에 대해 서로 상담을 해 주고 있었다. 모두 비슷한 처지였기 때문에 매우 친밀하게 지내는 것 같았다. 특히 왕정수는 한국어도 잘하고, 나이도 제일 많았으며 또 한국생활도 가장 오래 되었기 때문에 이들 중에서 맏언니의 역할을 하는 것 같았다.

연구참여자들과 나의 대화는 자녀를 둔 일반 주부들과의 이야기와 다르지 않았다. 이들은 한국의 여느 주부와 비슷했으며, 여성이라는 점, 또 결혼생활을 하고 있다는 점 때문에 공감대를 형성했다. 특히 자녀가 있는 경우에는 나에게 이것저것 한국의 교육 시스템이나 사교육에 대해 질문을 하면서 많은 관심을 보였다. 이들은 내가 질문을 하기도 전에 먼저 자신들의 자녀교육, 학교에 보냈을 때의 어려움, 한국학교교육의 문제점, 부부간의 갈등, 한국인들의 편견에 대해 이야기를 하였다. 이런 이야기를 들어주는 사람이 있었으면 하고 바랐던 것처럼 많은 이야기를 쏟아 내었다. 인터뷰는 진지하게 진행되었고, 자녀교육 이야기, 남편 이야기, 시집식구 이야기 등에 대해 많은 시간을 할애해 이야기를 나누었다. 이들은 여러 상황에서 문화차이를 느끼고 있었고, 자녀교육에 대해 많은 걱정들을 하고 있었다. 그러나 여러 번 인터뷰가 거듭되면서, 이들이 처음에는 개방적이고 뭐든지 이야기할 것처럼 보였지만 인터뷰 중간 중간에 솔직히 이야기하지 않거나 얼버무리는 부분들이 있었다. 신민아도 처음에는 다 문제가 없다, 다 좋다고 이야기했기 때문에 자세한 이야기들을 들을 수 없었다. 이들과 만난 지 한 달 반쯤 지난 후에야 깊은 이야기를 들을 수 있었는데, 주로 개인의 사적인 일들, 특히 한국으로의 이주 계기나 남편과의 만남 등의 이야기, 현재 생활의 어려움 등에 관한 것이었다.

이들 연구참여자 5명의 체험은 모두 대체로 한국생활에 적응하여 '한국에 이주해 성공적으로 살고 있는 경우'라고 할 수 있으므로 여성결혼이민자 전체를 대표한다고 볼 수는 없다. 특히 한국생활을 견디지 못하고 이혼하거나 자국으로 돌아간 여성결혼이민자들의 체험이나 갓 한국에 이주해 생활하고 있는 여성결혼이민자들의 체험과는 다를 수 있다. 그러나 이들은 한국생활에 적응하기 위해 포기하지 않고 여러 가지 장애를 이기고 지금까지 왔기 때문에 이들의 체험은 다른 여성결혼이민자들의 적응을 위해서 연구할 만한 가치가 있으며, 또 이들 자신도 자신들의 체험에 대한 이야기가 다른 여성결혼이민자들의 한국생활에 도움이 되기를 바라고 있었다.

9. 한국에 오기까지

한 개인의 지위는 사회 속에서, 또 상황에 따라서 만들어진다고 할 수 있다. 자국에서 딸로서, 여성으로서의 삶을 살다가 한국인과의 결혼을 통해 변화를 겪게 되고, 그 변화된 모습은 '여성결혼이민자'로 표현할 수 있다. 여성이면서, 결혼을 통해 한국에 이민 온 상황 속에서 여러 가지의 삶의 모습과 역할이 중첩되며 그에 따라 이들은 한국생활을 체험하게 된다.

여성결혼이민자들과의 만남은 나에게 한국에 이주해 한국생활에서 어려움을 겪는 여성결혼이민자들의 고통을 만나는 경험이었다. 그들은 그 고통을 겪으면서 포기하고 자신의 나라로 돌아가는 것이 아니라 그 고통을 극복하고자 나름대로 노력을 하고 전략을 세운 여성들이었다. 연구참여자들과 이야기를 시작하자 그들은 이야기의 시작부터 한국사회에서 소외되었던 그들의 고통을 이야기하기 시작하였다. 외국인이면서 여성이기 때문에 겪었던 어려움과 갈등, 자녀를 키우면서 경험했던 것 등을 같은 여성으로서 또 어머니로서 공감을 하면서 들었다. 그들이 겪었던, 또 겪고 있는 현실적인 어려움과 동시에 그 어려움을 극복하고자 노력하는 모습은 감동적이었다. 그들도 자신들의 한국생활에 대하여 이야기하면서 몇 번이나 격앙되기도 했고 또 눈물을 글썽이기도 했다. 그들의 이야기를 들으면서 강한 궁금증이 생겼다. 그들은 왜 자신들의 가족과 친구들을 뒤로 하고 낯선 세계에 들어왔을까. 그들이 한국에 오기 전에 가졌던 기대와 두려움은 무엇이며 그들은 왜 그러한 고통을 겪으면서도 어떻게 아직까지 낯선 이국땅에서 살고 있을까, 그들이 여기에서 살아가면서 얻는 것은 무엇이고, 또 그들에게 일어나는 변화는 어떠한 것일까 하는 것 등이었다.

한국으로 이주하기 위해 한국인과의 결혼을 선택한다는 것은 개인적 차원의 선택이라고 할 수 있지만 이들은 이미 사회의 구성원으로서 그들의 선택 이면에는 사회의 구조와 영향이 내재한다. 또한 그들의 체험도 개인적인 체험이라기보다는 그들을 둘러싼 여러 맥락 사이의 상호작용 속에서의 체험이라고 할 수 있다. 따라서 이들이 왜 여성결혼이민자가 되었는지를 살펴보고, 여성결혼이민자로서 살아가는 구체적인 삶의 모습을 살펴보는 것은 의미 있는 작업이다.

그러므로 본 장에서는 여성결혼이민자들이 한국사회로 이주하게 된 개인적, 사회적 상황과 한국이주의 의미, 또 한국인과 함께 살면서 아내로서, 머느리로서, 어머니로서, 그리고 지역시회의 구성원으로서 겪는 체험에 대해 기술하고자 한다.

한국이주 이전의 자신의 삶과, 결혼과 함께 한국으로의 이주를 선택하게 된 계기, 이주의 의미에 대하여 연구참여자들은 각자 자신이 처한 상황에서 비롯된 다양한 이야기들을 가지고 있었다. 그들의 이야기를 들으면서, 그들의 처지와 상황을 이해하는 과정은 내게 나의 과거와 주변을 다시 돌아보게 해 주는 과정이었다. 나 역시 연구자이기 이전에 그들과 같은 시대를 살고 있는 비슷한 경험을 하면서 살고 있는 여성이고, 또 기혼여성이라는 입장에 있으므로, 그들의 이야기를 듣는 과정은 나의 체험과 만나는 과정이었다.

가. 한국인과의 결혼

여성에게 있어 결혼은 그 이전의 삶과의 단절일 수도 있고, 연속일 수도 있다. 결혼을 하면서 10년간 다니던 직장을 그만두고, 고향인 서울을 떠나 부산에 온 나에게는 결혼이라는 것은 이전까지 내가 경험했던 많은 것들과의 심리적, 물리적 단절이라고 할 수 있다. 일을 그만두고, 가족과 친구를 떠나, 아는 사람도 없고, 또 내가 일상적으로 사용하던 언어와는 억양도 다소 다르고, 가끔은 어휘도 생소한 그런 곳에서 산다는 것은 상실감과 외로움, 불편함, 두려움 같은 것을 체험하게 해 주었다. 길을 몰라 한동안 밖에 나가지 못하기도 했고, 조금 먼 데라도 가려면 남편에게 의지해야 했으며, 엘리베이터 같은 곳에서 이야기를 했을 때 억양의 차이 때문에 주위 사람들의 시선이 집중되면 공연히 위축되기도 했다. 가끔 사람들이 하는 말을 못 알아들어 엉뚱한 이야기를 하기도 했고, 친정 가족들이 부산에 왔다가 서울로 돌아간 후에 아이를 안고 엉엉 울기도 하였다.

여성결혼이민자에게 있어서도 결혼은 낯선 한국사회로의 이주이면서 동시에 자신의 과거, 자국에서의 생활과의 단절이라고 할 수 있다. 이들은 언어가 소통되지 않고, 문화의 차이도 크며, 가까운 친구나 가족이 없는 한국에서 많은 어려움을 체험한다. 그럼에도 불구하고 여성결혼이민자들이 한국인과 결혼을 하는 이유는 여러 가지일 수 있는데 주로 경제적인 이유가 많다고 한다. 빈곤과 실업에 시달리는 저개발국의 여성들은 계층 상승의 꿈을 갖고 미국·일본·한국·대만 등 상대적으로 부유한 국가로 끊임없이 이동하고 있다. 자기 나라를 떠나는 근본적 이유는 가난이며, 이주노동자로 해외 취업의 길에 나서는 것보다는 국제결혼을 하는 것이 비용이 훨씬 덜 든다고 한다(설동훈 외, 2005). 연구참여자 5명도 모두 한국보다 가난한 나라 출신이다. 그렇다면 이들의 결혼 이면에는 경제적인 이유가 있을까? 이들은 어떠한 동기를 가지고, 어떤 과정을 거쳐 국제결혼을 하게 되었을까?

1) 사진을 보고 결정함

국제결혼의 과정은 주로 아는 사람의 소개, 직접 만남, 종교단체, 결혼중개업체를 통한 4가지 방식이 있는데, 마리는 아는 사람의 소개를 통해 결혼한 경우이다. 마리는 대학입학 시험에 떨어지고 재수를 하고 있었다고 한다.

> 고등학교 졸업은 한 거죠. 대학 들어가려고 시험 치잖아요. 고등학교 시험 말고…… 대학 들어가려면 시험 치잖아요. 봤어요. 근데 과학에 걸렸어요. 우리는 나이가 되면 올라가는 게 아니고, 학교 다닐 때도 교과서

과목마다 점수가 나와야지…… 학년이 올라가거든요. 한 60프로 이상은 돼야 될 거야, 아마. 교과서가 8개면 여덟 과목 다 통과해야 돼요. 과학에 점수가 몇 점수 모자라 가지고…… 바로 시험 치고 바로 들어갈 수 있는 게 아니라 그 시기를 또 기다려야 돼요. 제가 여기 오기 전에 과학학원 다니고 있었어요. 한 몇 개월 두 달…… 준비 중이었어요.(마리, 2월 23일)

그러다가 숙모를 통해 지금의 남편을 소개받고 결혼을 하였다.

다 포기하고 왔다 아닙니까. 우리 신랑이 자기 옛날에 네팔에 간 적이 있으니까…… 네팔 사람을 너무 좋아해서 찾으러 다녔다가. 우연히 길에 가다가 만났다 하데. 우리 숙모를. 네팔 사람들 같아서 말은 안 통하니까. 뭐, 네팔? 이렇게 물어봤대요. 뭐 얘기 했겠죠? 예스했겠죠. 그러니까 같이 차 타고 같이 놀러 가자 그랬나 보더라고. 그래가 뭐…… 가다가다 보니까. 우리 숙모하고 이런 저런 이야기하고 결혼 이야기는 안 하고 관심이…… 남편도 서른두 살이었거든. 자기도 앨범을 보다가 내 사진을 봤대. 거기서 반한 거지, 자기는. 누구냐 하니까, 우리 숙모가 내 조카다, 어디 있냐 뭐 하냐 따졌겠죠? 그니까 뭐 학생이다 이야기했겠죠? 그래 결혼하고 싶다, 불러라 바로 이랬대요. 그래 우리 숙모 얼마나 황당해요. 에, 내한테는 미리 먼저 말 못하고 그때 숙모가 일로 온다고 해 가지고, 숙모 애들이 어리잖아. 초등학생 2, 3학년이었거든요. 근데 내가 그때 삼촌 집에 있었어요. 숙모가 오기 전에 삼촌 집에 있었거든요…… 삼촌한테 먼저 이야기했었나 봐…… 근데 어느 날 숙모가 내한테 살짝 이야기를 꺼내는 거예요.(마리, 2월 23일)

마리는 작은 체구에 까무잡잡한 피부와 커다란 까만 눈을 가지고 있다. 내가 마리를 처음 봤을 때도 참 귀엽고 예쁘게 생겼다고 생각했다. 아마 그런 마리의 외모가 남편의 눈에 띄었던 것 같다. 마리는 처음에는 결혼할 생각을 안 했다고 한다. 그런 일은 생각도 해 보지 못했고, 그런 결혼에 대한 인식도 안 좋았다고 한다.

　　처음에는 안 한다 그랬죠. 그때 우리 나라사람 외국에 가서 결혼하고 그런 거 아예 생각하지도 못했어요. 거의 없기 때문에 외국에 간다면 무조건 팔려 간다는 생각하고 뭐 하여튼 그랬었어요.(마리, 2월 23일)

　　그러나 19살의 마리는 그때 현실에서 벗어나고 싶은 생각도 있었고, 또 한국 드라마를 통해 이미 한국에 대해 막연한 동경을 가지고 있었는데, 한국은 경제적으로 발전했고, 한국 남자는 '친절하다'고 생각하였다고 한다.

　　드라마 봤지요. 다 잘살고, 건물도 높고. 남자들 멋있고, 친절하고. 거기 가면 괜찮겠다 생각했어요.(마리, 2월 23일)

　　그렇게 해서 남편과는 사진을 주고받고 전화하면서 결혼을 결심하였다.

　　그래 목소리에 끌렸던 것 같아요. 전화하면, 우리 신랑 전화하면 목소리 진짜 잘 해요. 말이 부드럽고, 애교 있는 것처럼, 있잖아요. 웃어도 그냥 남자답게 허허허 이런 게 아니고, 큭큭큭, 되게 귀엽게. 엄청 사랑하고 그런 거 아니고 귀여워요. 그게 아니고 막 화나고 그럴 때 웃는 모습 보면 되게 웃는 게, 하여튼 웃는 게 귀여웠어요. 전화통화 하고 그러면 웃는 게, 안 보고 서로 말 모르니까 '두르가' 그러면 히히 웃고, 그런 거 몇 분 동안 전화통화하고, 그러면서 전화통화하고. 그러니까 사진은, 어, 진짜 우리는 네팔 사람 얼굴 다르잖아요. 한국 사람 똑같은 사람 있지만 얼굴 다르니까. 그래서 목소리에 끌렸어요. 한마디로…… 얼굴 직접 보는 건 공항 도착해서가 처음이었어요. 우리 숙모하고. 나오니까 이래 이래 기다리고 있데. 사진은 봤기 때문에 멋있고 좋고 이건 별로였어요. 공항에서 말 안 했어요. 우리 숙모 있으니까 숙모하고만 이야기하고. 내 신랑 아니고 남이었어요.(마리, 2월 27일)

2) 중국에서의 만남

왕정수나 장연주에게 있어서는 이주보다는 결혼이라는 것이 더 큰 의미가 있었던 것 같다. 왕정수와 장연주는 모두 중국에서 지금의 남편들을 만나 연애를 하고 결혼한 경우이다.

> 저희는 연애했어요. 신랑은 장사할 거라고 중국에 왔었고. 저는 중국에서 무역회사에서 조금 있었거든요. 저희 회사로 오신 거, 통역 겸, 그러다가. 인연이 따로 있는 것 같아요. 저는 원래 몸이 안 좋아 가지고 아프면서 병원생활을 좀 했었거든요. 저는 늑막염, 결핵. 아팠어요. 아파 가지고 병원에 혼자 있으면서 외롭고 쓸쓸했었어요. 솔직히. 그리고 중국에서 남자 만났지만 제가 아프니까 그 사람 떠났어요. 옆에 있지 않고. 그런데 이 사람은 정말 잘 해 주었어요. 병원도 같이 가고. 항상 옆에서 있어 주고 그래서. 먼저 한국에 오자면 혼인신고가 먼저 돼야…… 여기는 초청장이 가요. 그래서 우리는 집에서 해 주는 돈을 달래 여행을 했어요. 결혼식 안 하고. 추억을 남기고자…… 혼인신고 바로 되니까는 법적으로 한국에 오고자. 그 당시는 오고자 하면 반드시 누구 아내가 벌써 되는 거예요. 와서 내가 바라보고 제가 아니라 판단할 여유조차 없는 거예요.(왕정수, 3월 15일)

왕정수는 겉모습만 보면 그냥 수수한 한국의 여성이다. 그러나 그녀의 말투는 중국교포라는 것을 금방 알게 해 준다. 왕정수는 한국 남자를 만나고 나서, 같이 한국으로 들어오기 위해 곧바로 혼인신고를 했다고 한다. 반면 장연주는 한국 남자라는 것을 알고 있었음에도 불구하고 처음에는 한국으로의 이주를 별로 현실적으로 생각하지 않았던 것 같다.

> 남편은 신학대학 다녔어요. 졸업 후에 군대 갔다 오고 중국 유학 갔어

요. 7년 동안 중국에서 한의사 공부했어요. 저는 대학원 공부할 때 우리
남편은 같은 학교 유학생. 우리 기숙사 이쪽으로, 남편 기숙사 이쪽으로.
나는 학생 아파트(에 살았어요). 다른 사람이 소개했다, 중국어 가르치라
고. 그래서 만났어요. 한국에 오기 전에 대학교에서 학생들 가르쳤어요.
대학교 중문과 강사. 나 바보예요. 26살에 결혼. 결혼할 때 우리 한국에
안 왔어요. 시아버지가 중국 왔어요. 남편 공부 너무 바빠 시간 없었어
요.(장연주, 4월 17일)

장연주에게 결혼은 사랑하는 사람과 같이 있는 것일 뿐이었고,
한국 사람이라는 것에 대해 별 생각을 하지 않았다고 한다. 가족
들이 반대했지만, 장연주는 남편이 너무 착하고, 사랑하기 때문에
그냥 믿고 결혼을 하였다.

결혼 반대했어요, 반대. 우리 아버지 엄마 반대했어요. 언니가 괜찮아
요. 아빠 엄마 반대해. 제 생각은 안 돼, 안 돼, 이 사람이 너무 착한 사
람이에요. 제가 조금 바보예요. 결혼하겠어요. 그래서 결혼했어요.(장연주,
4월 17일)

내가 느끼기에 장연주는 굉장히 순수한 것 같았다. 안경을 쓰고,
긴 생머리를 하나로 묶은 학구적 모습의 그녀는 남편의 이야기를
하면서 굉장히 행복해 했다.

3) 일하러 왔다가 만남

타냐의 경우는 취업을 위해 한국에 와 있다가 남편을 만나게 된
경우이다. 타냐는 러시아에서 디자인 계통의 학교를 졸업하고 한국
에 장사를 하기 위해 와 있었는데, 타냐를 본 남편은 그녀에게 첫

눈에 반해서 남편 아버지가 하고 있던 전자제품 가게에 러시아인 통역이 필요하다는 핑계로 타냐의 한국 체류에 필요한 서류 등을 모두 준비해 주고, 가게에서 일하게 하였다고 한다.

> 처음에 일하려고 한국에 왔어요. 근데 어떤 남자가 나 좋아한다고 그래요. 러시아 사람들한테 파는 가게…… 저도 그냥 알았다고…… 일하러 왔으니까. 나중에 우리 시아버지 가게에서 일했어요. 자기 아버지 보고 말했다고. 마음에 들어서. 일하는 데 와서 자기 아버지한테 부탁했다고. 내 초청장 있으면 비자 만들 수 있다고. 원래 처음에 1994년 2월 달에 한국에 왔어요. 몇 번 왔다 가고, 가을에 여기서 일하고, 그때 처음 훈제 아빠 만났어요. 94년 가을에. 한국에서 사는 거 괜찮았어요. 그리고 남편이 결혼하자고 해서 승낙했지요.(타냐, 2월 23일)

타냐는 서구적 외모를 가졌고 말하는 것도 굉장히 시원시원하다. 한국어 실력은 떨어지지만 성격은 적극적인 것 같았다. 타냐의 경우는 남편도 러시아 말을 잘하고 러시아문화도 이해해 주었기 때문에 한국생활에 대한 두려움이 별로 없었던 것 같다.

> 러시아 사람들은 외국인하고 많이 결혼하지 않지만 가족들은 별로 걱정하지 않았어요. 남편을 만나 보시고 좋다고, 괜찮겠다고 했어요. 나도 별로 걱정 안 했어요. 원래 한국에 자주 왔다 갔다 했기 때문에 괜찮았어요. 그리고 한국 사람들이 별로 차별도 안 하는 것 같고.(타냐, 2월 23일)

타냐는 금발에 파란색 눈을 가지고 있었기 때문에 대부분의 사람들은 타냐를 미국이나 호주 사람으로 안다고 하였다. 그리고 타냐는 사람들이 자신에게 잘해 주었지 별로 차별을 당하지는 않았다고 하였다. 그녀의 서구적인 외모가 한국인들의 관심을 끌었던 것 같다.

내가 시장 가면, 아줌마들, 아가씨들이 할로우 한다구. 나 미국사람 생
각해요. 재미있어요…… 차별 별로 없었어요.(타냐, 3월 7일)

타냐는 이미 한국생활을 했었기 때문에 한국 남자와의 결혼을
두려워하지 않았던 것 같다.

4) 결혼중개업체를 통해 만남

신민아는 작은 키에 나이보다 어려 보였고, 사람들이 자신을 중
국 사람으로 본다고 하였다. 그녀는 2003년에 결혼중개업체를 통
해 결혼을 하였고 그때 나이는 25살이었다.

제가 베트남에서 2003년 결혼했어요. 국제결혼 회사 소개받아서 결혼
했어요. 그냥 봤어요. 몰라요. 나중에, 어떻게 어떻게 (될지) 몰라요. 그냥
걱정, 한국 오기 전에 걱정 많이 했어요…… 베트남에서 결혼 한 번 했
어요. 한국 와서 다시 한 번 했어요. 결혼 두 번.(신민아, 4월 13일)

신민아는 보통의 베트남 여성들이 국제결혼을 하는 방법으로 결
혼을 하였다. 중개업체를 통한 국제결혼은 그렇게 특별한 일은 아
니었다고 한다. 신민아도 한류의 영향인지 한국의 남성이나 한국생
활에 대한 동경을 가지고 있었던 것 같다.

한국 멋있어요. 좋아요. 드라마 보고, 다른 사람 이야기 듣고, 아, 한국
좋아요. 한국 남자 좋아요, 생각했어요. 그래서 한국 남자 결혼 괜찮아
생각했어요. 친구들도. 같이 회사에 갔어요.(신민아, 4월 13일)

나. 한국 이주의 의미

이들은 우리가 흔히 생각하는 '돈'에 의해 팔려오거나 '가족을 위한 희생양'으로 자신을 생각하고 있지 않았다. 이들은 자신들의 삶을 주체적이고 적극적으로 살아가는 행위주체자일 뿐이었다.

1) 더 나은 삶의 선택

마리는 네팔에서 경제적으로 넉넉하지는 않았지만 신분이 높은 집안이었다고 한다.

> 우리 제일 높은 카스트. 그게 높아요. 여기도 옛날에 양반, 뭐 그런 거 있잖아요. 우리가 제일 높거든요. 그러니까 우리 카스트 집안끼리 결혼을 해야지 그 아랫사람하고 결혼하면 안 돼요. 그렇기 때문에 나는 부모한테 말 못하고 왔다 아닙니까. 진짜 못됐어요. 그런 게, 지금 생각하면, 나중에 알고 우리 엄마가 막 울더라고.(마리, 3월 8일)

그렇기 때문에 마리가 한국 남자하고 결혼하는 것을 부모에게 이야기하지 않고 한국에 왔다고 한다.

> 그런 거, 진짜…… 내가 카스트 성을 아예 포기하고 울기도 많이 울었어요. 여기 온다고 이야기가 나오다 보니까…… 내가 결정한 거지. 부모는 몰라요. 돈 벌러 가는 건 줄 알았지.(마리, 3월 8일)

마리는 한국에 오는 동안 한국생활에 대해 많이 걱정하고 울었다고 한다.

내려 가지고 말이 아예 안 돼 가지고, 안녕하세요밖에 몰랐어요. 올 때도 진짜 울면서 왔어요. 비행기 갈아타면서 몇 시간씩 왔기 때문에 너무 힘드는 거예요. 처음 비행기 타고 왔으니까. 아가씨들이 비행기에서도 눈치를 봐요. 뭐라고 물어보면 내가 영어를 잘하는 것도 아니고. 먹지도 못하고 커피 한 잔 마시고 이틀 동안…… 안 먹었어요. 못 먹었어요. 진짜로. 몰라 뭔 걱정이 그렇게 많았는지. 잘 되어 갖고 도착할지. 중간에 비행기 갈아타야 되잖아요. 그게 엄청 걱정이 심했어. 갈아탈 때까지 너무 예민해 가지고, 또 어떤 사람인지 우리 신랑이 내가 직접 본 게 아니고 사진으로만 봤기 때문에. 그리고 이제 잘살면 괜찮지만 못살면 이혼이다 이런 생각하니까. 운 것 같아요. 못 먹었어요. 진짜. 비행기 안에서 울고 그러니까 아가씨들이. 뭐 눈치 보고 물어보고 뭐 말이 통해야지 뭐라고 하지. 내리는데 아무것도 몰라요. 서류 보는 것도. 뭐 영어도 몰라 그러니까. 물어봤어요. 밖에 우리 숙모가 있다. 거기까지 가야 되는데 어떻게 가야 되냐. 그러니까. 제일 뒤에 내리면서 남들 하는 거 뒤따라하면서 노란 종이 주고 그러니까 남자분이 도와주시더라고요. 그래서 밖에까지 나와서. 참 친절했어요. 친절하게 느끼고.(마리, 2월 27일)

마리가 결혼을 통해 한국에서 살기로 한 결정에는 큰딸로서의 경제적인 책임감, 새로운 세계에 대한 동경, 보다 나은 삶에 대한 기대가 복합적으로 작용했던 것 같다.

팔남매에 첫째고…… 책임감이 진짜 컸던 거 같애. 어릴 때부터 좀 가난하게 사라는 게 나한테는 그래. 우리아빠가 니 우리 큰아늘이라고 하거든. 내한테 니는 딸 아니고 아들이라면서 붙잡고 울고, 하여튼 내가 어릴 때부터 그런 게 있었던 거 같애, 부모를…… 생각하는 거…… 밤에 비행기 타 가지고 오후에 도착했거든요. 비행기에서 보이는 게, 날개 옆에 있어서 잘 안 보였는데, 이제 보이는 게 바다, 조금씩 오니까 사람들이 뭐라 뭐라 하는데 푸른 바다가 있는데, 저는 바다를 보는 게 처음이었잖아요. 되게 신기하고 산들도 우리는 엄청 높은 산들이 있는데 여기는 다 파랗고 낮고 그림처럼 와 신기하다 그렇게 생각했거든요. 내리면서. 서울에 가는 느낌. 구경하고 그러지는 않았어요. 근데 집들이 빌딩이 너무 높고 신기하고 막 신기했던 것 같아요. 네팔에는 그런 높은 빌딩, 고층빌딩이 없거든요. 10층까지 몇 개 없어요. 너무 신기하고 엄청 높다. 상상이 한국에 가면 나도 가정부 두고 큰집에서 산다, 그럴 거라고 생각했던 것 같아요. 그랬는데, 부산에 내려서 보니까 아니데요. 그게. 처음에 그랬어요. 일단 네팔보다 잘 사니까 당연히 좋을 걸로 다 보죠. 쓸데없는 상상이었어요. 우리 집도 근사하고 이런 거 있잖아요. 저 있을 때 한국에 간다 하니까, 네팔 사람들은 좀 살면 다 가정부가 다 있어요. 그런 생각 진짜 많이 했었던 것 같아요……(마리, 3월 8일)

마리는 좀 실망하기는 했지만 그래도 한국에 오기로 한 결정은 잘한 것이라고 생각한다.

잘 온 거죠. 살기도 편하고 돈만 더 있으면 다 편하겠지만, 공기도 좋고. 좋은 것 같아요. 나도 여기서 네팔 갔을 때 비행기 안에서 시커먼 연기 있죠? 가는데 구름이 있잖아요. 왜 그런지 나도 모르겠어요. 구름이 왜 이렇게 다른 나라에 보면 다 하얗고 그런데요. 구름이 시커매요. 내 나라지만 진짜 너무 안타까운 거 있죠? 먼지들이 많아서 아직 후진국이다 보니까 편한 교통이 안 되잖아요. 그래서 이제 뭐든지, 먼지도 하다 보니까 여기는 배출하는 게 잘 되어 있고 우리는 다 하늘로 하니까. 후진국에서 오면 여기는 위생상태가 좋으니까 잘 되어 있잖아요. 살기 좋아요.(마리, 3월 8일)

신민아는 베트남에서 그냥 평범하게 살았다고 한다.

베트남에서 일했어요. 그때, 아가씨 때, 신발공장 다니고, 가방공장 다니고 또 논일 했어요. 농사요. 많이 일했어요. 그냥 보통 사람. 베트남에서. 재미없었어요.(신민아, 5월 8일)

그러다가 국제결혼을 한 사람들 이야기를 듣고 자신도 외국에 갈 결심을 하였다고 한다. 그녀는 베트남 생활을 별로 좋아하지 않았고, 현재 한국생활에 만족하고 있었다.

> 베트남 가서 다시 살고 싶은 생각 없어요. 싫어요. 그래서 한국 왔어
> 요. 베트남 살고 싶지 않아요. 베트남은 매일매일 더워요. 제가 여기 지
> 금 4년 살아요. 좋아요. 날씨도 좋아요. 시원해요. 좋아요. 모기도 없어요.
> 베트남 밤 모기 너무 많아요. 자면 안 돼요. 막 물려요. 지금 한국 날씨
> 좋아요. 한국 잘살아요. 살기 좋아요. 사람들이 다 도와줘요. 좋은 사람
> 많이 만났어요.(신민아, 5월 8일)

가족들의 반대를 무릅쓰고 한국에 온 그녀는 한국생활을 매우 좋아했고, 베트남에 있는 가족들에게 경제적인 도움도 주고 있다.

> 가족들이 가지마 했어요. 제가 고집 부려. 가요 지금 잘 왔어요. 여기
> 는 사람도 좋고 날씨도 좋고 예쁜 아기 낳고 좋아요. 다 좋아요. 남편도
> 좋아요. 남편이 돈도 잘 벌어요. 귀금속 공장 다녀요. 귀금속도 자주 갖
> 다 줘요. 돈 어렵지 않아요. 좋아요. 생활 제일 좋아요. 베트남에 가끔 돈
> 도 보내요. 용돈도.(신민아, 3월 8일)

한국에서의 삶은 더 편안하고 경제적으로 여유 있는 행복한 삶이었고, 그녀는 한국인과의 결혼이 잘한 선택이라고 생각하고 있었다.

2) 같은 민족 간의 결합

중국교포인 왕정수는 한국 남자와의 결혼은 같은 민족끼리의 결합이고 고향에 오는 것이기 때문에 좋았다고 한다. 왕정수의 언니가 중국 한족하고 결혼했기 때문에 부모는 왕정수가 같은 민족과 결혼하기를 바라고 있었지만 한국에 보내는 것은 별로 달가워하지

않았다고 한다.

> 언니는 오리지널 중국인하고 결혼했어요. 민족이 같지 않다고 집안에
> 서 그랬는데…… 그래도 우리 전통을 이어 보자. 한국인들은 모르겠지만,
> 우리 조선족들은 그래도 우리 민족 그걸 지키려고 많이 노력했어요……
> 저희는 그런 마음에 할아버지 할머니 고향 가는 편안한 마음으로 왔었는
> 데…… 저는 꼭 같은 민족을 찾아야겠다. 엄마 아빠랑 언니 때문에 많이
> 가슴 아팠기 때문에…… 같은 민족 찾았는데 하필이면 그게 국제적 결혼
> 이 되어 버려서…… 결국. 그때만 해도 한국이란 인식 자체가 안 좋았어
> 요. 일단은 자본주의 국가고, 안 보내겠다고 하고. 부모님 가슴에 못 박
> 아 놓고 온 거지. 지금 애 낳고 키우면서 많이 걸려요. 한 번씩. 그래서
> 좋은 모습 보여 주고자 더 노력하는 거예요.(왕정수, 4월 3일)

왕정수는 한국에 많은 기대를 하고 있었고, 한국에 도착했을 때
의 첫인상도 굉장히 좋았다고 한다.

> 포근했어요. 산이 많고 포근한 거, 이게 첫인상이에요. 서울에서 쭉 내
> 려오면서 보면 높지도 낮지도 않은 산들이 둘러싸여 있고 푸르고, 그래서
> 마음이 좋았어요. 서울에 비행기로 와서 일부러 구경삼아 이래한다고 버
> 스로 왔어요. 부산에. 풍경 좋아요. 나는 5월 말쯤 왔으니까, 너무 예뻤어
> 요. 나무 푸르고, 깨끗하고. 좋았어요. 중국에는 나무 해 땐다고 다 잘라
> 서 산이 민둥산이잖아요. 지금은 나무 못 베게 했는데 옛날에는 없었어
> 요. 그렇게 높지도 낮지도 않고 산 녹색도 너무 예뻐요.(왕정수, 3월 15일)

그러나 도착한 후 남편과 집에 가면서 거리의 모습에 낯설어하
기도 하고 불안해하기도 했다.

> 근데 여기 부산에 닿아서 저녁이었어요. 저녁이었었는데, 꼭 부산시라
> 고 했는데, 끝에 변두리까지 갔는데 컴컴하고 그래서 무서웠어요. 다대포
> 쪽에. 아니요, 그때는 10년 전에는 고속버스 터미널에 내렸었어요. 그까
> 지 가는데 퇴근길, 차 밀리고 하니까 되게 많이 걸렸어요. 부산시라는데

왜 이렇게 많이 가는데, 혹시나 시골로 끌려가는 거 아닌가. 불안했어요.
그랬어요, 정말로. 그리고 글이 참 생소했어요. 한글간판은 처음 목격했
었는데, 생소한 거 있잖아요. 길 따라오다 보니까 지금은 아는데, 빵꾸
이래 해 가지고 이래 붙어 있는데, 저게 뭐지? 빵꾸가 뭐지? 단어 자체를
이해를 못 하는 거예요. 읽을 줄은 아는데, 길에 와 저렇게 많은데.(왕정
수, 3월 15일)

왕정수의 한국생활에 대한 기대는 높았다. 자신이 중국교포이기
때문에 같은 민족으로서 자신을 굉장히 따뜻하게 맞아 줄 거라고
생각하고, 두려움이나 걱정이 덜했던 것 같다.

> 저도 한국에 올 때 부모님이 많이 우셨어요. 중국에서 일하면서 아무
> 불편 없이 살다가 문화도 다르고 그런 곳에 가서 살아야 된다고 하니 많
> 이 걱정하셨지요. 그렇지만 아무래도 제가 같은 민족이다 보니까 연주 씨
> 보다는 괜찮았던 것 같아요. 중국 사람과 결혼하는 것보다는 한국에 사는
> 한국 사람과 결혼하는 것이 더 낫다고 부모님께서는 생각하셨던 것 같아
> 요. 저도 그랬어요. 우리는 같은 민족이니까, 다 좋을 것이다 생각했어
> 요.(왕정수, 3월 15일)

왕정수는 한국에 와서 많은 어려움을 겪었지만 그래도 한국에
잘 왔다고 생각한다고 한다.

> 저는 이제 애들 낳고, 애들 잘 자라 주고, 잘 왔다. 특히 안 아프니까.
> 잘 아팠어요. 우리는 길림성 통화에서 왔어요. 거기는 춥잖아요. 거기는
> 공기가, 막, 겨울에는 나무 때고 하면 막 시커멓게 올라와요. 눈도 이렇
> 게 보면 흰 게 아니고 검은 게 하여튼 그랬었는데, 좀 많이 아프잖아요.
> 여기 와서 물도 그렇고 공기도 그렇고 안 아프니까. 공기가 좋아요. 잘
> 왔다고 생각해요.(왕정수, 4월 3일)

3) 남편의 나라에서의 삶

장연주와 타냐는 한국 남자와 결혼을 하고 한국에 사는 것에 대해 큰 의미를 부여하지 않았다. 특별히 한국에 오고 싶었다기보다는 그냥 한국 남자와 결혼했으니까 한국에 사는 것이라고 생각하는 것 같았다.

장연주는 자신은 중국에 살고 싶었지만 남편이 한국에서 살고 싶어 해서 그냥 따라왔다고 한다.

> 중국에서 결혼하고 6년 후에 왔어요. 33살 때. 그냥 남편이 좋아서 한국에 같이 왔어요. 한의사 졸업 후에 한국 왔어요. 남편이 중국 신앙생활 자유 없어서 싫어해요. 또 우리 시아버지 몸이 안 좋아요. 암. 남편 원래 중국에서 대학원 가려고 했지만 시아버지 암 때문에 나왔어요. 일 포기하고 오는 거 아깝지 않았어요. 남편 따라와서 다른 생각 없었어요. 너무 사랑하다. 아깝다고 저는 생각 없어요. 다른 일 여기(에서) 찾을 수 있어요. 나중에 남편도 돌아갈 수 있어요, 생각. 아무 생각 없(었)어요. 시아버지 집에 있었어요.(장연주, 4월 17일)

장연주도 한국에 오기 전에 한국 드라마를 통해 한국에 대해 좋은 이미지를 가지고 있었다고 한다. 그러나 한국에 도착한 후 공항을 나와서 좀 낯설고 이상하게 느꼈다고 한다.

> 한국 오기 전에 한국 좋아요. 드라마 보고, 한국말 몰라요, 뭐? 아, 겨울연가. 이런 거 많이 많이, 중국에, 한국 드라마 많이 들어갔어요. 한류, 맞아 맞아. 한국 사람 착해요. 풍경도 좋아요. 아파트, 건물도 커요. 이(렇게) 생각했어요. 도착 후에 공항 괜찮아요. 공항 좋아요. 공항 나왔다. 왜 이 땅 작아요? 한국 너무 작아요. 건물도 여러 가지 모양도 있어요. 진짜 놀라요. 왜 이런 모양이 있어요? 중국 아파트 항상 사각이에요. 한국은

　　이런 것도 있어요, 이런 것도 있어요. 이상해요. 안 좋은 거 건물 이상하
　　다, 산 너무 작아요.(장연주, 4월 17일)

　　장연주는 한국이 좀 이상하다고 느꼈지만 그래도 경제적으로 발
전한 것을 보고 좋았다고 한다.

　　좋은 차도 많아요. 깨끗하고 버스 타면 안이 깨끗하고 에어컨도 있어
　　요. 이거 좋아요.(장연주, 4월 17일)

　　장연주는 아직도 중국에서 살고 싶다고 하였다. 남편만 좋다고
하면 같이 중국에 가고 싶다고 하였다.

　　중국 가고 싶어. 아버지도 오라, 오라 하고. 중국 가서 가르치고, 남편
　　공부하고. 하지만 남편이 여기 좋아해요. 중국 싫어해요. 난 남편 때문에
　　한국 살아요.(장연주, 4월 19일)

　　타냐도 원래 한국에서 살면서 한국생활을 좋아했고, 한국 남자
와 결혼하게 되었기 때문에 한국에서 사는 것에 대한 두려움이나
갈등이 없었다.

　　한국 좋아요. 나 여러 번 왔다고. 여기. 일하고. 살기 좋아요. 러시아보
　　다 잘산다고. 재밌다고. 훈제 아빠 잘해 줬다고. 나 좋아요. 우리 일하고
　　저녁에 여기저기 많이 놀았어요. 국제시장, 남포동. 나 시아버지 가게, 전
　　자제품 가게에서 일했으니까 한국 사는 거 괜찮았다고.(타냐, 2월 23일)

　　그러나 타냐의 가족들과 친지들은 걱정을 많이 했다고 한다. 부
모는 반대하지 않았지만, 타냐 어머니의 아는 사람이 한국에 자주

왔다 갔다 했기 때문에 한국 남자와 사는 것이 어렵다고, 하지 말라고 하였다고 한다.

> 그 여자, 우리 엄마 친구. 한국 남자는 자기만 생각한다고. 살기 어렵다고. 결혼하지 말라고 했어요. 엄마는 반대 아니지만 걱정 많이…… 나 괜찮다고. 우리 훈제 아빠 괜찮다고. 한국 차별도 없어요. 내가 한국 좋다고.(타냐, 3월 7일)

10. 한국인과 살아가기

　여성결혼이민자들이 느끼는 현실적 어려움은 한국인과 함께 살아가면서 여러 가지 역할을 수행하게 되고 그러한 역할을 수행하는 일이 자신이 한국에 이주하기 이전의 체험과 병행되기가 어렵다는 것이다. 문화와 언어가 다른 한국에서 한국인들과 함께 생활하면서 한국인과 가족이 되어 한국인 아내로서의 역할을 수행하면서 사는 것, 가부장적인 문화에 익숙한 시부모님에게 며느리로 인정받는 것, 교육열이 그 어느 나라보다도 높은 한국에서 자녀를 낳고 키우는 어머니로서 역할을 하는 것은 많은 어려움과 갈등, 걱정, 두려움을 주는 체험이다. 일상적인 삶 속에서 이러한 역할을 수행하기 위해 노력하면서 이들이 구체적으로 어떤 체험을 하는지를 살펴본다.

가. 한국인과 가족관계 형성하기

1) 한국인 아내로 살아가기

(가) 집안일에 무심한 남편

설동훈 외(2005)의 연구에서는 국제결혼 부부의 평균 연령 차이는 7세 정도이고 남편이 10살 이상인 경우가 34%로 나타난다. 이러한 극심한 연령 차이는 특히 결혼중개업체를 통한 베트남, 몽골 출신 여성들에게 나타나는데, 연구참여자들은 모두가 이러한 경로를 통해 결혼한 것은 아니었지만 남편과 동갑인 장연주를 제외하고는 모두 남편과의 나이 차이가 많이 났다. 이런 나이 차이 때문에 마리는 처음에 굉장히 남편을 어려워하면서도 한편으로는 의지했던 것 같다. 마리는 남편과 12살 차이가 난다.

> 집안 문제가 많거든. 근데 지금은······ 세대차이도 나요. 나는 어리잖아. 처음에 조금 말도 못 하고, 네, 네, 했지. 신랑한테도, 시엄마한테도. 뭐라고 하면 다 네, 네, 그랬어······ 근데, 신랑도 내가 너무 기대니깐, 너무 내가 괴로운 거라. 내가 너무 의지할 데가 없잖아요. 근데 이게 이제 뭐 하면······ 신랑이······ 학교 일상, 애들 문제로. 내가 말한 말을 모든 걸 아니라고 하니까 너무 힘드는 거라. 너무 의지하니까 내가 너무 괴로운 거라, 하나부터 열까지 안 되니까 근데 이제는 난 아예 신랑도 나 몰라 하고, 알아서 해라 하고. 이제 편해요.(마리, 3월 8일)

마리의 남편은 집안일에도 무심하고 친구를 좋아하는 전형적인 한국 남자인 것 같다. 그래서 많이 싸웠다고 한다.

저 마음에 안 들어요. 저 소리 지르고 신랑한테도 맘에 안 들어요. 많이 싸웠어요. 애들 문제 생기면서…… 아프다. 우리 이모가 그랬다고. 하지마. 여자가 너무 잘하면 남자가 안 한다고. 조금 잘해 주자…… 나중에. 엄마가 다 알아서 하고…… 남자들이…… 완전히 보기 싫다고…… 알면서 안 한다. 남편한테 하라 그래야 되는데. 어른들하고 같이 있으면 그게 안 되는 거야. 처음에는 다 시엄마하고…… 시장 가도 시엄마, 병원 가도 시엄마, 시장 가도 같이 말해 주고…… 그게 분가해도 그게 그거야. 시엄마가 빠졌다뿐이지. 내가 다 하는 거지. 자기 새벽에 나가면 밤에 오는데…… 언제 같이 하겠어요? 낮에 집에도 없는 게…… 내 혼자밖에 할 수 없는데…… 그게 아픈 거라…… 병 되는 거지. 자기는 일요일에 집에 있으면 쉬게 해 달라고, 자기 볼 일 보게 해 달라고. 그럼 나도 집에서 일하고 생활하는데 나도 쉬고 싶지. 그래 자기 집에 있을 때 텔레비전만 보고 있지 말고 애하고 같이 놀아 주든가. 근데 내가 뭐 큰 거 바라나, 몇 시간이라도 애들하고 놀아 주는 거. 만날 리모컨으로 채널 돌리기 바빠요.(마리, 3월 8일)

마리는 네팔에 살 때 아버지가 가정적이었기 때문에 남편을 이해할 수 없다고 하였다.

우리 아버지 좀 가정적이었거든요. 내 생각에. 집에 일찍 들어오고, 잘하고…… 우리 신랑은 술 좋아해요. 집에 있다가도 친구가 전화하면 나가요. 밥 먹다가도, 나오라면 가요. 왜 그래요. 친구 좋아해요. 가족보다. 한국 남자 다 그래요?(마리, 3월 13일)

한국의 30~40대 가장의 전형적인 모습을 보여 주는 남편에 대해 이야기하면서 마리는 한숨을 여러 번 쉬었다. 이런 경험은 나도 몇 번 있었기 때문에 정말 마리의 이야기에 공감하였다. 나도 이런 일로 몇 번 싸우기도 했다.

왕정수의 경우는 남편이 자녀의 교육문제나 사회복지 지원을 받는 문제 등에 무심해서 고생하였다고 한다.

어떤 사람은 보육비 지원한대요. 저 사람들은 대상이 되어서 하는가
보다. 우리는 모르잖아. 우리는 안 되는 줄 알고, 알아보고. 해 보면 될
거야 생각하지만 어디 가서 어떻게 해야 되는지 모르잖아요. 아빠들이 또
동참을 해 줘야 되잖아요. 저희들 모르니까…… 아빠들은 귀찮고, 자존심
도 있고, 안 해요. 절차가 이렇게 복잡하고 그런 것도 있고, 서류도 한 가
지 두 가지면 되는데 뭐 이렇게 해 오라고 하니까, 하다가 복잡하면 에구
치워야지 이러는 거예요. 아빠가 해 줘야지, 한국 사람인데, 나는 잘 모
르잖아요.(왕정수, 4월 19일)

타냐도 둘째 아이 윤제를 어린이집에 보내야 하는데, 어린이집
에 내야 되는 돈이 26만 원이라서 너무 비싸 보내지 못하고 있었
다. 보육비 지원을 해 주는지 알아보고 싶다고 하였는데, 기관의
교사 한 명이 나서서 동사무소에 가서 알아보고, 필요한 서류를
가르쳐 주었다. 그러나 타냐의 남편은 계속 준비를 하지 않았다.

서류 많아요, 이것저것 많다고. 나 몰라요. 윤제 아빠가 해야지. 내야
될 서류 준비. 안 하는 거야. 내가 해라, 해라. 안 해요. 귀찮다고. 나 화
났다고. 윤제 어떡해? 왜 안 해 줘요? 나 하고 싶지만 몰라. 어디서 해?
한국말 몰라. 남편이 해야 돼.(타냐, 3월 13일)

타냐는 6살짜리 윤제를 항상 데리고 다녔는데, 윤제는 말을 알
아듣기는 하지만 거의 말을 못 하고, 또 심한 개구쟁이였다. 잠시
도 가만히 있지 않아 타냐는 굉장히 힘들어했다.
장연주의 남편도 결혼 후에 집안일은 전혀 하지 않았다고 한다.

나 학생 가르치고 집에 와요. 남편 빨리 와요. 벌써 집에 왔어요. 아무
것도 안 해요. 책 보고 있어요. 나는 힘들어요. 와서 식사 준비, 일, 많이
했어요…… 나 요리 못해요. 결혼하기 전에 안 했어요. 그래서 식사준비
부담이에요. 중국남자 안 그래요. 집안일 다 해요. 청소, 식사. 내가 가끔

그러나 지금은 많이 달라져서 혼자 해 먹기도 한다고 한다. 그
러나 요리를 하는 것이 아니고 라면을 먹는다고 하였다. 장연주는
그것도 많이 달라진 거라고 하였다.

이제 바뀌었어요. 남편 혼자 해요. 나 늦게 와요…… 그러면 혼자 먹
어요. 라면 먹어요. 많이 달라졌어요…… 다른 건 안 해요. 남편 피곤해
요. 내가 해요.(장연주, 4월 17일)

장연주는 남편이 많이 달라졌다고 만족해했다. 그리고 이제 자
신도 요리를 잘한다고 하였다. 장연주는 한국에 온 후 암에 걸린
시아버지의 병수발을 2년 동안 했다. 그러는 동안에도 남편은 고
맙다, 잘한다고 하기는 했지만 직접적으로 집안일을 돕지는 않았다
고 한다.

내가 다 했어요. 시아버지. 계속 집에 있어. 나도 밖에 안 나가. 밥 하
고, 같이 있고. 집에 있었어요. 일 많이 했어요. 남편? 연주, 고마워, 사랑
해. 많이 했어요. 일은 내가 다 했어요. 남편 집안일 몰라요. 공부만 해요.
공부만 하는 사람.(장연주, 4월 17일)

(나) 권위적인 남편

중국에서 온 왕정수의 경우는 중국은 사회주의 교육을 통해 중
국 여성들의 지위가 남성과 동등하기 때문에 남편에게 순종해야
하는 한국아내로 사는 게 굉장히 힘들었다고 한다.

조금만 내가 주장하면 남편이 암탉이 울면 집안이 망한다고 하면서 뭐라 뭐라 했어요. 중국에서는 아내들이 남편한테 할 말 다 해요. 남편들이 얼마나 잘해 주는데요. 집안일도 다 해 주고. 중국여성들은 대부분 밖에서 일을 하기 때문에 경제력도 있고, 집에서 남편말만 듣지는 않아요…… 지금도 난 큰 소리 못 해요. 조금만 하면, 또 그런다. 여자가 왜 그래. 남자는, 뭐지요? 하늘? 여자는 땅 그래요. 그런 게 어딨습니까?(왕정수, 3월 20일)

마리도 남편이 좀 권위적이라고 하였다.

신랑 부엌 안 들어와요. 옛날부터. 남자는 들어오면 안 된대요. 시어머니 같이 살 때 그랬어요. 그래서 우리 신랑 다 시켜요. 이거, 저거, 물, 다 시켜요. 내가 너무 잘해 줘요. 큰 소리 못 해요, 신랑한테. 뭐라 뭐라 하면 화내고 무서워요. 자기 말 들어야 돼요.(마리, 3월 13일)

장연주의 경우는 동갑이라서 그런지 남편이 잘 대해 주었다고 한다. 그래도 중국에서 온 장연주가 느끼기에는 한국 남편들은 이상한 면이 많았다.

남편 왜 그래요? 이렇게 해라. 내 말 들어라. 너는 결혼한 여자다. 아내다. 남편 말 들어야 된다. 이거 많아요. 결혼하고 나 방학 때 엄마 집 가고 싶다. 남편 안 된다. 너는 내 아내다. 가지 마라. 일주일 괜찮다. 한 달, 두 달 안 된다. 우리 집 살아야 돼요. 가지 마세요. 안 돼요. 우리 엄마 화났어요. 우리 딸, 왜 못 와요? 남편이 가지 마라.(장연주, 4월 17일)

장연주의 생각에는 남편이 친정 가는 걸 싫어하고, 또 자신의 말을 잘 듣고, 자기 옆에만 있기를 바라는 것 같다고 했다.

남편 엄마 집 가는 거 싫어요. 나한테 애기…… 가면 공부 못 해. 놀아야 돼요. 아마 싫어요. 우리 집. 남편 말 잘 들어야 돼. 안 들으면 안

돼. 이야기해요. 한국 여자 남편 말 잘 들어요.(장연주, 4월 17일)

(다) 여자 문제로 속 썩이는 남편

타냐는 최근까지 남편과 많이 싸우고, 이혼 얘기까지 있었다고 한다.

> 자주 싸웠다고. 우리 엄마 왔을 때도 그 앞에서 많이 싸웠어요. 전에 말했던 그 여자 때문에. 진짜 많이 싸웠다고. 우리는 싸울 때 러시아 말로 싸워요. 신랑이 러시아 말 잘해요. 막 나쁜 말로 싸워요. 우리 막 서로 때리기도 했어요. 내가 이혼한다고. 이혼하면 내가 네 새끼들 남편한테 갖다 준다고. 다 들고 여자한테 가라고. 나는 애들 둘 다 남편 아버지한테 데려다 주고 간다고.(타냐, 4월 10일)

타냐는 학부모 모임에 몇 번 나가면서 이웃에 사는 여자와 알게 됐는데, 그 여자가 타냐의 집에 자주 출입을 하고, 남편도 알게 되고, 그러다가 남편과 따로 만났다고 한다.

> 그 여자 자주 집에 왔다고. 학교 모임에서 만난 여자. 옆에 살아요. 자주 왔어. 이거 저거 집 간섭도 하고. 도와주고. 나중에 훈제 아빠 만났다고. 많이 만나요. 나 화났다고. 만나지 마라.(타냐, 4월 10일)

결국 그 문제로 타냐는 남편과 심하게 다투었다고 한다. 타냐의 남편은 굉장히 체격이 큰 사람이라는데, 싸울 때는 서로 격하게 싸우는 듯 했다. 둘이 서로 때리기도 한다고 하였다. 타냐는 러시아 남자들은 술 많이 마시고 일 안 해서 문제지만 여자문제 같은 건 없다고 하였다.

이런 말 들었다구. 한국 남자 성격이 아주 안 좋다. 그래서 한국 사람과 같이 살기 힘들다. 자기밖에 모른다. 남자들이 러시아 남자들과 다르다. 이런 말 들었어요. 러시아 남자들 문제 있어요. 술, 보드카 많이 마셔요. 일 없는 사람 많아요. 그래도, 이렇게 여자, 바람 피는 거. 안 돼요. 우리 작년까지 많이 싸웠잖아.(타냐, 3월 13일)

(라) 경제적으로 무능력한 남편

왕정수의 남편은 돈을 벌겠다는 생각이 없이 그냥 되는 대로 살자는 생각이 강했다고 한다. 그래서 그것 때문에 갈등도 있었다.

이제는 애가 초등학교 들어가서부터…… 애기 아빠하고 많이 싸웠어요. 이혼은 생각 안 했지만. 싸우면, 애기 아빠가 알았어. 가세요. 중국에. 그러면…… 우리 애기 아빠가 고단수예요. 나는 너를 절대 붙잡지 않는다. 내가 너한테 해 주지 못한 거니까…… 니가 원하는 거 해 주지 못하니까. 우리가 살면서…… 돈하고는 진짜 거리가 멀어요. 남편이 돈을 가져다주면 제가 그런 소리 왜 하겠어요. 우리 애기 아빠는 사고방식이 진짜 특이해요. 없으면 없는 대로 있으면 있는 대로 키우자. 너무 힘들게 벌지 말고. 근데 엄마들은 안 그렇잖아. 그런데서 트러블이 좀 생기면…… 힘들어요. 돈 쓸 데 많고. 아이들한테 해 주고 싶은데, 돈 없고. (왕정수, 4월 17일)

왕정수는 나와 둘이 있을 때 미안하지만 12살짜리 여자애 옷이 있으면 좀 달라고 조용히 부탁을 하였다. 자신의 딸이 이제 외모에 신경 쓸 나이인데 옷을 사 줄 여유가 없어서 속상하다고 하였다. 자신이 입는 옷들은 중국에 있는 언니한테 부탁해서 두 보따리를 받아서 자신은 입을 옷이 많아서 괜찮지만, 아이들 옷은 누구한테 받아 입혔으면 좋겠다고 하였다. 나는 8살 된 아들이 있기 때문에 왕정수의 둘째 아이한테 입힐 옷을 정리해서 주기로 약속을 하였다. 왕정수는 다른 것들도 괜찮다고, 자신은 중국에 조카들도 많고, 친척도 많으니까 다른 옷들도 정리해서 달라고 하였다. 나도 친구들이나 아는 사람들과 아이들 옷을 돌려 입히기도 하고, 얻어 입히기도 하지만, 항상 자존심이 강한 왕정수가 나에게 그런 이야기를 하는 것이 쉽지는 않았을 거라는 생각이 들었다.

다행히 얼마 전부터 왕정수의 남편은 배를 탄다고 한다. 아이들이 커 가면서 교육비도 많이 들고, 또 둘째 아이가 언어장애가 있어서 수술을 받아야 하기 때문에 남편이 큰 결심을 하고 배를 타기로 했다고 한다. 집에는 보름이나 한 달에 한 번씩 오는데, 이전보다는 벌이가 괜찮다고 한다.

장연주의 경우에도 남편이 돈에는 별로 관심이 없다고 한다. 장연주의 남편은 현재 교회에서 관리 일을 맡고 있는데, 한 달에 70만 원을 받는다고 한다. 하지만 그것도 교회 일 때문에 이것저것 쓸 일이 있어서 다 가져오지 않는다고 한다. 그래도 남편은 다른 일을 할 생각을 안 한다고 한다.

> 우리 신랑 착해요. 70만 원 월급이지만, 또 사람들이 이거 사 오라, 저거 사 오라 하고 돈 안 줘요. 우리 신랑이 다 써요. 돈 조금 가져와요. 살기 힘들지요…… 내가 학원 가고, 방과 후 강사하고…… 우리 남편 돈 몰라요. 돈 없어두 돼요. 필요한 사람 돈 가지고, 우리 필요 없어요 생각해요.(장연주, 4월 19일)

장연주의 남편은 신학대학을 졸업했지만 목회를 하기에는 사명감이 없고 부담스러워서 싫다고 한다고 한다. 또 중국에서 한의학을 공부했지만 한국에서 자격인정이 안 돼서 일을 못 하고 있다.

또 시아버지가 돌아가시고, 큰아들 부부가 와서 장연주 집의 냉장
고와 텔레비전을 가지고 가고, 전세방 값도 빼 가지고 갔을 때도
남편은 괜찮다고 하였다고 한다.

> 아, 속상하다. 우리 남편 너무 착해요. 형님이 필요하면 가져가세요.
> 우리 괜찮아요. 우리 없어도 돼요. 다 가져가세요 했어요. 나 속상하다.
> 우리 남편 괜찮아요, 이야기 했어요.(장연주, 4월 17일)

장연주는 그런 남편을 가끔 이해할 수 없지만 그래도 너무 착하
고 욕심이 없어서 그렇다고 생각하고 받아들인다. 보통의 한국 여
자라면 참지 못할 상황일 것이다. 내가 장연주를 만날 때마다 장
연주는 항상 같은 잠바를 입고 있었다. 굉장히 검소하고 소박하게
생활하는 것 같았다. 같이 식당에 가서 식사를 할 때도 메뉴 중에
서 가장 싼 것 중 하나를 고르곤 했다. 장연주는 경제적인 궁핍을
남편에 대한 사랑으로 이겨 내고 있는 것 같았다. 장연주를 동생
처럼 생각하는 왕정수는 그런 모습이 너무 안타깝다고 하였다.

> 남편도 착하지만 연주 씨가 더 착한 거지. 그런 거 다 참고. 너무 안타
> 까워요. 중국에서 이런 생활할 사람이 아닌데. 중국에서는 대학에서 가르치
> 는 사람인데, 정말 여기에서 밑바닥 생활을 하고 있으니.(왕정수, 4월 17일)

(마) 착하고 자상한 남편

신민아는 남편과 12살 차이가 난다. 신민아는 자신은 운 좋게
굉장히 착하고 좋은 남편을 만났다고 하였다.

> 우리 남편 착해요. 잘해 줘요, 남편이. 착해요, 다 도와줘요. 난 운 좋
> 아요. 어려운 거 없어요. 신랑 많이 도와줘요. 신랑이 돈 괜찮아요. 잘 벌
> 어요. 잘 만나요. 신랑 잘 만나요. 착해요. 베트남 엄마 아빠한테도 잘해
> 줘요.(신민아, 5월 8일)

결혼 중개업체를 통해 한국에 들어올 때 5명의 베트남 여성들과 함께 왔다고 한다. 그들하고 가끔 연락을 하는데, 몇 명은 굉장히 어렵게 살고 있다면서 자신이 너무 운이 좋다고 몇 번이나 반복해 이야기했다.

> 친구 중에 한국 와서 결혼한 사람 5명 있어요. 같이 결혼했어요. 연락
> 해요, 가끔. 울산도, 전라도도 있어요…… 이혼 아니에요. 그냥 같이 살아
> 요. 매일매일 눈물. 어렵게 사는 친구들 있어요. 진짜 힘들어요. 시어머
> 니, 진짜 어려워요. 또 남편 안 잘해 줘요. 술 먹고 와요. 아침에 와요.
> 외로워요. 한국말 몰라서 힘들어요. 어려운 친구 있어요. 그냥 돌아가고
> 싶어요. 그런데 신랑 안 돼요. 어떻게 해요? 아이 때문에, 또 신랑 비행기
> 값 안 줘요. 어떻게 해요. 안 가요, 아이 때문에도 못 가요. 어려워요. 제
> 가 좋은 남편. 다행이에요.(신민아, 4월 13일)

신민아의 남편은 신민아가 한국어를 배울 때도 몇 번 학교에 와서 기다렸다 같이 가기도 했다고 한다. 그런 모습을 몇 번 봤던 신민아의 예전 한국어 교사는 두 사람이 매우 다정해 보였다고 하였다. 신민아의 남편은 집안일두 두와주고, 또 한국어두 직접 가르쳐 준다.

> 빨래 안 하지만 청소 도와줘요. 청소도, 밥도 도와 줘요. 같이 텔레비
> 전 보면 내가 모르는 거 가르쳐요. 한국말, 이거 이거다. 다 이야기해요.
> 나 이해해요. 남편 잘 가르쳐요.(신민아, 4월 13일)

신민아의 친정에 경제적인 도움을 주기도 하고 또 친정식구들을 한국에 초대했다고 한다. 신민아는 그것을 굉장히 고마워했다.

> 신랑도 가끔 얘기해요. 돈 보낼까? 가끔씩 돈 보내요. 도와줘요. 또 그냥 제가, 오늘 엄마 조금 용돈 줘. 그러면 줘요. 조금, 많이 아니고 조금. 여동생 용돈 주세요. 알았어. 돈 줘요. 별로 많이 안 줘요. 조금 줘요. 그래도 좋아요…… 베트남 가족들 여기 오게 하고 싶어요. 나 다음 달 가요, 세 번(째). 엄마, 아빠같이 여기 놀러 와요. 같이 올 거예요. 우리 신랑이 엄마, 아빠, 베트남 장모, 장인 한번 오세요. 딸 어떻게 살아요. 한국 와요. 봐요.(신민아, 5월 8일)

신민아의 남편은 자신은 교회를 안 다니지만 신민아가 사람들과 사귀는 것을 좋아하기 때문에 아이와 함께 교회에 가는 것도 괜찮다고 하였다.

> 제가 마음대로 해요. 신랑은 가는 거 좋아해. 교회…… 신랑은 안 가요. 신랑이 나 가요, 사람 만나요, 이야기해요. 내가 수현이하고 교회 같이 가요.(신민아, 5월 8일)

2) 한국인 며느리로 살아가기

여성결혼이민자의 경우 가족 유형은 부부와 그 자녀인 핵가족보다는 시집가족들과 함께 사는 경우가 매우 많아서 도시지역에서는 14%, 농촌지역에서는 45%로 나타난다(설동훈 외, 2005). 따라서 현실적으로 한국인의 친족으로, 특히 며느리로서 살아가는 것은 이들에게 굉장한 문화충격이고 어려움일 수 있다.

(가) 시집 가족과의 갈등

남편과 시집가족들은 이들에게 성별화된 역할을 강조하고 통제하려고 한다. 의사소통, 세대차이, 문화적 차이 등은 고려하지 않고 여성결혼이민자들을 통제하려 하며 이에 따라 갈등이 생기는 경우가 많다.

타냐는 남편과 같이 시아버지의 가게에서 일했는데, 그때 굉장히 힘들었다고 한다.

> 진짜 같이 일하면서 더 힘들다. 다른 가게보다 돈 더 많이 주는 것도 아니야. 시아버지 가게인데. 시간도 더 많이 열심히 일해야지. 또 끝까지 있어야지. 돈도 많이 안 주고. 남편도 힘들었다고.(타냐, 3월 13일)

시아버지는 타냐가 결혼하기 전에 이혼하고 재혼한 상태였는데, 새 시어머니가 타냐를 많이 괴롭혔다고 한다.

> 두 번째 엄마가 잘못하면 용서 잘 안 해 줬어요. 다 사람인데, 잘못되는 것도 있다고. 그래도 잘 안 받아 줘요. 그때 저도 가게에서 같이 일했는데, 한국말 좀 못 하잖아요. 머릿속에 한국말이 안 들어간다고. 그런데 두 번째 엄마는 다른 러시아 아가씨는 잘하는데, 저는 한국말 못 한다고. 그 아가씨도 저처럼 한국에 와서 금방 배웠다고, 그런데 저는 못 한다고 많이 화났어요. 저는 울었다고. 몇 번이나 울었어. 뭐 가게에서 많이 울었어. 나한테 나쁘게 했어요. 그래서 우리 사이가 안 좋았어요. 러시아 갔다 와 가지고 그만뒀다. 훈제 아빠도 나갔다. 다른 일자리 찾고.(타냐, 3월 13일)

여성결혼이민자들과 남편의 가족 사이에는 항상 긴장관계가 존재하는 것 같다. 시부모나 남편의 허락이 있어야 의사결정이 가능하고, 허락받지 않고 외출했을 경우 심한 꾸중을 한다고 한다(이태옥, 2006). 타냐의 경우도 마찬가지였다.

처음에 훈제 아빠 집에 들어갔어요. 시아버지 말고 진짜 엄마 집에. 한 달 있으면서 뭐 하노. 아무데도 못 나갔지. 우리 시어머니 다 해 준다고. 대화 없이. 그냥 손으로. 그냥 앉아서 엄마가 다 해 준다고, 식빵, 간식 같은 거 다 해 준다고. 뭐 어떻게 해. 이런 거 다 먹어야지. 진짜 심심했다. 나가야지. 시어머니 나가지 말라고, 못 나가게. 길 잃어버린다고. 그래도 나는 알아요. 어려운 거 아니잖아요. 버스 타고 잘못 타면 어떻게 갈 수 없으니까. 걸었다고 많이. 그쪽에 국제시장 쪽으로, 남포동 쪽으로 다 잘 알아요. 그래 가지고 코모도(호텔) 지나가고 국제시장 쪽으로 가고, 큰길로 가고 그러면 잘 갈 수 있다고. 골목 같은 거 못 가고 큰 길은 괜찮아요. 잘 가요. 그래도 우리 시어머니 못 가게 했다고. 집에만 있으라고. 나갔다 오면 야단맞는다고. 다음에 나가지 말라고.(타냐, 3월 13일)

타냐는 나중에 다른 회사에서 일을 했는데, 시아버지와 시어머니가 그만두게 하고 다시 자신들의 일을 도우라고 했다고 한다. 그때의 일을 이야기하면서 타냐는 너무 화가 난다고 하였다.

시아버지 가게에서 다시 불렀어요. 내가 가구회사에서 잘 일하는데. 어머니가 그때 러시아 손님이 많아요. 그래서 오라고. 전기제품 파는 거 한국 사람이 잘 못하니까. 전기제품 파는 거, 하라고. 그때 울었어. 계속 울었어. 계속 눈물 나와서 건드리면 또 다시 눈물 나와요. 안 돼, 나 싫어, 안 가요, 했지만. 전에 가게가 더 낫지. 가게 쪽에서도 그냥 다니라고. 저는 그 가게가 더 낫지. 나는 계속 울고불고.(타냐, 3월 13일)

결혼을 통해 이들이 전통적 한국인 가정에 편입되는 것은 쉬운 일이 아니었다. 집안의 한 가족이 되었다고 해도 아내로서, 며느리로서의 의무만 떠맡게 될 뿐이고, 완전한 가족의 구성원으로 받아들여지게 되는 것은 아니다.

> 시어머니 같이 살았어. 우리 조금 살았어. 맨 처음에…… 일 년쯤 넘었어. 일할 때 많이 안 부딪쳤어. 그다음에 애기 낳고 그때 조금 시어머니 부딪쳤어. 저도 계속 집에 있으니까 시어머니도 계속 집에 있으니까 좀 부딪쳤어. 그때 시어머니 말했다고. 늬들 나가라고…… 며느리 다르잖아. 딸 아니에요. 시어머니 딸처럼 안 해요. 외국 며느리, 아시아, 중국, 일본…… 더 어려워요. 잘못 되면 딸처럼 가르쳐 주고, 이렇게 이렇게 해야지. 안 그래요. 한국 며느리도 들어가면…… 집집마다 달라요. 외국 며느리 정말 어려워요. 더 어려워요. 우리 러시아, 외국 여자들 많이 시집 와 살아요. 하지만 우리나라 시어머니 잘 받아 주고, 잘해요. 여기 외국 며느리 어려워요. 딸 아니에요.(타냐, 4월 10일)

> 우리는 남편이 친정에 가고 하면 얼마나 잘해 줘요. 정말로 딸 하나 데리고 와 달라 그러는데…… 여기 오면 그거 아니잖아요. 시어머니 며느리 힘들게 해요. 이거 해라, 저거 해라, 야단치고.(왕정수, 4월 3일)

장연주는 시아버지와는 아주 잘 지냈지만 시아버지가 돌아가신 후, 시아주버니와 동서가 많이 힘들게 했다고 한다. 그들은 장남임에도 불구하고 시아버지를 모시지 않았는데, 돌아가신 후에는 장남의 권리를 주장했다고 한다. 장연주는 시아버지가 돌아가신 후의 상황을 나에게 여러 번 이야기했다.

> 우리가 사는 집, 시아버지 집, 시아버지 돌아가신 후에 큰아주버님이 와서 싸웠어요. 진짜 무서워요 집에 (있는) 텔레비전은 저를 위해서 샀어요. 근데 텔레비전, 냉장고, 큰아들이 다 가지고 갔어요. 전세방 돈도. 시아버지 돌아가시고 중국 갔다 온 사이에 텔레비전하고 냉장고 가져갔어요. 그거 이상하다. 1년 동안 텔레비 없이, 냉장고 없이 살았어요. 우리 남편 너무 착해요 '마음대로 가져가세요.' 했어요. 우리 중국에는 이런 풍습 없어요. 중국에서는 막내가 모시잖아요. 여기 한국에는 장남이 모시는데 모시지도 않고 빼앗아 가고. 아, 너무 속상하다, 마음이. 나중에 우리

큰 아주버님 다시 와서, 우리 딸 중국어 가르쳐 주세요, 나는 마음이 너무 아파서 안 돼요. 하지만 남편이 사랑해야지 미워하면 안 된다 했어요. 그래서 그 딸 가르쳐 줬어요.(장연주, 4월 19일)

이들은 낯선 나라에서 왔고, 언제 도망칠지도 모르는 말도 안 통하는 여성들이기 때문에, 또 더욱이 우리보다 가난한 나라에서 왔기 때문에 동등하게 받아들이지를 않는다. 우리의 전통적인 며느리의 역할에 있어서도 많은 어려움과 고부갈등이 있는데, 이들의 경우는 더 열악한 환경에 처해 있는 것 같았다.

한국 사람들 성격들이 너무 급해요. 한국 사람이 너무 급하니까는 며느리 입장으로 생각 안 해요. 나름대로 하지만은 뭐…… 무슨 말할 기회를, 옳고 그른 걸 따지지 않고. 무조건 니 잘못했노라…… 제사 때문에…… 시누가 애를 맡기고 우리한테 같이 가자 하더라고요. 그러고 보니까 제산데, 바쁠테니까 차라리 우리가 음식 챙겨먹고 가자, 그래 가지고 우리가 음식을 챙겨 먹고 바로 떠났어요. 결국은 그래 갔는데 좀 늦었어요. 들어가자마자 묻질 않아요. 막…… 욕설을 퍼붓고 늦게 왔다고. 느그 제산데 이렇게 하냐면서 이러면서 뭐 말할 기회도 안 주고…… 너무 성질들이 급해요. 그래서 이제 뭐 무조건 잘못한 거예요. 말할 것도 없고, 그래. 이제 남자들은 알잖아요. 그게 아닌데…… 와서 처음 만난 명절에 그게 와이프가 당하니까 그게 안돼 가지고. 가자…… 근데 그럴 수가 없잖아요. 만약 그길로 가면 완전 다 그게 다 저 잘못 돼요. 그렇게 되면 그래서 그때는 무조건 참고 몇 년 지나서 이야기를 했어요. 그때 이렇게 이렇게 됐습니다. 시누가 남편하고 좀 문제가 있어 가지고 안 좋아 가지고 같이 가자 하는 바람에 이래 이래 됐노라 하니까 왜 그때 말 안 했냐? 그래요. 그래 기회도 안 주고 들어가자마자…… 그래. 지금은 그래도 우리가 한국 문화를 좀 아니까는, 아 그런가 보다. 이랬는데. 그 당시는 도저히 이해가 안 가는 거예요. 그래서 너무 성격들이 급하구나. 며느리 힘들어요. 여기서 저는 처음 맞는 명절에 그렇게 당했거든요.(왕정수, 4월 19일)

(나) 며느리의 역할

이들은 한국여성들이 기피하는 맏며느리로서 역할, 종부로서의 역할, 제사 모시기 등을 기꺼이 하기도 한다.

> 한국 와서 2년 동안 저는 시아버지 돌보았어요. 시아버지 암이니까. 집에서. 2년 후에 시아버지 돌아가셨어요. 시어머니 없어요. 장남 아니지만 형이 아버지 안 봤어요. 둘째 형님 같이 생활 안 해요. 큰 동서가 시아버지 싫어해요. 사이가 안 좋아요. 우리 시아버지 너무 착한 사람이에요. 정직하고 좋아요. 큰 형님 조금 노는 거 좋아해요. 우리 시아버지 안 좋아합니다. 날 딸처럼 좋아했어요.(장연주, 4월 17일)

장연주는 남편이 막내아들인데, 시아버지를 모셨고, 시아버지와는 아주 잘 지냈다고 한다.

> 시아버지 같이 생활 좋아요. 진짜 시아버지 좋아요. 우리 남편 술 안 마셔요. 우리 시아버지 어떤 때 맥주, 일이 너무 힘들어, 그럴 때 맥주 마셔요. 항상 맥주 마시면 연주야, 이리 와. 우리 맥주 마시자. 건배. 이렇게 좋아요. 시아버지 정말 좋아요. 시아버지, 제가 '아버님 밥 먹다'('진지 드세요'의 의미로 말함), 시아버지, 하하하. 우리 시아버지 너무 착한 사람이에요. 이거 해 이런 거 한 번도 없어요. 항상 연주야, 천천히 해라. (장연주, 4월 17일)

상남과 맏며느리는 시아버지를 안 모시고 따로 살았는데 시아버지가 돌아가신 후에 재산을 빼앗아 갔다고 한다.

왕정수는 집안의 종부라고 하였는데, 종부로서의 자부심을 느낀다고 하였다. 남편은 2대 독자, 아이는 3대 독자인데, 제사 모시는 것과 친척집에 갔을 때 느꼈던 종부로서의 책임감, 그런 것들에 대해 긍정적으로 생각하고 있는 듯했다.

남편이 종갓집 장손인데…… 제가 그런 거 전혀 몰랐었고…… 우리는 사촌도 없어요. 고모님 세 분만 있었대요. 애기 아빠가 2대 독자고. 우리 애가 지금 3대 독자. 종갓집 종손인데도, 저는 처음 그랬어요. 애기 아빠한테 화목해요? 하니까는 우리 대가족이다 그래요. 대가족이면 참 화목하겠다 이래했어요. 근데 그 대가족이라는 그게 아니고, 할아버지가 6남매…… 이래 내려온대요. 엄청나게 많지요. 그거는 아니에요. 그래서 아, 말 뜻 차이가 이렇구나 느꼈지요. 제가 작년 추석에 애기 아빠하고 친척이 돌아가신 데, 초상에 갔다 오면서, 고맙다 인사했어요. 제가 그전에는 한국으로서는 종부가 어떤 위친지 몰랐어요. 지금까지 알려고도 하지도 않았고. 이렇게 살다가 나중에 안 되면 중국 가지 이래했었는데. 그게 이제 그 사람 많은 데서 당숙부께서…… 그러더라고요. 종부도 따로 한 잔 부어 줄까? 아, 뭐, 이렇게 칭찬해 주고…… 이렇게 했는데 저는 그것 뜻을 몰랐어요. 제가 아마 착실하게, 가지 않고 사니까 그런다 했었는데, 그런 막대한 책임이 있더라고요. 아, 그래서 이제는 그런 생각 가져요. 제가 조금만 나이 들고 하면, 지금은 촌에 가서 제사 때 가 보면 젊은 사람들 거의 없어요. 늙은 사람들뿐이고. 이제 앞으로는 종부 역할 하고자 해요. 그래도 이게 한국 전통이고 한데…… 우리 애가 굳이 안 하겠다면 어쩔 수 없지만…… 저는 (종손 역할을) 시키겠어요.(왕정수, 4월 3일)

중국교포들은 한국에 사는 한국여성들보다 전통이나 관습을 더 소중히 여기는 것 같았다. 중국에서도 그렇게 살았다고 한다. 왕정수는 자신의 아들이 제사 모시는 것을 당연하다고 여겼다. 그리고 제사 지내는 것에 대해서도 긍정적으로 생각하고 있었다.

음식은 배웠지요. 부모님한테…… 요새는 편안하게 마트에 가도 주문할 수도 있지만, 그래도 정성이다네요. 그래서 그래 하고…… 아직은 경제적으로도 저렴하고…… 처음에는 당황한 거지. 저는 할 줄 모르니까. 계속 앉지도 서지도 못하고 그 불안한 거. 지금은 추석하고…… 더하니까…… 몰아지더라도…… 처음에는 여섯 사람. 열 세분…… 어머니 아버지부터 해가…… 그래 가지고. 증조는 또 시골에 있는지…… 시골에서 안 올라오는데…… 그쪽에서 계속 모셨었나 봐요. 그런데 우리 앞으로 제사 가져가라고…… 숙모님이 안 모시겠다고 그런지…… 남편 쪽에 삼촌하고 숙모님이. 삼촌이 숙모님 때렸어요. 숙모가 안 모시겠다고 하니

까…… 그러니까 너무 당황한 거예요. 내가 뭘 잘못했는지조차도 모르
고…… 그래서 우리가 제사 다 모셔요.(왕정수, 4월 3일)

(다) 도움을 주는 시집가족

시부모가 있는 경우 여러 가지로 많은 도움을 받기도 한다.

남편하고 여자 때문에 많이 싸웠을 때 시아버지가 훈제 아빠한테 많이
야단쳤어요. 시아버지가 나한테도 여기 애들 둘 다 있으니까 참으라고 말
했다고. 내가 이혼한다고 하니까 시아버지가 남편 많이 야단쳤다고.(타냐,
3월 13일)

또 이런 일을 계기로 사이가 안 좋던 시부모와의 관계가 회복되
었다고 한다.

시아버지가 훈제 아빠 많이 야단치고. 우리 불렀어. 새엄마가 이제 나
이 먹었잖아. 몸도 안 좋으니까. 자기도 이제 우리 아니면 안 된다고, 잘
해 주고 싶다고. 가끔 와요. 우리를 작년 추석부터 갑자기 많이 불렀다고.
우리를 원래 안 불렀는데. 시아버지가 보고 싶다고, 오라고. 전에는 둘째
엄마 때문에 안 그랬는데. 이제 사이좋아요.(타냐, 3월 13일)

마리는 시어머니의 간섭을 싫어하기는 하지만, 그래도 도움을
많이 받는 것 같았다. 이사를 준비하는 데 시어머니가 돈을 다 주
셨다고 하였다.

우리 이사해야 해요. 집 알아봤어요. 여기에서 가까운 데. 좀 산 위에.
산동네예요…… 시어머니가 집 구해 주셨어요. 우리 돈 없어요. 없지요,
우리는. 어머니가 다 주세요.(마리, 3월 8일)

　마리의 시어머니는 이번에 황금돼지 해라고 순금으로 황금돼지 목걸이도 선물해 주었다고 자랑하였다. 그리고 같이 밖에 나갈 때는 항상 예쁘게 꾸며서 데리고 나가고 싶어 한다고 하였다.

　　목걸이 주셨어요. 좀 비싸요…… 난 다른 모양 하고 싶은데, 어머니가…… 같이 나갈 때 이거 입어라, 입술 좀 발라라, 많이 해요. 예쁘게 하고 가면 좋아해요. 우리 며느리 하고. 사람들한테.(마리, 3월 8일)

　신민아는 시어머니와 따로 살고 있었는데, 시집 가족들이 자녀 양육 등에 많은 도움을 주고 있었다.

　　시어머니 따로 살아요. 시아버지 돌아가셨어요. 처음부터 따로 살았어요. 시어머니가 따로 사는 거 좋아해요. 우리 시어머니 착해요. 잘해 줘요. 그냥 제가 바빠요. 어머니, 제가 회사 가요. 수현이 좀 봐 주세요. 어머니가 수현이 봐요. 나이 많아요. 76. 아주 착해요…… 남편이 막내아들이에요. 큰아들 지난번 돌아가셨어. 지금 시어머니 혼자 살아. 시어머니 싫어요, 같이 사는 거…… 2003년 12월에 한국 오고, 아기 2004년 10월. 애기 낳고, 그때 형님 많이 도와줘요. 병원 가고. 그때 같이 병원 갔어요. 아이 키우는 거 도와줬어요. 나 몰라요. 다 해서. 시어머니도 임신, 아이 많이 도와줬어요.(신민아, 5월 8일)

　또 제사를 지낼 때도 시어머니와 큰형님이 다 준비하고 신민아에게는 어려운 일을 시키지 않는다고 한다.

　　제사, 큰형님, 시어머니 다 준비해요. 제가 그냥 설거지만. 제사 여자 힘들어요. 하지만 제가 안 힘들어요. 그냥 설거지만. 시어머니 하지 마세요, 나 몰라요. 쉬어요. 나중에 설거지해요. 큰형님도 그래요. 하지 마세요. 나 미안해요. 나중에 설거지 괜찮아요. 안 힘들어요.(신민아, 5월 8일)

물론 나와 함께 이야기를 할 때 대부분 시어머니나 시누이 등 시집식구에 대해서 흉을 보기도 하고 이해할 수 없는 부분 때문에 분가가 꼭 필요하다는 등의 이야기를 하기도 했지만 결국 이들이 한국생활을 할 수 있게 된 과정 중 많은 부분에 시집 가족이 개입 되어 있었다는 것을 알 수 있었다. 이러한 밀접한 관계성으로 인 해 친밀감을 느끼는 경우도 많다.

> 지금은 우리 사이좋아요. 형님이 항상 우리 집에 와요. 우리 남편이 미워하면 안 돼요, 사랑해야지. 자주 만나요. 우리 집에 오고. 이제 괜찮 아요.(장연주, 5월 1일)

혈연 중심의 친족 관계에서 친밀과 억압이라는 상대적 개념(이 태옥, 2006)으로 작용하는 남편과 시집가족들과의 관계는 이들에게 고통을 주기도 하지만, 많은 의지와 도움의 관계이기도 하다.

3) 한국인 어머니로 살아가기

어머니가 된다는 것을 알았을 때의 느낌, 한국에서 아이를 낳아 서 키우는 체험, 즉 양육의 체험과 학교에 보낸 이후의 체험은 이 들이 가장 열심히 오랜 시간 동안 이야기한 주제였다. 자녀를 낳아 돌보는 것은 일반 여성들에게도 많은 시간과 노동, 그리고 관심을 요하는 일이다. 문화와 언어가 익숙하지 않은 여성결혼이민자들의 입장에서는 임신을 하고, 출산하고, 아이를 양육하고 학교에 보내 는 것은 몇 배나 더 어려운 일이다. 특히 이들에게는 이에 대한

조언이나 도움을 줄 수 있는 친정식구나 친구가 없는 경우가 많고,
또 자신의 나라와는 다른 문화 속에서 많은 혼란을 겪는 것 같다.

(가) 임신과 출산, 산후 조리

왕정수는 아이를 임신했다는 것을 알았을 때 걱정을 많이 했고
태교 같은 것은 생각도 못 했다고 한다.

> 외국 엄마들 한 70-80%는 거의 가정환경이 보면 어렵고, 그러면 애
> 기 가지면 경제적으로 너무 많이 걱정하는 거 같아요. 그 스트레스가 애
> 한테 바로 가거든…… 태아 때부터. 여기는 엄마들이 좋은 음악 듣고 한
> 다지만 저희들은 그런 여건이 주어지지 않잖아요. 이 걱정 저 걱정 다 걱
> 정해야 돼요. 그것이 애기가 크면 성격이 애들 보면 조금 문제 있어
> 요…… 너무너무 떨렸어요. 경제적도 그렇고. 애기를 낳아서 어떻게 해야
> 되는지 그런 것조차도 모른다 아닙니까. 저희 애 같은 경우에는 뭐 어른
> 들이 그렇게 키웠다 그런 거 모르니까…… 같이 있는 거 아니니까.(왕정
> 수, 4월 3일)

타냐도 임신했을 때 힘들었다고 한다.

> 나 많이 울었어요. 임신하고. 계속 울었어요. 그냥 울고. 걱정하고. 엄
> 청 울었다고.(타냐, 3월 7일)

신민아도 임신 후 입덧이 심하고 힘이 없어서 한 달 동안 베트
남에 가 있다가 왔다.

> 3개월 입덧 많이 했어요. 너무 심했어요. 너무 힘없어서 못 먹어요. 그
> 냥 베트남 가요. 임신한 다음에. 한 달만 있었어.(신민아, 4월 13일)

타냐와 왕정수는 아이를 낳고 산후 조리할 때 결국 친정어머니를 모셔왔다고 한다.

우리나라는 애기 낳고 고기도 많이 먹고…… 연유, 단백질도 많고 이런 거. 우유도 많이 먹어. 단백질 음식 많이 먹어요. 미역국…… 그때 말 많이 못 하잖아요. 미역국 많이 먹었어요. 미역국만 줬어요. 힘들었어요. 윤제는 아무도 없잖아. 그때 병원에서 나와서…… 시장 갔어요. 그때 조리 싫었어요. 너무 진짜 스트레스 많이 받았다고. 그때 겨울…… 12월 달에 바깥에 애기 데리고 못 나가요. 바깥에 바람 좀 쐬고, 그냥 바깥에 못 나가고…… 너무 추워서 집에 다시 들어와요. 이렇게 애기 잘 때 바깥에 나가야지, 아니면 못 하잖아. 그때 엄마가 한 달 지나서, 엄마 왔어요. 음식 해 주고.(타냐, 3월 7일)

저 같은 경우는 산후 조리 그 때문에 친정 부모님을 모셔 왔어요…… 제가 가야 되는데…… 어떻게 해요. 혼자는 키우기가 어려우니까. 저는 엄마를 모셔왔지만은 엄마 자체가 그쪽 분이고 한국 사는 분 같으면 마음 놓고 하는데 그거 아니니까 모두 걱정이에요. 엄마, 시장도, 길도 가르쳐 드려야 되고, 앉아 있어도 그게 자다 눕고 불안한 거예요. 여기서 아무 걱정 없이 산후 조리가 되는 것이 아니고, 하나에서 열 개까지 …….(왕정수, 4월 19일)

나도 아이를 낳고 산후 조리하면서 많이 힘들었던 기억이 있다. 조리원에서 산후 조리를 했는데, 약간의 산후 우울증도 있었고, 또 아이를 어떻게 키워야 되는지 전혀 몰랐기 때문에 육아책을 읽기도 하고, 친정어머니와 사고방식의 차이로 의견충돌이 있기도 했다. 여성결혼이민자들의 경우 아이를 임신하고 출산하며, 조리하는 과정은 보통 한국여성들보다 몇 배나 힘든 체험이었을 것이라고 생각한다.

(나) 아이 키우기

그러나 그 이후에도 아이 키우는 것은 쉬운 일이 아니었다.

> 우리는 아무 것도 몰라요. 저도 그때 뱃속에 애기 있었는데 엄마가 책 보냈어. 애기 키울 방법이…… 뭐…… 이런 그림? 사진 있고…… 직접 보여 준 거하고 다르잖아. 그래서 옛날 목욕시킬 때 어떻게…… 그래서 그때 훈제 아버지가 잡고, 내가 시키고, 그거 완전히 아니잖아. 어려웠다고…… 애기 조금 울어요. 바로 안고 하지만 너무 안고 하지 말라고…… 그때 애기 조금 울어요. 저만 오면 계속 안고, 안고. 애도 저도 밤낮이 바뀌어서…… 갑자기 울었다고. 힘들었어요. 시어머니 있었지만, 여기 옆에 자고, 안 봤다고. 내가 안고…….(타냐, 4월 10일)

> 남편이 낮에는 봐 주고. 예뻐했어요, 아이를. 그래도 혼자 있으면 어떻게 해야 되는지, 혼자서 키우면서 정말 많이 울었어요.(왕정수, 3월 20일)

나도 아이가 밤낮이 바뀌어 밤새 못 잤던 기억이 있고, 또 남편이 출근한 후에 혼자 아이와 있다가 힘들고 외로워 울기도 했었다. 마리와 신민아의 경우는 시어머니가 아이 키우는 것을 많이 도와주었다고 한다.

> 시어머니 애 안 봐 주면 몰라요…… 저도 시어머니 같이 살았다고. 산후 조리 해 주고, 음식 해 주고. 시어머니 같이 시장가고. 애 키우는 거 가르쳐 주고. 많이 도와 주셨어요.(마리, 3월 13일)

> 시어머니 도와줬어요. 나 어떻게 어떻게 몰라요. 시어머니 아이 키워요. 큰형님도 자주 와요. 도와줬어요.(신민아, 5월 8일)

타냐는 친정 엄마가 같이 살지 않아서 자녀를 어떻게 교육시켜야 되는지도 잘 몰랐다고 한다.

방법이 이런 것들이 있다······ 우리 엄마가 이런 거 여기 오면 가르쳐
요. 학교 들어갈 때 뭐, 뭐 필요하고······ 언제······ 학교 들어갈 때 어떻
게 하고······ 나중에 알았다고. 다른 애들 학교 들어갈 때쯤 다 배웠다고.
글쓰기하고 이거 다 알아요. 알면서 들어가야지. 나는 누구한테 배워요?
시어머니? 아들 키울 때 그런 거 몰라서 힘들었다고.(타냐, 3월 13일)

신민아는 둘째 아이를 갖고 싶지만 자신이 한국말을 모르고 아
이 키우기가 힘들기 때문에 망설이고 있다.

또 낳고 싶어요. 생각 있어요. 하지만 지금 무서워요. 한국말 잘 몰라
요. 아기 키우기 힘들어요. 몰라요. 수현이 생각해요. 외로워요. 동생 필
요 있어요. 하지만 어려워요. 힘들고.(신민아, 5월 8일)

유치원에 보낼 때도 이들은 보육료를 지원받을 수 있다는 것을
몰랐다고 한다.

(유치원) 원장님도 우리 돈 조금 내도 되는 거 몰랐어요······ 둘째 때
는 이제 알아요. 오래 살다 보니까는 주위에는 이런 거 있다. 정보를 주
고 하니까······ 그래서 둘째 때는 유치원 돈 싸게 내고 다녔어요.(왕정수,
4월 17일)

우리 은영이, 은수는 돈 다 냈어요. 몰랐어요. 이런 거 있는 거. 생각
해 보니 아깝네. 비쌌어요. 20만 원?(마리, 3월 13일)

타냐는 어린이집 원장이 이야기해 주었지만, 무슨 서류를 준비
해야 될지 몰라서 큰 애는 그냥 보냈다고 한다. 둘째는 너무 비싸
서 어린이집에 보내지 못하고 있었다.

우리는 원장님이 바로 이야기했었어······ 하지만 뭐 뭐 쓰는 거 몰라.

애기 아빠도 몰라요. 그래서 그냥 다녔어요. 윤제는 아직 못 다녀요. 너무 비싸다고. 더 올랐어. 26만 원쯤? 우리 못 낸다고.(타냐, 4월 10일)

이들은 아이가 아픈데도 어떻게 해야 될지 몰라서 병원에 제대로 가지 못했다. 의사소통이 안 되고, 병원 시스템이 너무 복잡해서 선뜻 갈 수가 없었다고 한다.

애기 아빠 없을 때, 그때 애가 열이 나는 거예요. 열 나면 싸면 안 된다네. 제가 몰랐어요. 애가 아픈데 그대로 교회 갔어요. 나중에 보니까 열이 많이 나고…… 정말 큰일 날 뻔 했어요. 남편이 부산에 없었지. 이웃사람도 그때는 모르고. 덕천동에서 이사 온 지 얼마 안 돼서. 일요일이니까 응급실도 혼자는 어떻게 해야 되는지도 모르고. 그때 온 지는 일 년 반 됐는데…… 그 전에 제가 한국 생활 못해서 친정에 많이 가 있었거든요.(왕정수, 3월 20일)

병원에 가더라도 혼자 못 가고 남편이나 시어머니와 같이 가게 되며, 설명을 해 줘도 모르는 경우가 많다.

애기 병원 갈 때 우리 같이 병원 갑니다. 애기 아빠 같이. 우리 병원 같이 갔다 왔다고…… 엄마들 많이 애기 아빠 일 때문에 바쁘니까 같이 못 가요. 이 진짜…… 힘들어요.(타냐, 3월 13일)

병원에 가면 너무 복잡하고…… 어디가 어딘지…… 당황하고 그래요. 그러니까는 애가 아프면 애기 아빠가 옆에 있어 줘야 되니까…… 일을 빠지더라도 그래 해 줘야지…… 의사한테 뭐 물어보지 못해요. 이야기해도 모르고. 너무 힘들어요. 애가 아픈가 하면 쩔쩔매는 거예요. 병원에 가면 여기 가라 저기 가라 검사도 많은데 뭐 어떤 걸 해야 되는지.(왕정수, 3월 20일)

지금은 혼자 가요. 소아과 갈 수 있어요. 처음에는 신랑 같이, 애 아플 때 신랑 같이. 지금은 제가 혼자 가요. 신랑 바빠도 어떻게 해, 제가 잘

몰라요. 같이 갔어요. 그냥 직장 조금 늦게 가요. 괜찮아요. 의사 선생님
어떻게 얘기 몰라요. 그냥 신랑한테 전화해요. 선생님이랑 신랑이랑 전화.
난 아직도 이야기 몰라요.(신민아, 5월 8일)

(다) 취학

자녀가 초등학교에 들어가면서 이들의 걱정은 더 커졌다.

> 우리는 한국문화, 한국역사에 대해서도 모르고…… 무슨 교육을 어떻
> 게 받고 하는지 몰라요. 보면 일 학년 때는 엄마들이 해 주는 준비물들도
> 많아요. 그런 거 같은 경우에 저 같은 경우에는 가게를 했었기 때문에 집
> 에서 여유가 있어서 해 주지만은…… 직장 다니는 외국 엄마들, 거의 보
> 면 어려워서 직장 나가는 분들 많잖아요. 살기도 급급한데 완전 문화 틀
> 리다 아닙니까…… 어떻게 해 줘야 되는지 몰라요.(왕정수, 3월 15일)

신민아는 아직 자녀가 유치원생인데도 학교에 대한 걱정을 하고
있다.

> 지금 유치원 다니고. 학교 가서 어떻게, 걱정해요. 나 동화책 안 읽었
> 어요. 아이 글 몰라요. 내가 글씨 가르치고 싶어요. 못 알아요. 못 가르쳐
> 요. 그래서 아빠가 해요. 우리 수현이 지금 0부터 10까지 알아요. 공부시
> 켜야 해요. 학교 걱정 많이 해요.(신민아, 4월 13일)

문화가 다르기 때문에 이들은 자녀의 학교교육에 이떤 도움을
주어야 하는지를 모른다. 또 여성결혼이민자들의 자녀들은 유아기
에 한국어를 잘 못하는 외국인 어머니와 함께 있음으로써 언어발
달이 지체되고, 학습 이해도가 낮다. 단지 '엄마가 외국인이기 때
문에' 친구로부터 따돌림을 당하는 경우도 있다.

한글 잘 못하고 이렇게 문제 많아요. 자기 엄마가 외국 사람이라
서…… 힘들어요. 한글 못 읽기 때문에 완전히 다른 반…… 다른 애들은
같이, 우리 애는 완전히 따로 혼자서 선생님 가나다라 이런 거 배웠다고.
다른 거 수학 이거 들어가요. 한글 국어 다르게, 다른 교실 옮겨서……
학교(는) 학생들 많이 (있기) 때문에, 30명 더 많이 있으니까 수업을 잘
못 들어요. 이 때문에 학원 보내요. 학원 보내도 학원비 많이 들어야지.
많은 가족들 이렇게 못해요. 우리 아버지 하루 벌고 살아요. 월급 아니
고.(타냐, 3월 7일)

타냐의 두 아들은 서양인의 외모를 가지고 있다. 그래서 학교생
활이 더 힘들었던 것 같다.

일반학교에서 애들이…… 우리 같은 애들, 아빠 한국 사람 엄마 외국
사람…… 조금 다르잖아, 서로 싫어하지. 이웃끼리도. 또 우리 아들도 보
면 친구들 같이 안 놀았다고.(타냐, 2월 23일)

자녀들이 수업을 잘 따라가지 못했기 때문에 경제적인 부담을
느끼면서도 사교육을 시켰다고 한다.

학습지를 2년 정도 했다고. 한글, 수학, 나머지는 한자. 그때 많이 배
웠어요. 나중에 학원 보냈다고.(타냐, 3월 7일)

저희들 같은 경우에는 일어했어요. 영어를 전혀 안 했었거든요. 그래
서 영어 가르치는 거 몰라요. 엄마가 모르고. 여기에는 보면 엄마가 미술
음악, 기본적으로 엄마들도 미술 못해도 음악은 어느 정도 악보 보고 이
래 하니까. 중국에는 실정이 학교에서 그런 거 안 했거든요. 그거 전혀
모르지…… 학교 보내면 그거 숙제는 꼭 있지. 애는 해 달라 하지 (학원
을) 안 보낼 수가 없어요…… 조금 보냈어요. 개인적으로 제 애 같은 경
우에는 그림 그리는 거 너무 좋아해요. 그렇지만, 몇 년째 학원 못 보내
거든요. 학원비 그런 것도 문제가 되고, 그래서 안타깝지요…… 중국에서
는 거의 학교에서 음악이고 미술이고 다 해 가지고. 이렇게 특별히 따로
하는 거 없었거든요.(왕정수, 4월 3일)

우리 아이들도 학습지 했어요. 안 할 수가 없지. 내가 모르는데 어떻
게 해요?(마리, 2월 27일)

이들은 자녀에게 자신의 출신국 언어를 써야 하는지, 한국어로
만 해야 하는지 갈등을 겪기도 한다. 또 언어 때문에 자녀의 학습
을 도와주기가 어렵다.

한국어로 할까 러시아 말로 할까 잘 모르겠어요. 숙제 못한다고, 수학.
설명 어떻게 해 줘야 하는지 모르겠어요. 한국말로 할까, 러시아 말로 할
까. 러시아 말로 하면 못 알아들어요. 하지만 한국말로 수학 잘 몰라요.
어떻게 해요? 알아도 설명을 못 해 줘요. 나중에 수학 보니까 곱하기 빼
기 이런 거 잘해요. 하지만 (한국말) 설명 있으면 어려워(해)요. 그냥 수
쓰는 거 아니고 규칙, 설명 있는 거 이런 거 힘들어요. 한국어 모르니까
다른 거 다 어려워요. 국어도 조금 어려워요.(타냐, 3월 13일)

저는 그런 말을 해요. 가끔씩, 우리가 지금 한국도 아니고 중국도 아니
잖아요. 우리가 한국에서 계속 있을 것 같으면, 우리 애도 지금 우리처럼
한국말조차도 제대로 못하고, 중국말 해 가지고 어려움을 겪게 하고 싶지
는 않다. 굳이 한국에서 자라야 되면 한국어라도 정확히 하면 좋겠다, 엄
마들은 이렇게 못해요. 한국말 옳게 못해. 힘들잖아.(왕정수, 4월 3일)

그러나 타냐는 러시아어도 가르쳐 러시아에서 공부하게 하고 싶
다고 한다. 하지만 그녀의 남편은 반대한다.

애들이 러시아 말 안 하고 한국말도 제대로 안 하니까. 조금 아직 헷갈
려요. 아직 제대로. 다른 부모 보면, 이다 도시[43] 같은 사람…… 이다 도시,
프랑스 사람…… 그때 방송 찍었다고. 아이들 프랑스 학교 가요. 한국 학교
아니고, 애기 보여 줬다고. 완전히 애기 프랑스말 말해요. 그래서 남편이 자
기 마누라한테, 안 된다고. 우리 한국 사람(이니까) 한국말 알아야지 이렇게

---

43) 이다 도시는 프랑스에서 온 여성으로 한국 남성과 결혼하여 현재 한국에 살고 있다.
　　그녀는 방송출연도 많이 하고, 또 광고에도 많이 나온다.

안 하고. 더 좋지요. 우리 훈제 아빠도 그랬어. 하지만 나중에 말해요? 지금 화낸다고. 러시아 말 하면. 지금 제 생각에, 앞으로 생각한다고. 우리도 두 가지 선택이 있으니까. 러시아 가면 되고 그때도 갔다 왔잖아. 다 잘 키워요. 할머니 말 잘 듣고. 그때는 러시아 말도 3개월 동안 했다고. 여기 오면 안 한다고. 신랑 시부모님 있으니까, 하지만 러시아 말도 가르치고 다 해야지. 이런 거 안 되고 하지 말라고 시부모님이 그래요. 두 가지 말 배우지 말라고. 훈제 학교 들어갈 때…… 러시아 말 하지 말라고. 한국말만 쓰라고. 이런 거 그랬다고. 학교에서 훈제, 한국말 제대로 못하는데, 러시아 말 하지 말라고. 어렵지. 애가 이제 완전히 포기해요. 맨 처음 엄마 쪽으로 조금 따라 해요. 나중에 안 해요. 러시아 말 안 해요.(타냐, 4월 10일)

이들은 자녀들의 영어교육에 대해서도 관심이 많았다.

힘들어. 한국에 너무 영어 욕심 많아요. 텔레비전에서 나왔다고. 완전히 집안이 영어만 말해요. 여자 아이, 둘 다 초등학교 하고 유치원 아이 하고. 막내도 영어 잘해요. 완전히 영어 말해요. 옛날에 텔레비전에서 보여 줬다고. 오래 됐어요. 우리 어떻게 해요? 영어 몰라요.(타냐. 3월 7일)

저는 얼마 전에 아이가 영어숙제를 가지고 왔어요. 가르쳐 달라고. 그런데 저는 영어를 안 배웠어요. 우리는 안 배웠잖아요. 한 문장인데 몰라서, 몇 시간 걸려도 모르겠어요. 얼마나 미안한지. 어떻게 영어 가르쳐요? 도와줄 수가 없으니…….(왕정수, 4월 3일)

우리 아빠는 영어가 최고라고. 영어 모르면 안 된다고 해요. 지금도 영어 부족하대요. 더 많이 배우라고. 한국에서는 영어 알면 다 된다고. 저는 천천히 배워도 되는데…… 많이 배워야 한다고.(마리, 2월 27일)

한국의 학교제도에 익숙하지 않고 교육에 대한 정보도 부족하다고 느끼고 있었다. 또 자녀가 커 가면서 자녀의 진로에 대해 걱정한다. 정보도 없고, 모르기 때문에 어떻게 해 줘야 되는지 알 수가 없다고 한다.

이제 조금 커 가면서 애 진로 문제 과연…… 인문계가 뭔지…… 우리
는 솔직히 그런 거조차도 모르잖아요. 애한테 미안한 감 들지요. 과연 내
가 조금 더 있으면 이 애하고 대화가 가능할지…… 앞으로 어떻게 해 줘
야 될지. 애는 만화 그리고 싶어 하는데, 진로를 어떻게 해야 되는지. 그
런 것 때문에 저가 선생님하고 별로 상담도 안 했었어요. 이제 앞으로는
해야지요…… 지금까지는 학교에 안 갔으니까. 뭐…… 이제 문을 열어야
되는데 문 열기가 쉽지 않았어요.(왕정수, 4월 3일)

어렸을 때는 거의 몰랐었는데…… 커 가면서 학과목에 대한 이런 거
전혀 가르쳐 줄 수 없잖아요. 한국 사회에 대한 그런 것도 그렇고. 애들
진로문제에서 제일 고민되는 거예요. 애들과 대화가 안 되는 거예요. 학
교 선생님한테 가기도 좀 두려워요. 솔직히, 빨리 엄마가 한국에 정착이
돼야 애한테 도움을 줄 수 있겠다. 엄마들이 모른다니까. 한국에서 어떻
게 해 줘야 되는 거.(마리, 5월 1일)

나. 지역사회 구성원으로 살아감

1) 사회적 지지망[44] 형성하기

새로운 세계에서 산다는 것은 새로운 친구를 사귄다는 것을 의
미할 수도 있다. 이전에 한국어를 가르칠 때 외국인 학생들은 한
국에 와서 새로운 많은 사람들을 사귀고, 그들 덕분에 한국생활이
나 한국어 공부가 즐겁다고 많이 이야기하곤 하였다. 대부분의 학
생들은 수업시간에 "어떻게 하면 한국어를 잘 할 수 있어요?"라든
지, "어떻게 하면 한국에서 즐겁게 살 수 있어요?"라는 질문을 하

---

44) 사회적 지지망은 지속적으로 도움을 제공하며 삶에 대한 대처능력을 강화시켜 주는 사
람들로 구성된 집단이다(Garbarino, 1983). 일반적으로 친구와 이웃사람을 이야기한다.

면, "한국 친구를 사귀면 돼요"라고 대답하곤 하였다. 그동안의 자신의 나라에서 만났던 인간관계와는 다른 사람들과의 만남은 인생에 다른 의미를 주는 것 같았다. 나도 처음 부산에 와서 아는 사람이 없고, 가족 외에는 일상의 이야기와 고민을 나눌 수 있는 사람이 없을 때 무척이나 힘들어했던 기억이 난다. 그 이후로 시간이 지나면서 이웃도 사귀고, 친구가 늘어 가면서 그런 기억은 희미해졌지만, 연구참여자들의 체험을 들으면서 그때의 기억이 생생해졌다. 남편이 집에 오기 전까지 하루 종일 말할 사람이 없어, 말도 알아듣지 못하는 아기와 대화를 나누거나, 전화를 하거나, 아니면 라디오를 틀어 놓기도 하였다. 사람들과의 친밀한 대화, 관계가 그리웠다.

여성결혼이민자들의 경우 한국어 학습에 있어서도 가족 외의 바깥사람들과의 언어적 접촉은 매우 중요한데(왕한석·한건수·양명희, 2005), 이들과의 접촉으로부터 보다 많은 언어적 자극을 받고, 또 다양한 실제적, 사회적 상황에서 언어의 규칙을 알고 실행할 수 있기 때문이다. 또한 어려운 일이 있을 때 같이 이야기하고 도움을 줄 수 있는 사회적 지지망을 형성한다는 것은 이들의 한국생활에 많은 도움을 줄 수 있다. 따라서 이들이 어떻게 친구를 사귀고 유지하는지가 한국생활의 적응에 큰 영향을 미친다는 것을 알 수 있다. 결혼이 이혼으로 끝난 사람들 가운데 부부불화로 어려웠을 때 도움을 청할 사람이 전혀 없었다는 사람이 40%라는 연구결과(설동훈 외, 2005)에서도 알 수 있듯이 여성결혼이민자들이 주체적 삶을 살기 위해서는 지역사회와 맺는 관계와 지지망이 중요하다. 누구나 사회적인 관계를 맺으면서 살듯, 여성결혼이민자들에게도 사회적 관계는 중요하다.

(가) 외부와 단절된 생활

처음 한국에 왔을 때 연구참여자들은 새로운 사람들과 친밀한 접촉을 행할 수 있는 상황이 아니었다. 이들은 처음 한국에 와서 가족들하고만 일상생활에서의 상호작용을 하였고, 바깥 세계와는 단절된 채 살았던 것 같다.

> 처음 결혼해, 집에만 있었다구. 시어머니하고 말 안 해요. 남편하고 러시아 말만 해요. 그래서 한국 친구 없어요. 마리하고 여기 친구들밖에 없어요. 힘들고 어려운 일 여기서 다 이야기해요.(타냐, 3월 7일)

> 한국 와서 2년 집에만 있었어요. 시아버지 같이. 밖에 어떻게? 시아버지 밥 준비해요. 밖에 안 나가요. 시아버지 아파요. 나 같이 집에 있어. 밖에 많이 안 나가요.(장연주, 4월 19일)

타냐도 아이가 큰 후에도 별로 밖에 나가지 않았다고 한다.

> 저는 여기 있는 러시아 사람도 잘 안 만나요. 여기 와서 바깥에 잘 안 나가요. 집에 있고 싶어요. 나 심심하지 않아요. 나가지 않아도 괜찮아요. 나 손으로 뭐 만드는 거 좋아해서 이런 거 있으면, 일이 있으면 밖에 나갈 일 없어요. 친구 있으면 하루 종일 다니고 이야기 많이 하고 먹고 그런 거 싫어요. 집에 늦게 들어가고. 그런 거 싫어요.(타냐, 3월 7일)

왕정수는 처음 한국 와서는 남편 때문에 여기 저기 이사 다니면서 이웃을 사귈 기회가 없었다고 한다. 그리고 조선족에 대한 시선 때문에 스스로 사람들과 어울리고 싶어 하지 않았다.

남편 따라 이사 많이 했어요. 사귈 틈 없었지. 친구 없었어요. 나 스스로도 사람들 안 만났어요. 우리 조선족, 나쁘게 많이 생각해요. 나도 사람들 같이 있는 거 안 좋아했어요.(왕정수, 3월 15일).

(나) 새로운 관계형성의 어려움

여성결혼이민자들에게 가족이 아닌 새로운 관계를 형성한다는 것은 어려운 일이다. 하밍타잉(2005: 65)의 베트남 여성에 대한 연구에서도 베트남 신부들은 언어적인 제한도 있고, 사회활동도 거의 하지 않기 때문에 한국인 친구가 없는 경우가 56%로 나타난다. 이들도 한국 사람들과 사귀는 것은 어렵다고 하였다.

타냐는 아이가 학교에 들어간 후에 몇 번 학부모 모임에 참석하기는 했지만 어울리지는 못했다고 한다.

> 외국 사람들은 멀리한다고. 학교 다닐 때 엄마들하고 처음에 안 만났어요. 나중에 만나서 놀았어요. 엄마들끼리 보낸다고. 한국 엄마들끼리 물어봐요. 앉으면 이야기하고 커피 마시고, 하루 종일. 안 따라가면 안 돼요. 우리 집에 한 번 두 번 부르면. 계속 와요. 엄마들 왜 그런 사람도 있어요. 너무 남의 일 간섭하고. 우리 집 와서 냉장고도 열어 보고. 그다음에 안 나가요. 처음에는 불렀는데, 나중에는 안 나가니까, 불러도 안 나가니까. 나는 일 때문에 바빴어요. 큰애 1학년 때 임신했어요. 안 만났어요. 이제는 안 불러요…… 그래서 아빠가 갔어요. 우리 아빠는 좋아해요. 모임에 가요. 나는 혼자 집에 있어요.(타냐, 2월 23일)

타냐는 한국 이웃과 깊이 있는 사귐은 불가능하다고 생각하고 있었다.

> 러시아 사람은 그런 거 잘 이야기 안 해요. 우리나라가 이런 거 있다고. 자기 집안일 밖으로 안 해요. 이렇게 이야기 안 한다고. 속상한 거 이

런 거 여기에서만 조금 해요. 전에 우리 신랑하고 싸웠잖아. 그런 얘기하면 돌아와요. 나중에 뭐라 뭐라 했어. 이런 이야기 돌아와요. 그래서 이런 거 안 해요. 한국 사람 그래요. 맨 처음에 사이좋으니까, 이야기해요. 집 이야기하고, 나중에 그 사람하고 싸우면 이런 거 나중에 뭐라 뭐라 그래요. 우리나라는 이런 거 조금 싫어해요. 너무 가까이 하면 안 돼요. 너무 가까우면 나중에 싸운 다음에 힘들다. 나 집에 있는 거 좋아요. 친구 별로 없어요. 별로 생각 안 하고. 한국 친구 별로 없어도 돼요.(타냐, 2월 23일)

장연주는 한국인 친구가 한 명 있다고 하였다.

　　한국 친구 있어요. 이거 저는 학원(에서) 가르칠 때 중국 가서 저 대신 선생님 있었어요. 한국 사람이에요. 중국말도 잘해요. 친해요. 어려운 일 항상 의논하고 항상 만나요. 다른 사람 없어요. 말 몰라요. 못해요. 친구는 중국 사람도, 한국 사람도 한 명 정도. 좋은 친구, 마음 안에서 말도 할 수 있는 친구(는) 이렇게 원래 많이 없어요.(장연주, 4월 13일)

같은 여성결혼이민자끼리는 서로의 환경과 처지를 이해하고 의지할 수 있기 때문에 친구관계가 형성되기도 하지만, 그렇다고 해서 출신국이 같다고 서로 친구가 되는 것은 아니었다. 이들에 대한 정부의 지원책에서는 같은 출신국 여성결혼이민자들의 자조모임에 대해 강조하는데, 이들이 같은 나라에서 왔다고 친구가 되고, 인간적 관계를 만들 수 있는 것은 아니었다. 자국에서의 배경이나 현재의 상황이 다르기 때문에 친밀한 관계로 나가는 데 어려워 보였다. 실제로 왕정수와 장연주는 가까운 관계였지만 그들 외에 중국에서 온 3명의 여성결혼이민자들은 한국어를 서로 가르쳐 주고, 가끔 이야기를 하는 정도의 관계였지 그렇게 친밀해 보이지는 않았다. 타냐와 나타샤도 같은 러시아에서 왔지만 기관에 와서 얘기를 하는 정도였지 따로 서로 연락해서 만나거나 하는 관계는 아니었다. 또 마리나 신민아도 마찬가지였다.

왕정수는 한국에서 친구가 거의 없다.

> 어디서 친구 만나요? 나는 처음에 가게 했어요. 이웃은 조금 알지만 친구라고 하기는…… 친구 사귀기 어려워요. 여기에서 친구 없지요, 별로…… 학교 모임도 안 나가고. 중국 사람들도 안 만나요. 처음 우리 남편하고 그 사람들 도와주고자 했어요. 어려운 사람들. 하지만 그 사람들이 싫어해요. 우리는 도와주고자. 그 사람들 이해해요. 자신들 드러나는 거 안 되니까. 연락 싫어해요. 그 다음에 우리 안 해요.(왕정수, 3월 15일)

여성결혼이민자의 행동방식이나 사고방식은 한국인과 달라서 처음 한국에 이주하여 한국인들과 친밀한 인간관계를 맺는 것은 쉽지 않아 보인다. 국제결혼 이전에도 남편이나 시집가족들의 사회적 지위나 지지망은 허약한 상태였다(이태옥, 2006). 따라서 이들과 가족관계를 이루면서 여성결혼이민자들의 지지망도 취약하게 되는데 이러한 사회적 지지망 형성의 어려움 때문에 그들이 주류사회에 진입하는 것은 한계가 있다고 할 수 있다.

(다) 친구를 사귀기 위한 노력

마리의 경우는 스스로 적극적으로 친구를 만들고자 노력했다고 한다.

> 저는 제가 학교 다니는 것처럼 하도 많이 가서 타냐 언니랑 달리, 내가 먼저 가서 이야기하고, 그 사람은 모르는 척하고, 진짜 그렇게 했어요. 처음 그때, 그렇게까지 할 때 많이 힘들었어요. 본래 내 성격이 앞에 나서지 못하고 그런 성격인데, 바뀌었어요. 바뀐 거예요. 사람들하고 많이 만났어요. 이야기하고, 모임가고. 이제 친해요.(마리, 2월 23일)

마리는 자신의 자녀를 위해서 일부러 적극적으로 한국 사람에게
다가갔고, 그래서 가까운 사이가 되었다고 한다.

애들 때문에. 애 낳고 보통 혼혈아들이 힘들다는 거 그때 처음 알아
가지고. 그래서 유치원, 학교 열심히 다녔어요. 애들 때문에. 나는 그래도
운이 좋은 것 같았어요. 주변의 언니들 말로는 네가 먼저 이야기 꺼내고
네가 먼저 다가오니까 우리가 더 가까워질 수 있었다, 이렇게 말하시더라
고요. 저번에 한번 그렇게 말했어요. 다들 참 잘해 줘요. 제가 제일 막내
고, 안쓰러워하고, 옆에서 도와주고, 그러니까 나도 가까워지고……(마
리, 2월 23일)

마리는 이이가 초등학교 4학년인네, 아식도 조능학교 1학년 때
학부모 모임에 계속 나간다고 한다.

처음에는 이런 성격 아니에요. 부끄럽지요. 어색하고. 그래도 먼저 다
가갔어요. 끼워 달라고…… 지금은 친구들, 언니들하고 학부모 모임도 자
주 하고 그래요. 전화도 자주 해요. 언니들한테 얘기하면 많이 도와주
고…… 한국 친구 필요해요. 도움도 받고. 정보도 많이 얻는다고요. 안
쓸쓸하고.(마리, 2월 23일)

마리는 한국인과의 사귐에 대해 무척 긍정적이었다.

신민아도 한국 친구가 여럿 있다고 하였다. 신민아는 먼저 이야
기하면 다 잘 해 주기 때문에 한국 사람들은 사귀기 쉽다고 하였
다. 그리고 그들에게서 많은 도움을 받고 있었다.

한국 친구 사귀기 쉬워요. 제가 먼저 말해요. 그럼 동네 아줌마 다 착
해요. 저를 다 도와줘요. 여기 친한 친구 많아요. 옆집 아줌마 많아요. 이
야기하고 도와주고. 다 친구예요. 요리도 배웠어요. 옆집 사람 아줌마한
테. 이렇게 이렇게 만들어 이야기해요. 나는 배워요. 물어봐요. 어떻게 했

어? 같이 교회도 가요. 자주 만나요. 이야기 많이 해요.(신민아, 5월 8일)

2) 외국인으로 살아가기

이들에 대한 사회적 지지보다는 편견과 오해가 더 많다. 여성결혼이민자들에 대해 '돈 때문에 시집 온 가난한 나라'의 여성들이라는 차별적 시각이 전제되고, 이들을 아내로 선택한 한국남성들도 '가난하거나, 장애가 있거나, 나이가 많은' 우리 사회의 주변화된 남성들로 인식된다(이태옥, 2006).

(가) 차별적인 시선들

이들을 바라보는 차별적인 시선은 이들을 힘들게 하는 주요 요인이었다. 이들은 자신이 외국에서 왔다는 사실 때문에 한국에서 생활하기가 어렵다고 하였다.

> 한국에서 외국인 살기가 안 쉬워요. 말 어려워요. 마음이 이렇게 통하지 않아요. 이상하게 봐요. 안 좋아해요, 우리를. 처음에 싫었어요. 마음 아파. 그러나 저 지금 괜찮아요. 원래 통하지 못해요. 조금 어려워요.(장연주, 4월 13일)

이들은 또 다른 사람들의 시선에 굉장히 민감했다. 왕정수는 실수로 시내의 어느 서점에서 책을 들고 왔다고 한다. 자신의 짐 밑에 있는 것을 모르고 들고 왔는데, 돌려주겠다고 하면서, 만약 나올 때 직원들이 알았다면 큰 망신을 당했을 거라고 이야기했다.

　　얼마나 놀랐는지. 나중에 알고…… 정말 가슴이 벌렁벌렁 했어요. 생
각만 해도, 지금도. 만약 내가 들고 나올 때 삐 소리 났으면, 아마, 조선
족이 그랬다고, 다들 난리였을 거예요. 정말 다행이에요…… 이따가 돌려
주러 갈 거예요.(왕정수, 4월 17일)

왕정수는 항상 외국에서 왔다는 걸 의식하고 산다고 한다.

　　항상 조심스러워요. 한국 사람들이 우리를 어떻게 볼 지. 더 흠 안 잡
히게 살아야지. 한국 올 때 기대 많이 했는데. 같은 민족이…… 막상 오
니까 시선은 그게 아니니까 더 안타까웠어요. 저는 꼭 같은 민족 찾았는
데 하필이면 그게 국제적 결혼이 되어 버려서…… 조선족 너무 안 좋게
봐요.(왕정수, 4월 17일)

　　연구가 진행되는 동안 어느 방송국에서 여성결혼이민자들과 그
자녀에 대해 취재하기 위해 기관에 왔다. 주로 왕정수와 타냐를
인터뷰했는데, 나도 그 인터뷰를 옆에서 보면서 같이 질문하기도
하고, 인터뷰를 도와주기도 했다. 인터뷰 도중 왕정수는 눈물을 글
썽이면서 자신의 이야기를 했다. 자신의 체험에 대해서는 지금까지
남들한테 이야기하고 싶지 않고, 이해해 주지도 않을 것 같아서
이야기하지 않았다고 하였다. 그러면서 정말로 방송국 인터뷰를 통
해 하고 싶은 말을 하겠다고 하였다.

　　전 정말 내가 조선족이라는 거 숨기고 싶었어요. 특히 애들 학교에는.
한국 사람들은 조선족이라는 거 알면 의심하고, 차별하고. 왜 그래요? 우
리는 같은 한민족인데…… 우리가 무슨 잘못 있습니까? 할아버지 나라
왔어요.(왕정수, 4월 19일)

　　또 자신이 한국에 이주했을 때는 지금과 같은 지원정책이나 지

원기관이 전혀 없었기 때문에 많은 차별과 편견 속에서 정말 혼자
서 그 많은 어려움을 헤쳐 나갔다고 한다. 그리고 자신이 겪은 그
어려움들을 다른 여성결혼이민자들은 겪지 않았으면 하기 때문에
인터뷰에 솔직한 자신의 체험과 심정을 털어놓는다고 하였다.

> 우리 때는 한국어 교육, 문화교육, 지원, 이런 거 하나도 없었어요. 정
> 부에서 관심도 안 가지고. 정말 우리는 힘들었어요. 그런데 지금 지원 많
> 지만 우리, 뭐, 할 수 없어요. 시간도 없고. 우리한테 안 맞아요. 지금은
> 사람들도 많이 좋아졌어요. 처음에 와서 계속 감시를 받으면서 살았어요.
> 항상 보면 여기는 어딥니다. 잘살고 있습니까. 저가 무슨 죄짓고 온 거
> 같고 그랬었지요. 그래 아마 4-5년 걸리는 거 같아요. 저는 와서 얼마
> 안 돼서 바로 국적을 바꿨거든요. 그때만 해도 오는 사람들이 별로 없어
> 서 바로 됐었어요. 그랬었는데도 오히려 동사무소에서…… 뭐, 이렇게 왔
> 습니다, 이렇게 하는 것이 아니라…… 건성으로 뭐 심문받는 듯해요. 그
> 래서 화도 냈었어요. 뭐 아니 제가 뭐 잘못 그런 거 한 거 있습니까. 왜
> 자꾸 이런 전화가 오냐. 이사 가면 또 오고, 처음에는 조금 당황했었지요.
> 지금도 아마 오는 분들 그런 전화를 받을 거구만요. 그래도 전에 보다는
> 조금 많이 좋아진 걸로 알고 있어요…… 분위기 많이 좋아졌어요. 전에
> 는 정말 힘들었어요.(왕정수, 4월 19일)

그러면서 현재 방송되고 있는 여성결혼이민자 관련 프로그램들
을 많이 보지만, 자신들의 모습을 왜곡되게 표현하는 것 같다고
이야기하였다. 너무 학대받고 어려움에 처해 있는 모습만을 부각시
키는 것 같다면서, 그렇게 하면 더 차별만 받을 거라고 이야기했다.

> 항상 맞아요, 이혼하고, 도망가요. 불쌍하고. 왜 그런 모습만 있습니까?
> 한국 사람들 우리 그렇게 봐요. 불쌍해, 그리고 더 싫어해요. 그렇게 하
> 지 말고 좋은 모습, 열심히 사는 거 보여 주세요.(왕정수, 4월 19일)

> 그런 프로 본다고. 가끔 화나요. 왜 저래. 안 그런 사람 많아요. 저건

거 보면 우리 더 이상하게 생각, 사람들이 더 이상하게. 왜 그래요?(타냐,
4월 19일)

타냐도 왕정수와 같은 생각을 가지고 있었다. 신민아는 어떤 프
로그램은 여성결혼이민자들의 모습을 너무 미화시켜서 보고 싶지
않다고 하였다.

제가 그 프로 많이 안 봤어요. 안 좋아요. 아니요, 그냥 몰라요. 거기
다 이야기해요. 그냥 좋아요. 문제없어요. 그런 프로그램 우리나라도 있
어요. 캄보디아도 있어요. 다 외국 사람하고 결혼해요. 텔레비 나오는 사
람 다 좋아요 말해요. 어려운 거 얘기 안 해요. 안 보고 싶어요. 다 안 좋
아요. 어려운 기 있어요.(신민아, 5월 15일)

신민아는 자신은 좋은 한국 남자와 결혼해서 다행이지만 자신의
여동생들한테는 국제결혼을 권하고 싶지 않다고 하였다.

제 여동생 많아요. 한국 남자 결혼하지 마세요. 제가 말해요. 다른 사
람 많이 힘들어요. 저는 다행이에요. 하지 마세요. 내 혼자 됐어요. 국제
결혼 안 돼요.(신민아, 4월 13일)

이들은 여성결혼이민자들을 동정의 시선으로 바라보면서 한편으
로는 이들에게 편견을 가지고 차별하는 우리 사회의 이중성을 지
적하였다. 왕정수는 또 조선족에 대한 이야기를 하였는데, 문제가
많다는 생각들을 하지만, 사실은 의사소통이 가능하기 때문에 그런
것 아니냐는 이야기를 하였다.

다른 민족은 말이 안 통하고 하니까, 안 좋은 일을 당해도 언어상으로
불편하니까 참고 있어요. 말을 할 줄 모르니까 시키는 대로 하고 기계처

럼. 조선족들은 말이 통하니까 자기가 부당하면 말을 하고, 사장 입장에
서는 그걸 자르는 거예요. 그거는 나쁜 건 아니에요. 한국 사람한테 당하
니까 나쁘게 할 수밖에 없는 거예요. 어떤 곳에 가면 필리핀 사람들만 공
장에서 일을 한다고 들었어요. 그런 데서는 뭐 잘못 돼도 반항할 애기를
할 수 없잖아요. 말을 몰라서. 그래서 여기서 하루 일하면 거기 가면 한
달. 이러니까 그런 사람들은 할 수가 있어요.(왕정수, 4월 19일)

한국 정부의 정책이 제대로 안 돼 있어서 이런 차별이 더 생기
는 것이라고도 이야기했다.

어제도 들었어요. 그런 쪽에서 일하는 사람들 때문에 한국 사람 임금
도 낮고, 일자리도 없고 적어지고 그렇다고. 그렇게 하지 말고, 그러면
왜 그렇게 무작정 받아들여요. 정책 문제예요. 나나 연주 씨처럼 와 있는
사람들, 진짜 합법적인 사람들, 이주여성들, 직업 훈련시켜 가지고 내보
내면 그런 것도 해결되고…… 일이 터진 다음에 수습하고 하니까, 그러니
까 자꾸 신종 사기가 생기고 정말 힘들어요. 더 차별해요.(왕정수, 4월 19일)

(나) 자녀에게 미안한 마음

이들이 외국인으로서 가장 힘든 것은 자신에 대한 차별보다도,
자녀가 받는 차별이다. 왕정수는 자신 때문에 아이가 힘들까봐 일
부러 학교에 가지 않았다고 한다. 그러다가 여성결혼이민자에 대한
정부의 관심이 증가하면서 실태조사를 하게 되어 엄마가 중국에서
온 것이 학교에 알려지게 되었다고 한다.

놀림 있어요. 메이드 인 차이나…… 그래서 저는 애들한테(피해) 갈까
봐. 일절 엄마들 모임 안 나갔었어요. 저는 감추고 살았었어요. 저는 일
반 사람들은 알아도 학교 엄마들은 모르게…… 애들 놀리는 거 싫어서,
애들 충격받을까 봐 그랬었는데, 그런데 주민등록등본 떼면 그게 딱 돼
있어요. 국적 취득했는데, 한국 국적, 항상 중국은 따라 다녀요. 작년에

이주 여성 지원한다, 조사한다 하면서 학교에 조사 나오고 하면서 애들이 알게 됐어요. 요즘 많이 조사한다고. 조사 안 하면 되는데, 조사하면서 나타나니까 그래서 학교 남자애들이 메이드 인 차이나. 딱지 붙여 가지고. 그래서 저희는 그런 소리까지 안 들어요? 다른 애들은 중국애들 더럽다…… 그런대요. 그래서 속상하냐? 그때는 어떻게 하냐? 그때는 그냥 한 대 때려 버려. 한 대 쳐 버려. 여자앤데도 초등학교니까 남자 여자 그 거 없이, 그렇다고 어떻게 해요.(왕정수, 3월 20일)

따라서 될 수 있으면 사람들이 많은 곳에서는 말을 안 하는 편이다. 말을 하면 사람들이 자신을 쳐다보고, 자신이 ‘조선족’이라는 것을 금방 알기 때문이라고 한다. 아이들도 학교에서 놀림을 받는다고 한다.

나도 부산으로 이사 와서 사람들 앞에서 말을 하면 억양이 다르기 때문에 금방 사람들의 시선이 집중됐다. 그런 것이 싫고 위축되어서 일부러 사람들 많은 곳에서는 말을 안 하기도 하였다. 사람들은 자신들과 다른 것을 낯설어하고, 어색해하는 것 같다.

왕정수는 작은 애가 선천적인 언어장애가 있는데, 사람들은 그것도 엄마가 외국인이기 때문에 그런 것 아니냐고 할 때 제일 마음이 아프다고 한다.

저 같은 경우에는 작은 애가 지금 언어장애가 있거든요…… 선천적이었는데, 키우면서 그런 말 많이 들었어요. 엄마가 중국에서 왔기 때문에 애가 말을 못 하는 거냐고. 선천적인 거 때문에 그런 거였는데…… 제가 우리 애는 좀 다릅니다 함에도 불구하고, 엄마가 중국 엄마라서 애가 그렇지 않냐면서, 애들도 그 말을 따라서 흉내 내고, 참 가슴 아팠지요.(왕정수, 3월 20일)

신민아도 나중에 자신의 딸이 자신 때문에 차별받을까 봐 걱정하고 있었다.

> 수현이, 엄마 베트남 사람인 거 몰라요. 아직. 나중에 수현이 커요. 다른 아이 놀려요. 네 엄마 외국 사람이다, 놀려요. 제일 걱정이에요. 유치원 아직 몰라요, 괜찮아요. 애들 몰라요. 나 유치원 자주 가요. 선생님, 베트남 엄마 알아요. 잘 해 줘요. 나중에 수현이 크면 8살 때 아이들 많이 놀리는 거 걱정해요. 아이 학교 가면 걱정해요.(신민아, 4월 13일)

마리의 두 아이는 모두 엄마를 닮았다. 한국에 와서 처음에는 잘 모르다가 나중에 한국에서 혼혈자녀들을 차별한다는 것을 알게 되었다고 한다.

> 아이를 낳고, 한국에서는 혼혈아들이 굉장히 힘들다는 걸 알았어요. 그러니까 좀 충격인 것 같아요. 어디로 가야 될지, 이민 가야 되지. 한국 사람이 이상하게 봐요. 나를 쳐다봐요, 나를. 그냥 나 무시해요. 누가 뭐라 해요. 그러면 그만큼 힘들죠. 무시해도 힘들어요. 그게 쌓이면 다 신랑한테, 울고. 애들 어떡해요.(마리, 2월 23일)

그래서 정신적으로도 문제가 생겨 병원에도 다니고, 두통이 심해 약도 많이 먹었다고 한다.

> 우울증 걸리고 정신과 치료 좀 받았어요. 이것저것 쌓이는 게 많잖아. 약을 먹으래요. 내 보고, 아니면 마음을 비우든가. 얼마나 힘드는지…… 한약부터 해 가지고. 내가 하루가 멀다고 머리가 아프고. 신약을 먹질 못해 가지고 한약을 먹었어요. 한 달 넘게 두 달 정도. 그것도 얼마나 비싸요? 어떻게 맨날 먹어요? 정말 애들 생각하면 걱정이에요.(마리, 2월 23일)

그러다가 아이들의 학교를 다문화가정의 자녀를 위한 학교로 옮기고, 많이 나아졌다고 한다.

여기 오고는…… 거의 다 안 아파요. 거의 생활이 안정됐잖아요. 이제
안 아파요. 미래 생각하면 걱정이지만 지금 좋아요. 애들도 차별 안 받고.
좋아요.(마리, 2월 23일)

왕정수는 자녀들이 자신 때문에 차별받는 게 마음 아프지만 그
래도 자녀들한테 당당해지려고 한다.

저는 당당하게 얘기해요. 엄마는 그쪽에서 살았었고, 아빠하고 사랑해
서 왔고…… 굳이 엄마가 중국 엄마라서 수치로 그렇게 여기진 않아요.
근데 자랑이라고는 아직 아니에요. 애도 어리고 아직까지는 메이드 인 차
이나가 그래 좋지 않게 보고 하니까, 썩 좋아하는 그런 거는 없어요. 미
안하지요. 아이한테.(왕정수, 3월 20일)

(다) 외국인에 대한 이중적 잣대

타냐의 경우는 조금 달랐다. 러시아에서 왔지만 백인이고, 또 아
이들도 엄마를 닮아서 머리는 금발이고 눈은 초록색이다. 그렇기
때문에 사람들이 다 미국과 같은 서양 사람이라고 생각하고 무시
하지 않았다고 한다.

저는 이런 거, 차별 안 받았어요. 왜냐하면 한국은 이런 거 있어요. 서
양 사람(을) 한국 사람(이) 조금 위로 봐요. 아시아 사람(은) 밑으로 봐요.
저를 미국사람 알았다. 할로우 하고, 한국말로 안녕 히고 …… 이런 서 하
고 우리, 할로우, 왜? 바로 미국 나와요. 미국, 어 미국사람. 왜 미국밖에
없어요? 다른 나라 몰라요. 나중에 이런 거 쇼핑 같은 거 가면, 보통 아
가씨들이 뭐…… 뭐…… 이야기하고, 이쁘다고 내 이야기하고 있다고.
저는 일 때문에 진시장 나가고, 한복 때문에, 지나다가, 이쁘단 말 많이
들었어요. 나쁜 말 많이 안 들었어요. 이런 거 몰라요.(타냐, 2월 23일)

타냐의 큰 아들 훈제도 유치원 때 학부모들이 미국 아이라고 생

각했다고 한다.

한국인은 외국인을 대할 때 외국인의 국적에 따라 이중적인 잣
대를 가지고 대한다. 서구문명에 대해서는 사대주의와 함께 다소
열등의식이 깔린 불신을 보여 왔고, 반면 제3세계인들을 대하는
한국인의 태도는 그 바탕에 자민족 중심주의와 인종주의 같은 문
화심리적인 경향을 두고 있으며, 후진국에 대해서는 극단적인 우월
의식을 과시한다(하밍타잉, 2005). 따라서 서양 사람의 외모를 하
고 있는 타냐와, '후진국'에서 왔음을 보여 주는 외모를 가지고 있
는 마리나 신민아, 그리고 '조선족'임을 드러내는 말투를 사용하는
왕정수가 받는 차별은 다를 수밖에 없다.

장연주는 자신이 차별받은 경험을 이야기했다.

왕정수도 이런 차별 때문에 이제는 아이들을 위해 나중에 중국
에 보낼까 생각도 하고 있었다.

중국은 아마 안 좋다. 이것도 중국 거, 저것도 중국 거, 모든 거 나쁜 거는 다 중국 거예요. 한국산인데도 불구하고 나쁘면 다 중국 거 되는 거예요. 그만큼 힘들죠…… 전에는 한국에서 살려고 했는데, 요새는 생각이 조금 달라졌어요. 이렇게 오래 살았지만 계속 주위에서 (조선족들) 비난 받고, 같은 민족으로 가슴 아파요. 조선족들 이야기는 내 일은 아니지만 같은 민족으로서. 저는 중국인이 아니에요. 아이들을 그렇게 살게 하고 싶지 않아요. 중국 보내서 공부시킬까 생각 중이에요.(왕정수, 3월 20일)

(라) 정체성

왕정수의 국적은 한국이다. 그러면서 자신의 정체성에 대해 의문이 든다고 하였다. 중국교포인 경우 자신을 외국인이라고 생각하지 않고 한국인이라고 생각하지만 막상 한국인들은 자신을 외국인으로 대한다고 하였다.

조선족은 중국 사람이래요. 나는 한국 사람인데. 국적도 저 한국이에요. 그때만 해도 한 번 중국 들어가려면 여기서 또 신청해야 하고, 돈 들고, 남편 입장에서도 넉넉하지도 않고, 매번 그런 서류 시간적으로도 금전적으로도 그렇고. 어차피 이 한국에 살려고 그랬으니까. 그런데 나는 한국 사람인데 그렇게 생각 안 해 주니까 문제예요. 한국 사람인데 나는 한국 아니에요. 내 정체가 뭔가? 중국이야? 한국이야? 애들은 한국 애들이에요. 같은 민족. 그런데 그렇게 안 받아 줘요. 중국에서는 당연히 한국이다, 한국에서는 중국이다.(왕정수, 4월 17일)

장연주도 국적이 한국이다.

작년 4월에 국적 바꿨어요. 한국에 2002년 12월에 왔어요. 2년 여기 살고 신청, 그다음에 1년 정도 기다려요. 1년 서류 서울 보내고 조사하고, 방문하고. 시험은 안 봤어요. 그다음에 1년 정도 지나서 받았어요. 요새는 확실히 사나 안 사나 조사 나간대요. 전 한국 사람이라 생각 안 해요. 전 중국 사람이에요. 한국 사람 절대로 아니에요.(장연주, 4월 17일)

장연주는 남편 때문에 국적을 바꾸기는 하였지만 자신은 절대로 한국 사람이 아니라고 하였다. 장연주의 아버지는 국적을 바꾼 것을 모른다고 한다.

우리 아빠 (국적 바꾸는 것) 반대했어요. 우리 아빠 항상 전화 와서 '중국 같이 와. 중국 대학에서 가르치고 남편도 대학원 공부할 수 있어요. 한국 국적 바꾸면 어려워요.'해요. 중국 가려면 다시 신청해야지요. 다시 바꾸면 너무 번거롭다. 그래서 우리 아빠가 '안 돼요. 절대로 안 돼요.' 우리 남편, 바꾸세요, 바꾸세요. 우리 아빠 몰라요, 지금도. 그거 말하면 우리 아빠 너무 슬프다. 우리 남편이 아버지 말 듣지 마세요. 남편 말 들어야지.(장연주, 4월 17일)

왕정수는 자신들은 다 부모님 가슴에 대못 박은 사람들이라고 하면서 목이 메었다.

마리는 아직 네팔 국적을 유지하고 있지만 이제 한국 사람이 다 되었다고 한다. 처음에는 네팔에 가서 살 생각도 했기 때문에 국적을 유지하고 있었지만 지금은 아이들 때문에 국적을 바꾸려고 생각 중이다. 마리는 같이 식당에 갔을 때도 김치찌개, 순두부찌개 같은 음식을 주로 시켰다. 그리고 마리가 식당 아주머니에게 주문할 때의 모습은 나보다도 더 한국 사람 같았다. 오히려 부산의 문화에 익숙하지 않은 내가 더 이방인 같은 느낌이 들 정도였다. 그러나 마리는 자신이 완전히 한국 사람이라고 생각하지는 않는다.

이제 오래됐으니까 한국 사람 다 됐지요. 그래도 나 네팔 사람이에요. 얼굴도 다르고. 애들은 한국 사람. 모르겠어요. 나중에 네팔 가면 네팔 사람 되겠지요.(마리, 2월 27일)

국적이 한국인 타냐도 자신은 한국 사람이 아니라고 한다.

> 나 한국 국적이에요. 하지만 한국 사람 다 나한테 러시아 사람 한다고.
> 나 러시아 사람이지요. 러시아에서 태어나고 컸으니까. 우리 애들 다 한
> 국 국적이라고. 애들은 한국 사람이지. 어려워요.(타냐, 3월 7일)

이들은 자신의 정체성에 대해서 혼란을 느끼는 것 같다. 거의 한국 사람이 다 됐지만 한국 사람은 아니라고 느끼고, 자녀들은 한국 사람이다. 그들이 이렇게 느끼는 것은 그들은 차별의 눈으로 바라보는 우리 사회의 시선 때문일 수도 있다. 마리는 아직도 한국 사람들이 자신들을 특별한 눈으로 보는 것이 싫다고 한다.

> 아직도 애들 손잡고 지나가면 이렇게 봐요. 우리 신랑 우리 나갈 때
> 나하고 같이 안 걸어가요. 뒤에서나 앞에서. 사람들 보는 거 싫어해요.(마
> 리, 2월 27일)

마리는 언제나 모자를 쓰고 다닌다.

> 나 모자 많이 써요. 모자 안 쓰면 미워요. 머리, 여기 너무 많다고. 곱
> 슬거리고. 그거 보기 싫어서 나 모자 써요.(마리, 2월 23일)

우리에게는 앞머리에 잔머리가 너무 많아서 모자를 쓴다고 하지만, 내가 보기에는 한국인과는 다르게 생긴 자신의 얼굴을 가리고 싶어 하는 것 같았다.

신민아는 한국에 온 지 얼마 안 돼서 한국 국적을 취득하지 못했다. 1년 전에 신청은 했지만 아직 국적을 바꾸지 못했다고 한다.

신민아는 딸 수현이 때문에 빨리 한국 국적을 가지고 싶다고 하였
다. 그러나 자신은 베트남 사람이라고 이야기하였다.

> 국적 신청했어. 아직 주민등록 안 나왔네. 신청했어요. 2년 지났고. 신
> 청했어요. 1년 전 한국 국적 신청. 아직은 베트남. 나는 국적은 한국, 한
> 국 사람. 머리는 베트남사람이에요. 수현이는 한국 사람. 그냥 한국 사람
> 이에요. 나중에 한국 학교, 보통 학교 보내고 싶어요. 그냥 한국 사람같
> 이. 수현이 한국 사람이에요. 베트남 말 싫어요. 안 가르쳐요. 도망가요.
> 엄마 시끄러워요. 한국말만 잘해요. 저보다 더 잘해요. 한국 사람이에요.
> (신민아, 4월 13일)

그러나 딸 수현이는 한국 사람이라고 단정적으로 이야기하였다.

11. 한국생활 적응의 장애요인

인간은 자신에게 주어진 환경에 적응하면서 살아간다. 적응에는 여러 장애요인들이 존재한디. 여성결혼이민자들은 자신들에게 낯설고 두려운 환경에서 살면서 나름대로의 전략을 세워 중심으로 들어오려고 한다. 적응의 장애요인들에 대해 과감히 맞서고, 때로는 환경을 변화시키면서, 때로는 자신이 적응하면서 한국사회의 중심으로 들어오고자 하는 것이다. 이러한 과정은 여성결혼이민자 개인의 노력을 요하기도 하지만, 궁극적으로는 교육적 개입이 필요하다. 따라서 본 장에서는 이들의 체험 과정 속에서 추출되는 적응의 장애요인들과, 그러한 장애요인들을 극복하기 위한 교육적 요구에 대해 살펴보고자 한다.

가. 의사소통의 어려움

대부분의 여성결혼이민자들이 겪는 가장 큰 어려움은 한국어를 몰라서 의사소통이 제대로 되지 않는 것이다. 한국어를 배운다는 것은 이들을 '한국 사람으로서' 살게 해 줄 수 있는 첫 단계라고 할 수 있다. 연구참여자 중 중국교포인 왕정수를 제외하고는 모두 한국어를 하나도 모른 채 한국에 왔다고 한다. 마리의 경우는 처음 한국에 와서 남편이 네팔어를 조금 할 수 있었기 때문에 네팔어로 의사소통을 하였지만 시집 가족들과는 전혀 의사소통을 못했다고 한다. 마리는 한국에 와서 12년 동안 살면서 한 번도 교육기관이나 교재를 이용해서 한국어를 제대로 배워 본 적이 없다고 하였다. 그냥 일상생활에서 배운 한국어이기 때문에 기초부터 배우지를 않아서 모르는 것이 많다고 하였다.

여기저기 다니면서 배웠어요. 어디서 배운 게 아니라 신랑 따라 계속 여기저기 전국을 다녔지요. 신랑 따라 다니다 보니까 그냥 배운 거예요. 학교는 여기가 처음이에요. 말 배운다는 건. 쓰기 이런 건 혼자서 공부했어요. 제대로 이야기하고 싶지요.(마리, 3월 13일)

말하기는 굉장히 유창했지만, 가끔 조사를 틀리게 사용했고, 받아쓰기가 정확하지 않았다. 또 자신은 뉴스 듣기 등은 거의 못한다고 하였다.

사람들은 발음이 좋아서 잘한다고 해요. 그래도 나 쓰기는 못해요. 텔레비전 뉴스도 전혀 못 들어요…… 지난번에 여기서 회의 있었어요. 선생님들하고, 엄마들하고. 근데 나 앉아서 모르는 단어 너무 많아요. 선생님 말하는 거. 그래서 다 적어 놨어요. 이거 뭐지? 무슨 뜻이지? 어려운 단어 몰라요. 한자도 모르니까.(마리, 3월 13일)

그래도 마리는 한국어를 잘하기 때문에 자녀들이 학교에서 언어적인 면에서 큰 부족함을 느끼지 않았다고 한다.

우리 애들 한국말 문제없어요. 학교에서도 잘하고. 선생님이 얘기했어
요. 잘한다고. 이제는 내가 애들한테 배워요.(마리, 3월 8일)

신민아는 2개월간 한국말을 공부하고, 그 이후에는 남편이나 텔
레비전을 통해 공부했다고 한다. 자신이 한국말을 잘 모르기 때문
에 수현이가 하는 말을 잘 모를 때가 있다.

제가 한국말 많이 몰라요. 공부하고 싶어요. 2005년 2개월 공부했어요.
초급 2. 집에 신랑하고 같이 텔레비전 보고 신랑이 가르쳐 주고. 내가 물
어봐요. 무슨 말. 신랑이 가르쳐 줘요…… 뉴스 들을 수 있어요, 조금. 남
편하고 뉴스 보고, 드라마 보고. 재미있는 프로그램 많아요. 텔레비전 보
면 한국말 공부에 좋아요. 수현이도 어린이 방송. 많이 봐요. 생각, 학교
더 다닐까. 수현이 때문에 고민이에요. 나 한국말 몰라요. 어려워요. 한국
말 배워야 아이가 공부 잘한다. 공부 생각 있어요. 지금 수현이 한국말
잘해요. 지금 제가 무슨 말 몰라요. 어려워요. 바빠서 못해요. 하지만 공
부해야 돼요. 답답해요. 저 어떻게 살아요.(신민아, 4월 13일)

한국에 처음 왔을 때도 의사소통이 안 돼서 많이 힘들었다고 한다.

시어머니 어떻게 해요. 처음 너무 힘들어 많이 싸웠어. 한국말 몰라요.
손으로. 한국말 잘 몰라요. 너무 힘들어요. 지금 괜찮아요.(신민아, 4월 13일)

신민아는 현재 한국어 공부의 필요성을 절실하게 느끼고 있었다.
대학기관에서 공부할 때는 좋았지만 너무 비싸서, 무료로 가르치는
곳을 찾고 있었다고 한다. 그러다가 얼마 전에 동사무소에서 하는
한국어 교육 프로그램에 참가했는데 많은 실망을 했다고 한다.

무료로 공부하는 곳 잘 몰라요. 제가 동사무소 있어요. 들었어요. 한국
어 가르쳐요. 제가 하루 가요. 다시 안 가요. 제가 싫어요. 2급, 3급 없어

요. 다시 기역, 아, 야, 어, 여, 제가 재미없어요. 안 가요. 책도 없어요.
안 가요.(신민아, 5월 8일)

자신은 벌써 2개월을 공부했는데, 동사무소에서 하는 한국어 프
로그램은 완전히 초급이라서 자신한테 맞지 않는다고 하였다.

왕정수는 읽고 쓰는 것은 문제가 없었으나 자신의 말하기는 너무
억양이 달라서 처음에는 사람들 앞에서 말하기가 두려웠다고 한다.
그리고 지역적 특성 때문에 어쩔 수 없이 사투리를 배웠다고 한다.

저희는 이북하고 비슷해요, 한국말이. 이북하고 한국하고 억양이 틀리
고. 저희는 부산에 와서 사니까 사투리도 배우고, 억양이 지금까지 안 고
쳐진다 아닙니까. 앞으로 어떻게 해야 될까. 내가 말하면 사람들이 다 알
아요. 중국에서 온 거.(왕정수, 3월 20일)

왕정수는 자신의 조선족 억양에 사투리까지 섞여서 말이 이상해
졌다고 하면서 어떻게든지 표준어를 제대로 배우고 싶다고 하였다.
왕정수는 앞으로 취업도 하고 싶고, 또 자녀들 때문에도 고급 한
국어를 배우고 싶다고 하면서 시간이 되면 나에게 한국어를 배우
고 싶다고 이야기했다.

고급 한국어 배우고 싶어요. 취직하고, 애들하고도 얘기하고 그러려면.
선생님한테 배우고 싶어요. 표준어도 그렇고. 내 말, 이 말도 저 말도 아
니지요. 다 섞여 버려서. 선생님 말처럼 쓰고 싶어요.(왕정수, 3월 20일)

마리도 특히 표준어를 배워 보고 싶다고 하였다.

다른 지역에 가면 (부산에서 온 걸) 아는 거지요. 우리가 어디서 왔는

> 지. 가족들하고 부산말 쓰고, 다른 데 가면 표준어 쓰고 둘 다 필요해요.
> 서울말 같은 거 다 표준어잖아요. 다 '요'자 붙이요. 그랬어요, 했어요.
> 그게 더 이상하게 들릴 때가 있거든요. 어른하고 이야기할 때. 나는 부산,
> 마산, 대전 전국 다니면서 말 배웠어요. 그러니까 말이 완전히 부산도 아
> 니에요. 그래도 표준어 쓰고 싶어요.(마리, 2월 27일)

그 말을 듣고 나는 여름부터 이들한테 한국어를 가르쳐 줘야겠
다고 생각했다.

왕정수는 또 듣기, 쓰기, 읽기 등의 영역은 전혀 문제가 없지만
한국어가 너무 외래어를 많이 써서 모르는 어휘가 많다고 하였다.

> 처음 와서 빵구가 무슨 말인지 몰랐어요. 키, 그런 것도 너무 많이 쓰
> 는 것 같아요. 좋은 말, 열쇠, 쇳대 이런 거 있는데, 왜.(왕정수, 3월 15일)

타냐는 처음 장사를 하기 위해서 한국에 왔었기 때문에 러시아
말을 많이 썼고 한국어는 별로 사용하지 않았다고 한다. 그녀의
남편도 러시아 말을 어느 정도 하기 때문에 남편과의 의사소통은
됐지만 다른 가족들과는 잘 이야기를 하지 않았다고 한다.

> 남편하고 러시아 말만 했다고. 결혼하고 나서 처음은 시집에서 시어머
> 니랑 같이 살았어요. 시어머니 러시아 말 몰라요. 이야기 안 했어요. 그
> 냥 손으로, 이렇게.(타냐, 4월 10일)

그녀는 한국어를 제대로 못 배운다고 시어머니한테 안 좋은 소
리도 많이 들었다고 한다.

> 우리 시어머니는 둘째인데, 한국말 못한다고. 야단쳤다고. 어떻게 해?
> 나 글자 싫어요. 책 안 읽어요. 싫어요. 한국말 어렵다고.(타냐, 3월 13일)

타냐는 아직도 한국어 능력이 떨어졌다. 그녀와 인터뷰를 할 때는 몇 번이나 다시 그녀가 말한 의미를 확인해야 했고, 가끔 러시아 교포인 나타샤가 통역해 주기도 하였다. 그녀는 한국어가 정말 어렵다고 이야기했다.

> 나는 (한국어가) 머리에 안 들어와요. 어떻게 해요. 여기 한국어는 끝소리하고 첫소리하고 다르잖아. 발음이 쓰기하고 다르니까. 어려워요. 나는 아들한테 한국어 배워요. 아들이 엄마한테 가르쳐요. 왜냐하면 저도 쓰기, 읽기 뭐 이런 거 조금만 배웠다고…… 저도 제대로 못 배웠어요. 그러니까 우리 아들이 잘해요, 요즘.(타냐, 3월 13일)

그녀의 큰아들은 처음 초등학교에 들어가서 국어시간에는 따로 개인수업을 받았다고 한다. 엄마가 한국어를 잘 모르고, 또 남편이 러시아 말을 잘해 집에서 러시아 말을 썼기 때문에 아이가 한국어를 잘 못 한 채 학교에 들어가게 되었다고 한다.

> 우리 애는 국어는 따로 배웠어요. 내가 한국말 못하니까. 수학도 그대로 더하기 빼기는 잘하는데, 이렇게 설명으로 말로 되어 있으면 무슨 말인지 몰라서. 내가 러시아 말 많이 써서. 집에서. 우리 훈제가 한국말 못했다고.(타냐, 3월 13일)

구지은(2006)의 연구에서도 자녀의 취학 전 여성결혼이민자 본인이 직접 한국어를 가르친 경우는 10%에 불과했고 대부분 어린이집, 친척, 남편에 의존해야 했다. 따라서 여성결혼이민자들의 이러한 요구를 반영해 실제로 한국어 중급반의 교재를 초등학교 1학년 1학기 읽기 교재로 사용하고 있는 기관도 있다.[45]

---

45) 부산의 장선 복지관의 경우는 한글교실에서 초급반은 여성가족부 교재를, 중급반은

또 타냐는 러시아어의 경우 문법이 잘 발달했는데, 한국어는 문법책이 제대로 없어서 공부하기 어렵다고 이야기했다. 시중에는 러시아어로 번역된 한국어 교재도 있는데, 그런 것에 대해 전혀 정보가 없는 것 같았다. 또 여성가족부에서 만든 여성결혼이민자를 위한 교재도 들어 본 적이 없다고 이야기했다.

> 왜 한국어 문법 책 없어요? 우리 러시아 말 책 많다고. 문법 이렇게 이렇게. 한국어 책 너무 없어요. 몰라요…… 우리 위한 책? 몰라요. 못 들어 봤어.(타냐, 2월 23일)

타냐는 둘째 아이한테 동화도 읽어 주고 한국어도 가르쳐 주고 싶지만 자신이 잘 말하지 못하기 때문에 할 수 없다고 하였다. 타냐의 둘째 문제는 언어발달이 느리다.

> 동화 읽어 주고 싶지요. 책도, 집에서…… 하지만 나 한국말 나빠요. 못해요. 아이한테 못해 줘요.(타냐, 3월 13일)

여성결혼이민자들의 언어적 문제의 요인은 이들의 가족들이 한국어 공부에 대한 필요성을 느끼지 못하거나 소극적 태도를 보이는 경우가 많다는 것이다. 장연주는 한국에 온 지 5년이 됐는데, 생활한 햇수에 비하면 한국어가 서툴렀다.

> 한국말(실력)이 안 좋아요. 다른 사람과 교류 없어요. 저는 한국말 잘 못해요. 처음에 2년 동안 저는 시댁에서 일하고 시아버지와 같이 생활,

---

여성가족부 교재와 초등학교 1학년 1학기 읽기 교재를 번갈아 사용하고 있다. 부산 외국인 노동자를 위한 인권모임인 어울림의 경우에도 고급반의 교재로 초등학교 교과서를 사용하고 있다.

장연주의 이야기를 듣고 왕정수가 이야기했다.

구지은(2006)의 연구에 따르면 여성결혼이민자들이 남편과 대화할 때 주로 사용하는 언어가 한국어인 경우가 74%이고, 시댁가족들과 대화할 때는 한국어가 86%로 남편과 대화할 때 보다 더 높게 나타난다. 자녀들이 가장 잘 사용하는 언어도 한국어가 79%이다. 이렇듯 한국어의 비중이 높기 때문에 한국어를 제대로 하지 못하는 여성결혼이민자들의 경우 의사소통의 어려움을 많이 겪는다. 따라서 남편들도 아내의 출신국 언어를 배울 필요가 있다. 실제로 타냐와 왕정수, 장연주의 남편들은 러시아어와 중국어로 의사소통이 가능하다. 그러나 마리와 신민아의 남편은 네팔 말과 베트남 말을 몰랐다고 한다. 마리의 남편은 처음에는 몰랐지만 나중에 네팔 말을 배웠다.

그러나 신민아는 남편과의 의사소통에서 어려움을 많이 겪었다.

이제는 신민아기 이느 정도 한국어를 할 수 있게 뇌었지만, 의
사소통이 제대로 되지 않는 것은 여러 갈등을 야기할 수 있다. 여
성결혼이민자 가족들의 경우 보통 언어를 배워야 하는 책임이 여
성에게만 지워지지만, 마리와 타냐, 왕정수, 장연주의 경우를 보면
남편이 아내의 나라의 언어를 하는 것은 여성결혼이민자들의 적응
과 한국생활에 큰 도움이 된다. 따라서 남편들이 아내의 모국어를
아는 것도 중요하다.

또 이들은 영어교육의 필요성도 많이 이야기했다. 왕정수의 경
우에는 대학교육을 받고, 교사였지만 영어는 기본적인 것도 모른다
고 하였다.

마리의 경우에는 남편이 굉장히 영어교육을 강조한다. 지금도 학

교에서 영어를 배우고 있지만 남편은 그것도 부족하다고 한다.

우리 신랑은 영어가 최고래요. 영어 알아야 나중에 잘한다고. 지금 학교에서 영어 배우는 거 안 된대요. 더 많이 해야 된다고…… 이 학교를 선택한 것도 영어가 마음에 든다고…… .(마리, 3월 8일)

그런데 자신은 영어를 하나도 몰라서 걱정이라고 하였다.

타냐도 영어 걱정을 하였지만 자신은 원래 글자나 책과 거리가 멀기 때문에 자신이 가르칠 생각은 못 하는 것 같았다.

우리 훈제 영어 못한다고. 러시아 말만 조금. 나도 모른다고…… 다들 학원 보내고…… 나도 보내고 싶지만 비싸요. 어떡해. 몰라, 나도. 어떡해.(타냐, 3월 13일)

이들은 모두 영어의 필요성을 절실히 느끼고 있었다.

나. 문화차이의 벽

여성결혼이민자들은 한국어뿐만 아니라 한국문화에 대한 기초적 배경 및 교육도 없이 한국에서의 혼인생활을 시작한다(왕한석, 2005). 이질적인 문화권의 사람들이 결혼을 통해 가정을 이루고 생활하게 되면서 문화차이로 인한 갈등은 깊어진다. 따라서 이들도 문화교육의 필요성을 느끼고 있다.

일단은 저희들이 문화도 그렇고 많이 모르니까는 무조건 한국 사람들한테 많이 붙어 가지고 하나부터 모르는 거 가르쳐 달라고 애를 먹이고, 따라다니며 배우는 거 그것밖에 없는 거 같아요. 어떻게 알겠어요? 혼자서 알아 가기에는 문화차이가 너무 커요. 누가 가르쳐 주는 것도 아니고. (왕정수, 4월 13일)

왕정수는 좌측통행을 해야 된다는 것을 얼마 전에야 알게 됐다고 한다.

진짜 문화도 틀리고. 힘들어요. 3－4일 쯤 전에요. 진짜 웃었어요. 저희들은 길을 걸을 때, 우리는 우측통행 했었어요. 계속 그래 가지고 계단을, 육교를 올라오면서, 지는 그냥 저가 분명 맞는데, 왜 위에서 내려오는 학생들은, 왜 아니꼬운 듯 보더라고. 왜 그러지? 저는 몰랐었어요. 그러다가 이제 저쪽에서 올라오는 것 보니까, 아 계단에 걸을 때는 왼쪽, 줄을 설 때는 한 줄로, 아 여기는 왼쪽이구나, 그래서 항상 사람들하고 부딪쳤구나, 이제 알았어요. 지하철 내려가다 보면 나는 바쁜데, 막 내려가는데, 나는 맞는데 그 사람 어깨가 툭 부딪쳐요. 그 사람 안 비켜 주고. 아주 사소한 문젠데 그러더라고요. 이제야 알았어요. 좌측통행.(왕정수, 4월 19일)

여성결혼이민자들은 살면서 여러 가지 문화차이를 경험한다.

음식을 먹는 것부터가 달라요. 일단 자체부터…… 밥 먹는 자체부터 다르기 때문에. 우리는 이게 한 사람씩, 반찬을 이래 같이 안 먹거든요. 절대 내가 먹던 거 절대 남 안 먹어요. 가족도 안 먹어요. 그러니까…… 처음에, 저는 어머, 이거 어떻게 먹노…… 지는 마음부터…… 그런 말하면…… 지금이야 뭐 잘하지만…… 그때는 빈 그릇도 더럽고…… 같이 침 섞이니까…… 우리는 가족끼리 자매끼리도 아예 안 먹고 이러는데, 너무 그게 다르고 음식도, 찌개 이런 거 하나 놓고 다 같이 먹잖아요.(마리, 5월 1일)

음식문화…… 그랬었다 아닙니까. 우리 막 기름진 거 볶고 그래서 갔는데 그 집안 식구들은 그걸 안 먹어 주는 거예요. 왜 안 먹지? 근데 되

게 섭섭해요. 한 여름에 땀 흘려 가면서 열심히 만든 거. 그래서 그런 이
야기를 했었어요. 시어머니께. 어머니는 또 며느리에 대한 사랑으로 그게
몸에 안 좋다고 하지만은 그쪽 나라에서는 그걸 제일 몸에 좋은 걸로 알
고 먹어 왔습니다. 그 사고방식이 20년, 30년 됐는데 하루아침에 바뀌지
겠습니까? 그러지 마시고 이 집에서 어머니도 며느리를 정말 사랑하면
하루만이라도, 한 달에 한 번만이라도. 뭐 베트남은 베트남 음식 먹기,
중국이면 중국 음식 먹기, 한번 해 보세요. 그게 그렇게 맛있게 받아지나.
모든 걸 한국화로 시키지 말고, 조금만 하면 빨리 가까워질 수 있는데,
빨리 그 거리가 좁혀지는데. 그렇지 못하고 오면 너무 힘들어요.(왕정수,
4월 19일)

　문화 달라서 처음 어려워요. 지금은 괜찮아요. 음식 어려웠어요. 저 다
안 먹어요. 지금 다 먹어요. 지금 맛있어요. 처음 김치도 못 먹어요. 또
그냥 생선만 먹어요. 남편은 베트남 음식 안 먹어요. 쌀국수 이런 거 싫
어해요. 안 먹어요. 그냥 제가 한국음식 먹어요. 그냥 생선만 먹어요. 지
금 김치 조금 먹어요. 다 먹어도 돼요. 베트남 강 생선 많이 먹어요. 바다
생선 많이 없어요. 그냥 논 생선 먹어요. 구워서, 튀겨서. 회 안 먹어요.
회 못 먹어요. 수현이도 안 먹어요.(신민아, 5월 15일)

　반면 타냐는 시집식구와 살지 않고, 또 남편이 러시아 음식을
즐기기도 하고 타냐한테 한국음식을 강요하지 않기 때문에 음식으
로 인한 어려움은 크게 없었다고 한다.

　우리 애기 아빠 (러시아 음식) 잘 먹어요. 큰 애도 잘 먹어요. 우리는
시집가고 배워요. 집안마다 음식 다르잖아. 바깥에서 아니면 다른 집에
가면 똑같은 요리하면 다르잖아요. 맛이 틀려요. 러시아 요리도 그래요.
우리가 만들어요. 신랑한테 배우고 신랑도 요리 잘해요. 김치찌개 같은
거. 김치찌개 저는 잘 안 먹어요. 잘 못해요. 신랑이 김치찌개 맨 처음 직
접하고 나중에 보고 내가 만들어 보고. 지금은 직접 떡국 같은 거, 설날
때 특별한 요리, 우리 애기 아빠가 만들어요. 신랑이 만드는 거 몇 개 요
리 우리 있습니다. 우리 애기 아빠 만드는 거 다른 한국 집(하고) 조금
달라요.(타냐, 4월 19일)

타냐의 남편은 요리를 자주 하고, 또 전통적인 요리보다는 타냐
의 입맛에 맞춰 조금 다르게 만든다고 한다. 또 타냐는 시어머니
하고 같이 많이 안 살았기 때문에 남편이 요리를 해도 괜찮다고
하였다.

> 우리 부모님 (같이) 많이 안 살았어요. 한국에 올 때 시어머니가 남자
> 부엌에 들어오지 말라고 했어요. 이런 거 많아요. 내 생각에는 조금 부끄
> 러워, 젊은 나이에 이렇게. 나이 마흔 살 이후는 괜찮아요. 젊은 나이 다
> 른 엄마들은 남자 부엌에 못 들어오지만, 나이 많고 아기 있고, 그래서
> 우리 이런 거 없습니다. 우리 집안에 남자 일 여자 일 이런 거 나눈 거
> 없습니다. 우리 아빠 부엌에 들어가고 요리하고. 바깥에 나가 일하고 많
> 아요. 하지만 우리 신랑 그렇게 부엌 들어가요. 괜찮아요. 신랑 나이 때
> 문에. 남자들 원래 한국 마흔 살까지는 조금 힘들어요.(타냐, 4월 19일)

그러나 타냐와 왕정수도 식사문화나 주거문화 등에서 차이를 느
꼈다.

> 성격이 사람마다 달라요. 무슨 나라 무슨 나라 다 있습니다. 달라요,
> 다. 저도 보통 따로 따로 식사해요. 주문시키면 따로 따로 나오니까. 나
> 중에 가족들이니까…… 이런 거 괜찮아요. 너무 큰 그릇 줘요. 어떻게 이
> 렇게 같이 먹어요. 이런 거 어떻게 말해. 식당에서도 한 사람씩 아니고
> 같이 줘요. 아 이런 거…… 우리나라 한 그릇도 따로 따로 먹어요. 숟가
> 락 같이 안 넣는다고…… 저도 한국문화, 시어머니 집 들어갔다고. 우리
> 나중에 애기 낳고. 그때 생활 앉아서 있으면서…… 있으면서 일어나
> 고…… 앉아서 있어, 어려워요. 밥 먹을 때 우리 시어머니 밥 다 먹어,
> 먹어. 다 먹어야 돼요. 조금만 먹습니다. 안 돼.(타냐, 4월 19일)

> 우리는 침대생활이고 의자에 앉고 이러는데, 거의 서서 다니는 그거
> 지…… 여 오니까 바로 앉는 게 너무 힘들어서…… 다리 아프고…… 그
> 게 안 돼.(왕정수, 3월 15일)

왕정수는 같은 민족이기 때문에 한국에 올 당시 문화차이에 대한 걱정은 없었지만 실제로는 다른 것이 무척이나 많았다고 한다.

> 저는 같은 민족이라고, 문화교육 필요 없다고 생각했어요. 솔직히 또 할머니 밑에 커 가지고 나름대로 했었는데 막상 와 보니 아니에요. 그래서 거기에서 조금 문화충격 받았어요…… 제사 같은 거도. 첨에 저의 집에서 해요. 음식을 모른다 아닙니까. 처음에 올 때는 제사 얘기 없었거든요. 안 했어요. 처음에 어르신들은 한국에 예의 많아서 힘들 거다 반대했었지요. 결혼하는 거 자체를. 시아버지 어머니 다 돌아가시고 나니까 더 할 거 없지요, 남편도 교회 나가고 해 당연히 그런 걸로. 몰랐었지요. 막상 오니까…… 고모님이…… 처음에 고모님 댁에 가게 됐는데 음식을 할 줄 알아야지요. 음식자체를 모르지. 그래 가지고 마음은 불안한데, 우리 제사를 남의 집에서 지내 준다는 자체가. 이거 아닌데 마, 그렇다고 내가 뭐 알아서 모셔 올 수는 없고. 또 그런 게 있데요. 신고하고 뭐…… 그런 거 우리는 대수롭지 않게…… 이렇게 해 가지고 하면 되는데, 그게 안 되는 거예요. 하나부터 배워야 되는 거예요. 제사에 대해서.(왕정수, 4월 13일)

왕정수의 경우는 중국교포였기 때문에 언어와 문화를 공유하는 실질적인 민족내혼이라 생각할 수 있다. 그러나 한국에서 생활하면서 많은 문화차이를 느낀다.

> 중국 며느리들 같은 경우에는 시댁에서 너무 잘해 줘요. 며느리는 보내요. 거의 남자들이…… 중국에는 또 막내가 부모 모셔요. 거의 다 분담이 되다시피 한다. 여기에 한국 며느리를 보면 너무 너무 힘들게 해요. 중국에는 또 그런 거 있어요. 사돈끼리 너무 잘 지내요. 사돈은 젤 가까운 친척이다. 나이로 형님동생 이렇게 해 가지고. 호칭도. 그런데 여기 오면 그런 거가 안 되니까. 며느리하고.(왕정수, 4월 13일)

타냐와 마리는 친척관계에서 문화차이를 많이 느낀다고 한다.

> 저도 우리 부모님하고 할머니, 할아버지…… 사돈끼리 명절, 가족들

다 모아요. 애들하고, 사돈 애들…… 다 모아요. 가까이 지내요. 여기도
왜 이런가…… 항상 여자…… 다 알아서 해야지…… 저도 그냥 알아서
가만있어. 그냥 시키면. 하지만 큰 며느리. 다 자기 집도 아니고. 어떻게
다 떠들어…… 맘에 안 들어…… 하지만 갑자기 여자가 들어왔다고. 하
지만 시어머니 그냥 앉아 있다고.(타냐, 4월 10일)

우리도 보면 형님, 시누가 오셨잖아. 우리도 삼촌 돌아가서 가지고 신
랑하고 시어머니하고 잠깐 갔었는데…… 안에 뭐 열고 우리 방 이렇게
보셨대요. 옷이 뭐 있는가. 그래 와 가지고 봤는데, 애들 저금통에 잔돈
을 그렇게 놔두니…… 이런 얘기 나와. 남의 거 그렇게 보고, 기분 나빴
어요. 말은 안 하고. 다음날 저녁 때 되니깐 전화가 온 거예요. 내가 머리
감다가 갑자기 생각나서 그러는데 니 없을 때 문 열어서 미안타. 이카시
더라고. 근데 한국 문화인 거 같아요. 우리 형님도 내가 6년 동안 같이
살았지만 오면 잘 물으시지만, 다 이렇게 열고. 싱크대나 이런 거…… 옷
장은 힘들지. 남의 옷장 열면 안 되지.(마리, 3월 13일)

타냐의 남편은 타냐의 친정어머니가 한국에 오는 것을 안 좋아
했다고 한다.

그 사람 엄마 오면 조금 나한테 안 좋다고. 우리 엄마가 와서 네가 힘
생겼다고. 우리 엄마 오는 거 안 좋다고. 우리 싸움 할 때 엄마가 다 봤
어요. 그래서 엄마도 걱정 많이 해요. 그런데 남편은 엄마 안 좋다고. 이
해 못 한다고.(타냐, 4월 10일)

타냐는 한국적인 사고방식을 가지고 있는 남편을 이해할 수 없
다고 하였다. 또 이웃사람의 행동 때문에 기분이 상한 경험도 많
다고 하였다.

저도 자주 손님 안 들어요. 훈제 학교 갔을 때…… 한 명이 집에 왔어요.
같은 학부모. 다른 엄마가 냉장고 열어 보고. 뭐 있나, 다 열어 봤어요.
정말 이상했어요. 이거 한국에서 괜찮아요? 예의 아니에요.(타냐, 4월 10일)

이들은 한국 사람이 무례한 행동을 해도 그것이 문화 차이 때문이라고 생각하는 것 같았다.

장연주는 한국여성과 중국여성은 문화적으로 많이 다른 것 같다고 하였다.

중국 여자는 강하고 고집 세다. 그러나 마음이 약하다. 한국 여자 겉으로 보면 온유하다. 아, 사랑해요, 이렇게 해요. 그러나 마음이 강하다. 제가 만난 한국 여자 밖에서 너무 온유하다, 남편(한테) 잘해 주고. 중국 여자(는) 그렇게 못해요. 이거 하세요, 이거 하세요. 그러나 마음이 너무 약하다. 남편 위해서 많이 희생해요. 한국 여자들은 자기 중심, 자기 위해서 생활해요. 다른 한국 여자, 저한테 말했다. 주연, 자기 위해서 생활해야지. 남편 아니에요. 희생 아니에요. 저는 안 돼요, 남편 위해서, 남편 좋아하면 해야지.(장연주, 4월 19일)

장연주는 한국 여성들이 겉으로는 부드럽지만 실제로는 굉장히 고집 세고, 이기적이고 자기중심적이라고 생각하고 있었다. 또 한국 여성들이 직업을 가지지 않는 것에 대해서도 의문이라고 하였다.

한국 여자들 너무 돈 좋아합니까? 중국여자들도 돈 좋아해요. 그러나 한국 여자 대부분 돈이 없어요. 그러나 남편에게 돈 주세요, 돈 없어요. 중국 여자들은 자기 일 하고 자기 돈 써요. 당당하고.(장연주, 4월 19일)

또 한국에서 우울증인 사람이 많은 것과, 스트레스라는 말을 많이 쓰는 것도 이해하기 어렵다고 하였다.

또 한국 여자 우울증(걸린) 여자 많아요. 진짜 많아요. 중국에서는 우울증(걸린) 여자 몰랐어요. 여기는 우리 옆에 집도 매일매일 술 마시고 울고, 남편(하고) 사이 안 좋아요. 항상 술 마시고 매일매일 울고…… 한국 우울증 여자 많이 봤어요. 또 중국에서 스트레스란 말 많이 안 써요.

한국 사람 진짜 많이 써요. 강아지도, 아, 이 강아지 매일매일 산책하지 않으면 스트레스 받아요, 이렇게 해요. 제가 가르치는 학생이. 또, 선생님, 이 벌레는 항상 이렇게 나와야지, 이렇게 왔다 갔다 해야지, 안 그러면 스트레스 많아요. 진짜, 어휴. 중국은 별로 없어요.(장연주, 4월 19일)

스트레스에 대해서는 왕정수도 같은 생각이었다.

중국에도 스트레스 있겠지만 그런 단어 별로 안 썼어요. 제가 선생할 때에, 저 같은 경우는, 대학교는 별로 없을지 몰라도 중학교 가면 성적 좋으면 보너스받고 나쁜 것도 있지만 스트레스 그런 말 안 써요. 받아들여요. 우리 여기는 조금만 뭐 하면 스트레스다. 중국과 한국 다 달라요. 한국은 너무 자본주의 사회라서 한국 사람 정말 어렵기 때문에. 중국은 일단 공무원 생활하면 집 줘요. 여기는 이런 거 아니잖아요. 집 사기 힘들어요. 아마 그래서 스트레스 많이 써요.(왕정수, 4월 19일)

이들은 문화교육의 필요성에 대해 이야기하였지만 특별히 문화교육을 받은 적은 없었다. 최근에는 여성결혼이민자를 대상으로 하는 많은 문화프로그램이 생겼지만 이들은 자신들에게는 해당이 안 된다고 이야기하였다.

해당 안 돼요 저희 오래된 사람들은 자녀를 위해서 일을 많이 하잖아요. 그러니까 낮에 안 돼요. 저녁으로 이런 프로그램을 조금씩 하면 참여할 수 있는 분이 많지 않을까. 프로그램 만드는 사람이 다 공무원이다 보니까 낮으로만 하는 것 같아요. 그러니까 우리같이 일하는 사람은 못 가지요.(왕정수, 4월 13일)

나도 프로그램 시간 안 맞아서 못 가요. 배우고 싶은데. 문화 안 배웠어요. 문화회관에서 한국어만 배워요. 요즘 외국인 프로그램 조금 있어요. 한국 요리, 컴퓨터. 시간 안 맞아서 한국어만 배웠어요. 받고 싶은 문화교육은 요리, 제일 중요한 거는 예절, 한국 역사 이런 거 공부하고 싶어요.(장연주, 4월 19일)

왕정수도 이것에 동의했다.

> 역사 정말 필요해요. 역사 자체를 모르니까 우리 예절, 한은 한국 역사에서 묻어 나오잖아요. 한국 사람 설움 많이 당했잖아요. 그래서 분노 같은 거 많잖아요, 전쟁 나고…… 저는 그렇게 중국문화를 봤거든요. 이 민족하고 이 민족이 더 잘되기 위해서 서로 자녀를 나눠 가지는 거예요. 그렇게 생각했어요. 그런데 지금 여기 보면 여자들은 계속 위안부로 가거나, 계속 당했기 때문에. 저는 그렇게 한이 많아서 그렇다고 생각해요. 또 역사, 예절, 요리, 아이들 어떻게 키우는지 교육에 대한 교육이 필요해요. 컴퓨터 교육도. 하지만 한국에서 문화교육 받은 적 없어요. 우리 때는 이런 거 없었잖아요. 지금도 한복 같은 거 배우고 싶어요. 우리는 그런 게 필요하잖아요. 애들 저 한복 입혀 주면 한복 끈 같은 거 묶어 줄 줄 몰라요. 그래서 그런 거 필요 없는 개량한복 사 입혀요. 편안하게 끈 다 있는 그런 거 사 입혀요. 전통한복 사 입히고 싶지요. 전통예절 이런 거 알아야 되겠어요.(왕정수, 4월 19일)

다. 순종적 여성에 대한 요구

연구참여자들은 모두 남편과 문화가 달라서 어려웠다고 했는데, 근본적으로는 여성과 남성의 역할에 대한 사고방식의 차이였던 것 같다.

> 베트남 남자와 여자 같아요. 그냥 제가 그렇게 커요. 누구나 이렇게, 가족도, 이웃도. 한국 여자 좀 달라요. 베트남 여자, 남자 똑같애. 한국은 남자 하늘, 여자 땅. 많이 이야기해요. 우리 신랑 장난 이렇게 얘기해. 제가 싫어요. 우리 똑같아요. 조금 차이 있어요, 한국은 많이 차이 있어요. 우리 신랑 이렇게 안 해요. 그냥 재밌게. 하지만 이상해요. 왜 남자 하늘? 남편은 항상 시켜요. 이렇게 해. 이렇게 해. 나도 생각 있어요. 하지만 남편 항상 자기 맞아요. 여자는 틀려요. 남자가 잘 알아요. 나는 그거 생각

안 해요. 언제 남자 맞아요. 언제 여자 맞아요. 왜 남자가 다 알아요. 여
자, 남자 같아요.(신민아, 5월 15일)

금방 결혼할 때 3년 정도 문화 차이 많아요. 우리 항상 싸웠어요. 답
답하다. 제가 하는 거 남편 안 좋아요. 남편 하는 거 저는 안 좋아요. 문
화 차이 많아요. 남자 틀려요, 맞아요, 다 있어요. 왜 여자 항상 틀려요?
(장연주, 5월 1일)

한국 남편들은 이들에게 순종적인 여성의 모습을 요구한다. 그
러나 우리와 다른 사회에서 살다가 온 이들은 그것을 받아들이기
가 어렵다.

중국 여자는 또 강하다 아닙니까. 그거 때문에 많이 싸워요. 중국은
평등이고, 중국에는 남자들이 더 많이 해 주잖아요. 내 여기 와서 많이
바뀐다 아닙니까. 난 큰 소리 못 쳐요. 목소리 커지면 남편이 또, 또 그런
다, 해요. 그러면 내가 참아요. 왜 그럽니까? 여자들도 할 말 있어요. 항
상 암탉이 울면 집이, 뭐랍니까? 정말 그 말 많이 해요. 나도 대충 지내
면 좋겠어요. 두루뭉실하게. 요거는 요렇고 요거는 요런데. 우리 보고 그
렇게 하라니까 못해요. 그나마 인내심 있고, 그거 속에 꾹 참고, 자기가
속에 병이 되면서 그런 삶을 사는데. 그렇지 못하는 사람은 박차고 나간
다 아닙니까. 간 사람들이 나쁘다고 하기 싫어요.(왕정수, 4월 19일)

우리 많이 싸웠어요. 러시아 여자들 달라요. 제 생각에 이렇게 해야지
그러면 훈제 아빠는 이렇게 해야지 생각해요. 반대로 달라요. 나 보고 말
남자처럼 한다고 말해요. 러시아 여자들 강해요. 저도 좀 힘이 있어요.
그래서 우리 씨옴 많이 했다고.(떠냐, 4월 10일)

가부장적 사회에서 살아온 남편들은 성차별적인 사고를 가지고
있다. 또 성역할에 대한 고정관념을 가지고 있다.

여자는 그거 모른다. 몰라도 된다 이야기해요. 우리 신랑. 아내는 남편

한테 뭐라 하면 안 돼요. 여자는 다 못 해요. 애기 잘 키우면 돼요. 다른 거 안 해도 돼요. 그렇게 말하지요.(마리, 3월 13일)

예를 들면 저는 중국 사람이에요. 중국 남자도 밥하고 청소하고, 우리 집 형부 전부 다 이렇게 해요. 우리 남편 안 해요. 밥 안 해요. 청소 안 해요. 내가 다 해요. 밥 없으면 남편 밥 안 먹어요. 안 만들어요. 옷을 빨래해야지, 남편(한테) 도와주세요. 남편 조금 이따가, 조금 이따가, 그리고 잊어버려요. 제가 화가 나서 이런 거 많아요. 밥, 빨래 여자 일이에요. 남편 생각.(장연주, 5월 1일)

장연주는 결국 서로가 조금씩 변했다고 한다.

3년 동안 싸우다가 결국 우리 다 바뀌었어요. 남편하고 엄마 안 좋아요. 엄마는 우리 딸, 남편은 우리 아내. 중국 습관은 사람들은 딸(이) 결혼해도 우리 딸이에요. 이 남자(의) 아내(라는) 생각 많이 없어요. 우리 남편, 결혼했어요. 이제 딸 아니에요. 아내예요. 남편 말 들어요. 아내는 남편 말 들어야 돼. 언제나 이야기했어요. 남편 아내 말 안 들어요. 괜찮아요. 3년 동안 안 좋아요. 항상 고민 많아요. 아, 어떻게 해. 우리 차이 많아요. 한국 남자 중국여자 어려워요. 한국 남자 너무 남자예요. 나중에 우리 바꿔야지. 예, 바꿨어요. 이제 괜찮아요.(장연주, 5월 1일)

라. 높은 취업의 문턱

도시와 농촌을 막론하고 여성결혼이민자의 60% 정도가 현재 취업을 하고 있다고 하는데, 2005년 5월 내국인 여성의 경제활동 참가율이 51%라는 사실과 비교할 때 여성결혼이민자의 취업률이 9% 정도 높은 셈이다(설동훈 외, 2005).

연구참여자들도 모두 일이 필요하다고 하였다. 경제적 어려움 때

문이기도 하고, 생활안정과 자녀교육비, 또 친정 식구들을 돕기 위
해서 꼭 취업을 하고 싶어 했다.

> 정말 우리가 필요한 거는 일자리 문제예요. 애들이 이제 다 2－3학년
> 되니까. 과외는 시켜야 되는데. 거의 보면 외국인 남편하고 결혼하는 분
> 들 보면 우리 한국에서도 약간 다 문제가 있고 좀 어려운 가정들이 많잖
> 아요. 그게 또 여기 와 가지고 자녀까지 되물림된다는 게 너무 싫어
> 요…… 여기 가도 컴퓨터 아니면 한글교육이고, 이제는 엄마한테는 그것
> 만이 아니다 아닙니까. 어떤 엄마들은 일자리 때문에 못 오고, 그런 엄마
> 들 그런 말 했어요. 다 혜택을 받을 수 없지만…….(왕정수, 4월 13일)

> 베트남 가족들 돈 가끔 조금씩 줘요. 많이 주고 싶어요. 제가 돈 아까
> 워요. 저축하고 싶어요. 돈 벌어서 보내고 싶어요. 많이.(신민아, 5월 8일)

타냐, 왕정수, 장연주, 신민아는 현재 일을 하고 있고, 마리는 아
직은 아니지만 언젠가는 일을 하고 싶다고 하였다.

타냐는 결혼 전에도 계속 일했고, 출산 전까지 회사에 다녔다.
그리고 요즘은 집에서 한복 만드는 일도 하고 있다.

> 나 여기 장사하러 왔다고. 가게에서. 결혼하고서도 아빠 가게에서 일
> 했어요. 나중에 가구 가게에서도. 시아버지 가게 나와서 친구가 다른 회
> 사 소개해 줬어요. 가구판매회사. 사장님한테 소개시켜 줬어요. 저도 러
> 시아 사람이니까. 그때 사람 많이 왔어요. 러시아 손님이. 제가 러시아
> 교포보다 낫지. 러시아 사람이니까. 한국 사람 러시아 말 잘 못하니까.
> 그러니까 사장님이 좋다고. 이때는 샘플 다 있으니까, 다 붙여 있잖아.
> 어떻게, 어떻게 하라고. 우리 영수증 만들었으니까 그런 것 한국말로 돼
> 있잖아요. 러시아 말로 가격하고, 나중에 필요하면 설명서하고 있으니까.
> 아니면 통화하면 교포 있으니까 잘 설명해 주고. 그랬어요. 쉬웠어요. 어
> 렵지 않아요. 한 2년 반 정도 일했다고. 나중에 훈제 낳고 일 못했어요.
> 나 잘 만들어요. 아이들 한복. 그냥 보면 만든다고. 그래서 만들어서 가
> 게 주면 사장님이 팔았어.(타냐, 3월 7일)

타냐는 지금 아이가 어리기 때문에 직장생활을 못 하지만 한복 만드는 일은 집에서 할 수 있기 때문에 좋다고 하였다.

> 애 있으니까 어디 나가고 못 해요. 못 하니까 집에서 애기 키우고 집 안에서 주로 한복 만들어. 바느질 잘해요. 집에서 하니까 괜찮아요. 애기도 보고. 하지만 힘들 때 있어요. 아이 때문에 계속 못 해요. 아이 자고 하면 너무 늦게까지. 잠 안 잔다구. 나 너무 피곤해. 아이 키우고 일 힘들어요.(타냐, 3월 7일)

왕정수는 중국에서 도덕 교사였는데, 현재는 학원과 방과 후 수업 중국어 강사이다.

> 중국어 가르쳐요. 전에는 정치, 여기하고 정치 좀 달라요. 도덕. 우리는 사회주의 국가니까. 정치 가르쳤어요. 학교에서. 여기 와서 중국어 강사. 여기저기 해요. 돈은 그냥 입에 풀칠할 정도만 법니다. 겨우. 더 많이 해야 되는데, 애 때문에.(왕정수, 3월 5일)

그런데 한국 사람들은 왕정수의 중국에서의 학력이나 경력을 잘 믿어 주지 않는다고 하였다.

> 제가 말만 해도 안 믿어요. 정말 나왔나 눈치가 보이더라고요. 그래서…… 이거 가지고 다녀요. 졸업증…… 사범대예요. 저도 이제 내고자…… 이것도 보여 줬다 아입니까…… 제가 교사생활 한 거. 조선족 중학교라서. 우리는 2개 국어를 가지고 설명을 해요. 조선족이 적어 가지고 일차적으로는 우리말로 해요. 우리 한국어로. 한국어로 하면 일반학생, 70%는 못 알아들어요. 다시 중국어로 해야 돼요.(왕정수, 3월 5일)

장연주는 중국에서 대학 강사였는데 지금도 대학에서 가르치고 싶어 한다. 그러나 현재는 왕정수와 마찬가지로 중국어학원과 방과 후 수업에서 중국어를 가르친다. 장연주의 경우는 남편이 중국에서 한의대를 졸업했지만 한국에서 인정이 안 돼서 종교기관에서 관리 직을 맡고 있었다. 한 달 수입은 70만 원 정도라고 하였다. 그 돈 으로 생활하기 힘든 것도 있지만, 장연주는 앞으로 남편을 공부시 키기 위해서 돈을 벌고 싶다고 하였다.

2년 동안 집에 있다 시아버지 돌아가시고, 그 다음부터 밖에 나가서 학생 가르치고, 이렇게 초등학생 가르쳐요, 방과 후 수업. (남편을) 공부 시킬 거예요. 중국 한의사 여기에서 자격증 인정 안 해요. 북경한의과대 학은 여기서 시험 돼요. 우리 남편이 다닌 대학은 안 돼요. 여기는 한의 사 입학시험 너무 어려워요. 영어도 토플, 중국어도 말하기 1급 이상이어 야 되고. 고등학교 과목도, 이거 너무 어려워요. 그래서 남편이 중국어 번역, 통역 공부하고 싶어요. 나중에 이거 공부해야지. 7년이란 시간이 너무 아까워요. 중국학생하고 같이 공부하고, 시험도 완전히 중국말. 너 무 힘들어요. 한의학은 중국 한의학 유명해요 그래도 인정 안 돼요. 원래, 한의학은 중국이 더 알아주잖아요. 안타깝다. 그래서 나 일해서 우리 남 편 공부 도울 거예요.(장연주, 4월 13일)

장연주는 남편이 공부도 잘하고, 능력도 있기 때문에 자신이 돈 을 벌어 언젠가는 남편을 다시 공부시키겠다는 의지를 가지고 있 었다. 그래서 아이도 일부러 가지지 않았다고 한다. 그런데 장연주 는 한국의 대학에서 강의를 하고 싶어 했고, 또 왕정수는 그런 장 연주를 노와주고 싶어 하였다.

저는 이거 교수님 되고 싶어요. 중국어와 중국문화 대학교에서 가르치 고 싶어요. 하지만 정보가 없지요. 어떻게 해서 어떻게 할 수 있는지 전 몰라요. 저는 원래 생각, 한국 석사, 박사 공부해야지. 공부할 수 있어요 저는 한국말 잘 몰라요. 저는 그래서 석사 박사 공부 못 해요 나중에. 중 국에서 석사했어요.(장연주, 4월 13일)

신민아는 현재 빨래방에서 일을 하고 있다.

> 월요일부터 일요일까지 매일 가요. 한 달 두 번 쉬어요. 명절도 일해
> 요. 저금해요. 나중에 베트남 가요. 남편 주는 돈 생활비. 제가 모은 돈
> 베트남 가족들 주고, 베트남 가요. 아르바이트예요. 12시에서 6시까지 일
> 해요. 56만 원. 적어요. 하지만 아침에 시간 있어요. 아이 밥 먹어요. 유
> 치원 보내요. 좋아요.(신민아, 5월 8일)

신민아는 미용기술을 배우고 싶어 했다. 하지만 어떻게 미용을
배워야 하는지 모르고 있었고, 또 자신의 한국말 실력 때문에 아
직은 자신 없어 했다.

> 미용 배우고 싶어요. 좋아요. 미용실 하고 싶어요. 하지만 제가 한국말
> 잘 몰라서 어려워요. 제가 미용실, 미용, 매우 하고 싶어요. 한국말 몰라
> 요. 한국말 먼저 배워야 돼요. 어디서 배우는지 몰라요. 기술 가르치는
> 거 필요해요. 미용기술 가르치면 좋겠어요.(신민아, 5월 8일)

마리는 일해 본 적이 없다. 하지만 언젠가는 미용이나 양재를
배우고 싶다고 한다. 기술을 배우면 네팔에 가서도 잘살 수 있기
때문이다. 그러나 아직은 생각이 없다고 한다.

> 미용이나 양재 하고 싶어요. 그런 기술. 나 머리 잘 못 해요. 그래도
> 재밌겠어요. 가족들도 괜찮다고 해요. 시아버지도. 그런데, 아직 모르겠어
> 요. 아이도 어리고. 어디에서 어떻게 해요? 학원 잘 몰라요. 좀 자신 없어
> 요. 나중에 할 거예요.(마리, 5월 1일)

타냐는 옷을 만드는 기술이 있었기 때문에 언제든지 일하는 데
문제가 없다고 하였다. 한국어를 잘 못 해도 기술이 있으면 얼마

든지 취직할 수 있다고 하였다. 또 주위에서도 기술이 있는 경우
에는 쉽게 취직을 했다고 한다.

저는 기술이 있으니까. 우선 저도 제 생각에 저 엄마한테 고마운 마음
있어요. 기술 배우면서도, 대학에서 1학년부터 하고 있다고. 오래됐다고.
엄마가 이런 거 기술 나한테 배우게 해 준 거, 어떤 나라 가서도 다 이런
거 기술 필요하다고. 말 이런 거 상관없다고. 왜냐하면 저도 나중에 혼자
일히면서, 네 일이잖아요. 가게 민들고…… 일 질하면, 기술 있으면 말
필요 없고 이런 거 만드는 거, 내 작품은 말 필요 없고, 이런 거 보여 주
면 다 안다고…… 기술이 없으면 말 잘해야 돼…… 옛날에 나도 우리
훈제가 학교 들어갔을 때 몇 명 엄마들 만났다고. 기술 있는 엄마들은 애
들 때문에, 임신 때문에 쉬고 몇 년 동안 쉬고, 다음에 애 큰 다음에 다
시 일하고 그랬어요. 기술 없는 엄마들 힘들다. 우리 바로 옆에 집, 기술
있어서 다시 들어갔다고. 다 받아 줬다. 기술 없으면 어디 가요? 시장?
장사? 식당 같은 거밖에 안 돼요. 식당 나가면 싫어요. 우리 이거는 힘들
어요. 저 하나만 아니고 많이 알아요. 이 때문에 나 서양 옷(만들기) 쉬워
요. 나 한복 그냥 보고 만들었다고. 너무 기술 필요해요. 왜냐하면 기술
있으면 대화 필요 없어요…… 그때 혼자서 시장에 갔다. 저도 직접 시장
에 나가서 아줌마한테 옷을 보여 주고, 괜찮다고 마음에 든다고, 옷 달라
고 그래서 만들게 되었어요. 만들면서 못 팔아요. 그래서 아줌마를 구했
다고, 우리 집 근처 이불가게에서.(타냐, 4월 19일)

왕정수는 취업에 대한 정보를 제공해 주거나 직업을 연결시켜
주는 제도가 필요하다고 이야기하였다.

이 사람이 중국에서 오면 그 사람에 대한 거 당연히 따라 올 수 있잖
아요. 그걸 부산이며 부산 교육청이라든가 서울이라든가 그래 가지고, 이
사람 이런 사람이니까 이런 직업에 연결해 주는 것이 있었으면 좋겠어요.
필요한 교육을 시키거나. 그런 걸 좀 상세히 알고 그러면 좋겠어요. (왕
정수, 4월 17일)

왕정수는 나에게 한국 교육 시스템이나 자녀교육 문제, 취업에

대해 이것저것 많이 물어보았다. 자신들은 한국생활 전반에 대한 정보가 너무 부족하지만 그런 정보를 얻을 데가 없다고 이야기했다.

단체에서 보면 담당선생님들 앉아 계시지만은, 이제는 외국 분들을 위해서 하지만, 전에만 해도 그런 거 없이, 담당선생님들이 그 나라 그 문화를 모르는데 어떻게 상담할 수가 있어요. 말도 안 통하고 그러는데. 그래서 이제 담당할 수 있는 분들을 정부에서 하게끔 지원해 주면 좋겠는데…… 저는 중국어보다 중국에서 온 엄마들을 한글을 가르쳐 주면 더 좋겠다 해 가지고. 어디에서 어떻게 해야 되나 물어봤어요. 그것도 자격증이 있어야 된다 하고. 뭐 여성회관가서 물어봐도…… 알았다, 다음에. 다음에. 언제? 일자리 찾기가 너무 힘들었어요. 하고 싶어도 일이 저희들한테는 제한이 돼 있어요.(왕정수, 4월 17일)

왕정수는 특히 장연주가 너무 안타깝다고 하면서 장연주는 중국에서도 정말 훌륭한 인재인데 한국에 와서 너무 힘들게 지낸다면서 어떻게 해서든지 장연주를 취업시켜 주고 싶다고 하였다.

왕정수는 자원봉사활동도 하고 있었다.

한국에는 이렇게 너무 좋은 거 같아요. 중국에 보면 자원봉사라는 것이 활발하지 못하고 그랬었는데. 여기에 오니까 봉사활동은 다 터놓고 자기가 친구같이, 친구되기도 싫고…… 솔직히 보면 여기들 다 어려운 것 같지만은 봉사하면서 보면 우리보다 더 어려운 사람, 우리 정말로 필요하다 하는 사람들이 있다 하는 그게 다 또 용기를 가지고 하게 되더라고요…… 애가 언어장애가 있는데, 우연찮게 학교 소개로 해 가지고…… 방학에 수술받았었거든요. 무료로…… 제가 그래서 받은 만큼, 제가 사회를 위해서 봉사해야지 하는 마음. 꼭 내가 받아서 하기보다도 꼭 내가 할 수 있는 거. 제가 중국어 그거는 내세울 수 있는데 이거라도 정말로 필요한데 하고 싶어서.(왕정수, 4월 19일)

마. 교육정보 부족과 지나친 교육열

대부분의 여성결혼이민자들은 한국말을 잘 못하기 때문에 자녀가 학교에 들어가면 어려움을 느낀다. 타냐도 그러한 어려움을 호소하였다.

> 여기 한국에 어른이 없는데 어떻게 언제부터 가르치는지, 이런 거 몰라요. 저도 부모님 여기 없고, 남편도 잘 모르고. 몇 살부터 뭐, 뭐, 어떻게 해야 할지 몰라요. 애기 아빠도 성격이, 그냥 뭐 그대로 두라고. 자기도 모른다고…… 원래 아버지는 살 몰라요. 전에 학교 다닐 때 다른 엄마들 만나서 이야기할 때 애들이 몇 살부터 학습지 시작하고 유치원 때 아이들 벌써 일기 쓰고 문장 쓰고 하는 거 알았어요. 우리 아이 공부해요. 나 한국말로 잘 몰라요. 수학, 어떻게 해요? 문제예요. 엄마 힘들다구. 이것이 어려워요. 수학을 알아도 (한국말로) 설명 못해요.(타냐, 3월 7일)

타냐의 아이들에 비해 마리의 아이는 한국어도 잘하고 다른 과목 성적도 우수하다. 타냐는 그것이 마리가 한국어를 잘하기 때문이라면서 부러워했다.

> 마리 아들은 잘한다고. 우리 아들보다 잘한다고. 마리 씨 저보다 한국말 잘해요. 마리는 결혼하고 시댁에서 같이 살았으니까. 저는 어른 없었어요. 집에서 혼자서 (아이)아버시 일하러 가면 집에서 엄마하고 제대로 된 한국말 대화 잘 이야기 안 하니까. 아이하고 집에서 러시아 말로 했어요. 그래서 우리 애가 말 좀 늦게 시작했어요. 둘째도 늦잖아. 애들도 헷갈렸어요. 알아들어요. 하지만 단어 많이 안 나와요. 우리는 말이 잘 안 나와요. 알아들을 수 있어요.(타냐, 3월 7일)

타냐는 자녀교육에 대해 잘 모르고 있다가 큰 아들이 학교에 들어간 후에 학습지를 시작했다고 한다. 마리의 경우에도 잘 아는 언니의 충고를 듣고 6살 때 학습지를 했으며, 왕정수도 여섯 살 때 자녀를 학원에 보냈다.

우리는 너무 늦게 시작했어요. 한글교육을. 우리아들 6살 때 학습지 시작했어요. 한글하고 수학하고 한자. 그런데 학교 가서 너무 몰랐어요. 학습지…… 이런 학원 몰랐어. 훈제 아빠도 몰랐어. 나중에 학부모 만날 때, 다른 엄마들이 이야기할 때 들었어. 이 학원 좀 괜찮다고. 그때 우리 보냈어. 효과가 조금 있습니다.(타냐, 2월 23일)

(우리 애) 6살 때 시작했어요. 아는 언니가 하라고 했어요. 한국에서는 그때 다 시작한다구. 공부하지 않으면 학교에서 못 따라간다고. 그래서 나도 했어요.(마리, 2월 23일)

여섯 살 때 학원 보냈었어요. 어린이집 가는데 다섯 살 때는 안 보냈 어요. 경제적으로 그렇고 해 가지고 안 보내고 데리고 있었어요. 여기는 벌써부터 보내야 된다. 가르쳐야 된다. 우리는 그 여건 안 되니까 데리고 있다가 6살에 가니까는. 어린이집 갈 때 그거 했어요. 받아쓰기, 한글 얼 마나 아나. 숫자도 못 쓰고, 읽을 줄 모르고 너무 창피했었어요. 여기는 보니까 들어갈 때 거의 한글 다 떼고 들어가요. 지금도 저가 (교회) 유치 부 보면, 5세가 한글 알고 있는 경우 많고, 6세는 거의 술술해요. 우리 아이 이제 일곱 살, 그런데 아직 아무 것도 몰라요.(왕정수, 3월 20일)

타냐와 마리는 자녀를 현재 다문화가정의 자녀를 위한 학교에 보내고 있었다. 왕정수의 경우도 큰 아이는 일반 학교에 다니는데, 작은 아이는 내년부터 이 학교에 보낼 거라고 한다. 이들은 이 학 교에 매우 만족하고 있었다.

여기 온 지 얼마 안 됐어요. 말이 달라도. 다 할 수 있어요. 애들이 어 떻다는 거 알잖아요. 그러니까 수준에 다 맞춰서. 일반학교에선 상상도 못하지요.(마리, 2월 27일)

우리 애 많이 좋아졌다구. 여기 와서 성격도, 행동도. 공부도 좀 하고. 다 지랑 비슷하니까. 좋아해요. 다 엄마 외국인이고, 다 친구니까.(타냐, 3월 7일)

자녀들은 학업 외에도 태도나 성격에 문제가 생기기도 한다. 이들은 엄마들이 외국에서 왔기 때문에 친인척 관계를 모르고, 다른 가정과의 교류도 그다지 많지 않기 때문에 질서나 예절 교육을 제대로 시키기가 어렵다. 내가 인터뷰를 하는 기간 동안에 다른 교사의 공책을 몰래 숨겨서 들고 나가다가 들켜 벌을 받기도 했다. 타냐는 훈제가 전에도 몇 번 그랬다고 한다. 갖고 싶은 것이 있으면 참지 못해서 몇 번 심하게 야단쳤는데, 이번에도 또 그랬다고 걱정을 하였다. 타냐는 자식 교육의 어려움을 이야기했다.

지금 안 고치면 안 돼요. 우리도 나쁜 일 하면…… 러시아에서 우리 엄마가 보고 왜 이렇게 그냥…… 어떻게 자유로 다 이렇게 놔뒀냐고. 이런 거 성격이 너무 무시해요. 내가 화내고, 큰 소리 치고. 그래도 엄마 알기를…… 무시한다고. 이 일은 다 안다고. 잘못되면 이렇게 해라…… 뻔히 알지…… 성격이 조금 무시하니까 그래서 또 힘들어…… 싸울 때 몇 번 말할 때 이렇게 안 되잖아. 다른 사람이 성격이 조금 다르다고. 못 알아들어요. 아니면 그냥 도망가요.(타냐, 4월 10일)

타냐는 훈제의 성격이 원래 무시하는 성격이라서 교육시키기가 어렵다고 하였다.

훈제는 성격이 조금 사람들을 무시한다고. 친구, 말, 이런 거 못 한다 이런 거를 다 무시해요. 선생님한테 잘못한 거 혼나도, 자기 잘못한 거 생각 안 하고, 성격이 이런 거 잊어버린다. 억수로 혼나도 금방 다시 잘못 하고 혼나고 그래요.(타냐, 4월 10일)

훈제는 학교에서도 유난히 학교의 규칙을 준수하지 않아 따로
수업을 받거나 벌을 받고 있었다. 동생 윤제는 어린이집에 다니지
못하고 있었다. 미취학자녀를 두고 있는 결혼이민자 중 자녀를 어
린이집이나 유치원에 보낸다는 사람은 14.5%(설동훈 외, 2005)밖
에 안 되는데, 윤제도 역시 비용이 너무 비싸기 때문에 어린이집
에 다니지 못했다. 여성결혼이민자들을 대상으로 하는 한국어교육
기관 중 보육서비스를 해 주는 곳도 있지만, 그렇지 않은 경우가
많기 때문에 중국에서 온 여성의 경우는 아기를 안고 수업을 듣다
가 아기가 잠이 들면 유모차에 눕혀 놓고 수업을 받기도 하였다.
윤제도 항상 타냐 근처를 뛰어다니면서 소리를 지르고 타냐의 공
부를 방해하였다. 다른 여성결혼이민자들도 윤제를 돌봐 주기도 하
고 야단도 쳤지만 수업시간에는 신경이 쓰이는 듯 보였다. 그런
사람들을 보면서 타냐는 정말 힘들다고 하소연을 하였다.

> 윤제 때문에 너무 미안해요. 다른 엄마들한테. 애 때문에 나도 힘들고.
> 일도 못 하고. 다른 엄마들 싫어한다구. 공부하는데…… 미안해요.(타냐,
> 4월 10일)

이들은 자녀들의 이중 언어교육 문제를 고민하기도 한다.

> 러시아 말로 할까 한국말로 할까 잘 모르겠어요. 집에서 러시아 말 조
> 금 많이 하고, 아빠는 한국말 하고. 원래 제대로 해야지, 엄마는 러시아
> 말, 아버지는 한국말, 이렇게 하는 게 좋다고. 섞지 말고. 제대로 말해야
> 지. 엄마는 한국말 제대로 못하니까. 일단 러시아 말 배우게 할까, 아니
> 면 계속 한국말 배우고 나중에 러시아 보내고 그쪽에서 긴 시간 놔두고,
> 조금 오래 1년 정도 완전히 제대로 배우게 할까 생각 중이에요. 여기에
> 서 한국말 가르치고 나중에 러시아 보내서 가르치고 그러는 거. 둘 다 제

대로 알면 좋지만…….(타냐, 4월 19일)

타냐가 러시아어를 가르치는 것은 나중에 자녀를 러시아에서 공부시키고 싶기 때문이다.

> 나중에 러시아로 보내고 싶어요. 그러려면 미리 러시아 말 배워야지. 여기는 너무 비싸다고, 대학이.(타냐, 4월 19일)

그러나 타냐의 남편은 그런 타냐의 생각에 반대하는 듯했다.

> 그런데 우리 남편은 아이가 한국에 사니까 한국말 배워야지 이렇게 이야기했어요. 집에서 러시아 말 하지 말라고 했어요. 큰애한테는 옛날부터 하지 말라고 그랬어요. 훈제가 그래서 아버지가 이렇게 말하니까, 자기도 힘들다고. 포기했어요. 공부를 포기했어요. 아예 안 한다고. 엄마랑 같이 억지로 한다고. 그래도 나는 러시아어 이렇게 이렇게 써야지, 이런 거 가르쳐요.(타냐, 4월 19일)

마리는 자녀들에게 네팔말을 가르치지 않는다. 한국말을 잘 못하게 될까 걱정하기 때문이다. 신민아도 일부러 베트남 말을 가르치지 않는다. 나중에 베트남에서 살 생각도 없고, 가족들이나 딸 수현이도 베트남어를 배우는 것을 싫어한다고 한다.

> 수현이 베트남 말 안 가르쳐요. 필요 없어. 여기서 살아요. 한국 사람이에요. 수현이 나중에 아빠가 의사 원해요. 좋아요. 한국말 잘해요, 됐어요. 시어머니, 아빠 다 한국말 해요, 이야기해요.(신민아, 5월 15일)

그러나 왕정수는 중국어를 조금씩 가르친다. 나중에 중국에 유학가거나 취업을 할 수도 있다고 생각한다.

제가 조금씩 가르칩니다. 많이 아니지만. 조금 할 수 있어요. 나중에
도움될 거라 생각해요. 중국어 배우면. 그리고 한국 사람들 중국어 많이
공부해요.(왕정수, 4월 17일)

이들은 한국사회의 교육열, 사교육 열기, 교육에 대한 정보 부족
등으로 두려워하고 있었다. 이들은 경제적으로 어려워도 아이가 수
업을 못 따라가기 때문에 어쩔 수 없이 사교육을 시켰다고 한다.

윤제 학교에서 이해 못했어요. 우리나라는 이해 못하면 선생님들이 가
르쳐요. 선생님들이 정말 열심히 가르쳐요. 수업하고, 끝까지 같이한다고.
정말 완전히 못하고 그러면 과외하고 학원 가고. 저는 맨 처음에 학원 이
런 거 엄마가 하고 싶은 거 음악, 미술 이런 거 하는 거라고 생각했잖아
요. 근데 학원 가는 사람이 국어하고 수학하고 학교하고 똑같은 거 똑같
이 배운 거 다시 배워요. 뭔데 이거. 이거 정말 마음에 안 들어요. 원래
선생님이 가르쳐 줘야지요. 저도 (수업) 몇 번 봤어요. 수업 그냥 선생님
말하고, 나머지는 시험, 이거 정말 이상해요. 수업할 때도 이거 잘못 됐
어요, 그렇게, 잘못 됐으면 어떻게 하라고. 우리 1학년 때 푸른반(특별반)
했어요. 1학년이나 2학년 푸른반 따로 있잖아요. 애들이 완전히 못한다
고, 다른 애들은 완전히 따로 교실에 가요. 못 따라간다고 다르게 가르쳐
요. 특별반. 내 생각에 효과 별로 없고, 기역, 니은밖에 안 배우고. 그래
서 학원 안 보내면 어떻게 해요. 1학년 때 우리 안 보냈잖아요. 나중에
학원하고 학습지하고. 학습지도 15분밖에 안 한다고. 다음에 엄마가 해야
지, 나머지 시간에…… 그래도 학원 가서 국어 조금 좋아졌어요. 학습지
보다 나아요.(타냐, 4월 10일)

우리는 학교에서 잘 가르쳐요. 모르면 다시 해 주고, 선생님들이 한
달에 한 번 가르쳐 주는 거 다른 선생님 10명이 같이 앉아서 들어요. 그
런 거 많아요. 그러니까 이 학생들한테 물어보면 아무것도 모르면 안 되
지요. 그러니까 열심히 가르치지요. 교장선생님하고 다른 선생님이 앉아
서 들어요. 그러니까 하나하나 대학 붙을 거까지 생각해요. 그러니까 실
력도 따르지만 실력 없는 사람은 선생님 못해요. 우리는 부모들이 학원
이런 거 보내고 없어요. 그런데 이게 자본주의로 바뀌고 있지요, 좀 달라
졌어요…… 교육비도 한국처럼 안 비싸요. 한국은 너무 비싸요. 부모들

월급 그렇게 안 많지요. 좀 힘들어요.(나타샤, 4월 10일)

이들은 자신들이 느끼는 한국교육의 문제점에 대해서 이야기했다.

　　학교에서 모르고, 나중에 있으면 선생님(이) 조금 봐 줬다고. 러시아는 공부 받을 때 우리 학원 같은 거 없습니다. 미술학원, 음악학원 이런 거 있어요. 수학. 국어 내 생각에 지금도 이런 거 없습니다…… 우리나라 완전히 애가 못 따라가면 그때 선생님이 불러요. 그때 읽기 한다고…… 못 따라하면 선생님 읽기 해 주고, 방과 후에 놔두고. 조금 다시…… 많이 못하면 그때 부모님 숙제 이렇게 한다구. 여기 놀랬다고…… 오전에 초등학교 가요. 오후 똑같은 거 똑같이…… 교과서 똑같은 거 배워. 돈 줘야지. 학원 가면. 부모님(이) 애기 조금 빨리 키우고 싶다고…… 학원 보내고, 또 학원…… 나중에는 훈제도 보냈어요. 그러면 똑같아. 오전에 배운 거 똑같이 배웠어. 완전히 똑같이. 여기 돈 안 주고 여기 돈 주고, 학원에. 애가 잘 몰라요. 나중에 시험 나오면 잘 못해요. 학원 보내야 돼. 부모님이 못 가르쳐. 다른 엄마들은 집에서도. 집에서 완전히 똑같이 하고, 저는 수학 가르친다고. 그런데 제대로 못해요. 이거 국어가 제대로 못하기 때문에 못해요.(타냐, 4월 10일)

　　학교에서 조금만 해 주면 학교에서 해결하는데, 문제를 많이 주고 문제를 체크해 주고. 굳이 학원까지 안 보내도 되는데 좀 아쉬움이 있어요. 그걸 엄마들 가정에서 다 하지 말고. 가정에서 학교에서 내 주는 숙제를 도와주는 것은 기본이지만은. 학원 안 보내면 더 좋아요.(왕정수, 4월 3일)

이들은 우리나라의 공교육이 제대로 안 되어서 사교육을 시킬 수밖에 없다고 이야기하였다.

　　초등학교까지 학원 보낼 필요 없어요. 학교에서 제대로 가르치면 학원 보낼 필요 없고…… 그거 아니잖아. 한자 같은 거 영어 배워야지…… 우리나라처럼 우리나라도 특별한 학원 있어요. 일반 수학하고 언어하고 없습니다. 학원이 지금 모르지만 옛날에 없어…… 저도 이런 거 생각했었어. 이런 거 특별한 것 좋아. 자기 나이보다 조금 많이 더 알고 싶기 때

문에 학원 가요. 학교 똑같은 거 학원…… (타냐, 4월 10일)

타냐와 왕정수는 한국 부모의 교육열에 대해서 이야기했다.

한국부모들 대단하다고 생각해요. 아, 그런데 미국 같은 데 공부하러 가려면 더 비싸잖아요.(타냐, 2월 23일)

우리는 학교에서 해결이 되잖아요. 과외 같은 것도 모르고 자랐었고 지금도 뭐 필요한 경우에 영어 같은 것도 거의 학교서 하는데 여기는 너무나도 엄마들도 극성적이라 할까 너무 엄마들이 해 주는 거예요. 한국 엄마들 같은 경우는 애들 자립심을 키워 줘야 될 텐데 하나에서부터 열까지 애들이 자꾸 부모를 너무 의존하는 거 같아요. 그래서 저는 일 학년 때 그랬어요. 애가 준비해 가는 거 안 해 줘요. 한 번 두 번 세 번 애가 세 번까지 하더니, 아, 우리엄마는 안 해 주구나. 내가 그거를 해야 되구나 .그래 가지고 저는 준비물 챙기고 해 주는 거는 전혀…… 근데 애가 선생님한테 가서 혼났어. 당하고 했어. 해도 안쓰러운 마음에 해 주면 애가 그게 되는 거 같고…… 근데, 너무 공부 쪽으로 하는데. 공부가 전부가 아닌 것 같은데, 인생교육이 더 중요한 것 같은데, 보면 애들이 학교에서 오면 또 학원에. 애들 불쌍해요.(왕정수, 3월 20일)

이들은 영어교육에 대해서도 많은 걱정을 하고 있었다.

여기에서 한국 사람들 영어 많이 가르쳐요. 우리 애들이 영어 어떻게 배워요? 언제 배워요? 몰랐어요. 여기서는 빨리 배우지요. 그래서 열두 살까지는 배워야지 나중에는 조금 어렵다고.(타냐, 2월 23일)

학원 저도 4학년 돼 가지고. 영어가. 엄마는 일어를 배웠었잖아요. 영어는 어떻게 가르쳐 줄 방법이 없잖아요. 그래서 영어는 학원에 보냈는데. 당연히 보냈는데. 어려서 보내는 것보다 오히려 커서 이해하니까는 더 좋아요. 너무 빨리 안 보낸 거 괜찮아요.(왕정수, 3월 20일)

바. 차별과 편견

1) 이해와 배려의 부족

연구참여자들의 자녀들이 학교에 다닐 때 교사들은 개인적으로는 관심을 보이고 잘 대해 주었다고 한다.

> 훈제는 선생님이 잘 이해해 주셨어요. 제 생각에는. 우리 훈제를 옛날 교장선생님부터 다 알아요. 선생님부터 학생들까지. 지금도 뭐 길 지나가면 너 왜 인사 안 하나? 그런다고. 애들이 다 훈제 알고 있어요. 선생님도 자주 봐요. 학교 옮겼지만. (집하고) 학교 가까우니까 훈제 데리고 놀다가 선생님 보면 인사하고, 길에서 뭐 우리 1학년 때 선생님도 만나고. 길에서 지나가다가 만나서 인사하고.(타냐, 4월 19일)

그러나 특별하게 수업시간에 다른 나라의 문화에 대한 설명을 해 주거나 지도하지는 않았고 배려는 없었다.

> 선생님이 잘해 줬지만, 문화, 그런 거 얘기 없었어요. 아이들한테. 지금 생각, 선생님이 러시아 말, 문화 아이들 얘기하면 더 좋았어요. 아이들 우리 훈제 안 놀려요. 같이 놀았을 거라구.(타냐, 4월 19일)

자녀들은 친구들한테도 놀림을 받기도 한 것 같다.

> 중국은 안 좋다. 아이들한테 중국 사람, 메이드 인 차이나. 정말 그 말 듣기 싫어요. 무시해 버리지 않으면 너무 힘들어요.(왕정수, 4월 17일)

> 혼혈아라는 거 여기에서 문제가 있잖아요. 애들한테. 그렇게 심하지는

않았는데, 애가 지 자체가 지가 엄마가 외국인이라는 거, 외국인이다 그
렇게 생각해 버리니까. 누가 그냥 자기랑 같이 안 놀아 줘도, 나 따돌림
당했다 이렇게 생각해 버리니까. 엄마로서는 진짜 같이 울고 그랬어요.
애가 학교 가면은.(마리, 3월 8일)

왕정수는 차별에 대해 이야기하면서 지난 4월에 미국 버지니아
공대에서 발생했던 총기 사고에 대해서 이야기하였다.

조승희 사건,[46] 한국에서 이런 일 있으면 어떻게 하겠냐. 아마 다 돌
아가게 해라, 제나라로 돌려보내라, 그런 사람 (전자)팔찌를 끼게 하라.
그렇게 말할 거래요. 사람들이. 이 말 들었을 때 저는 속으로 웁니다. 장
연주 씨 같은 경우는 2세가 없으니까 그런 고민 같은 건 안 하지만, 저는
요새는 진짜 고민 많아요. 잠이 안 와요. 그런 문제들 때문에, 애들 그런
얘기 하다 보니까. 한국에서 일어났으면 어떻게 됐을까. 난리 났을 거예
요. 어제 신문 보니까 조승희 추모석도 있고, 버지니아 대학생 그중 한
명으로 추모하고 부모에게 위로도 하고. 우리나라 같으면 부모 못 살 거
예요. 우리 가족도 형부가 한족이에요. 나는 튀기란 말 들었어요 그게 뭐
냐고, 무슨 말인지 남편한테 물어봤어요. 자기는 나한테 부드럽게 얘기하
느라고, 네 조카들이, 튀기라고. 너무 오래된 단어라고. 우리는 학교 가
보면 우리름을 받았지, 여기는 차별받잖아. 그런데 우리는 오히려 저쪽
(중국)에 가서 오래 살았다고 튀기라고 한대요.(왕정수. 4월 19일)

왕정수는 자신이 처음 한국에 왔을 때보다 차별이 많이 없어진
것 같다고 하였다.

요새는 처음보다 조금 좋아진 것 같아요. 분위기도 그렇고, 차별도 많
이 없어지고. 많이 좋아졌어요.(왕정수, 4월 19일)

---

46) 조승희 사건은 2007년 4월 16일 미국 버지니아 공대에서 한국 국적을 가진 교포 1.5
세 조승희가 재학생과 교직원을 대상으로 총기를 난사하여 32명이 죽고 자신은 자살
한 사건이다.

　중국의 경우에는 학교교육 내용 안에 소수민족의 문화나 소수민족에 대한 이야기가 많다고 한다.

　중국은 소수민족 학교 있어요. 몽골족, 조선족 학교 따로 따로 있어요. 몽골족 사람이 몽골족 학교 갈 수 있어요. 한족 학교도 갈 수 있어요. 중국어로 배워요. 몽골 문화, 글자도 공부하고 한족 문화도. 보통 한족학교에서 소수민족 소개 많이 있어요. 노래도 있어요. 책에 나와요.(장연주, 4월 19일)

　정책적으로도 소수민족에 대한 우대정책이 있다고 한다.

　중국 학교는 소수민족이 다니는 거 당연해요. 혜택도 있어요. 소수민족에 대해서, 한족은 산아정책 때문에 1명만 낳아야 되지만 소수민족은 둘 낳아라. 소수민족에 대한 우대정책이 있어요. 그리고 대학 갈 때도 우리는 가산점이 있어요. 그럼 우리 중국은 다문화, 다른 민족하고 결혼하는 거 뭐 이렇게 놀리고 그런 거 안 해요. 어, 그래, 그렇게 생각해요. 기왕이면 같은 민족이면 좋겠다 그러지, 그렇게 크게 안 그래요. 문젯거리가 아닌데. 외국인 며느리 들어오면 그렇게 부끄러운 것처럼 이렇게 쉬쉬 하려고 하고, 그거 안 좋게 봐요.(왕정수, 4월 19일)

　한편으로 소수민족이기 때문에 당하는 불이익도 존재한다.

　또 불이익도 있어요. 불이익이 어떤 거냐하면 내가 조선족으로서 한국에 가게 됐을 때 정부에서는 당연히 오리지널 중국 사람을 배양시켜서 보내는 거예요. 왜냐하면 민족이 같다 보니 배반할 수 있는 가능성도 없지 않아 있지요. 내가 같은 동점에서 선택할 때 중국 사람은 더 유리해요. 우리 언니의 친구도 조선족인데 일할 때 그랬어요. 정부에서 한족을 북한이나 이런 데 보내서 공부시켜요. 그런 사람을 이용하고. 저의 선밴데 같은 동점에서 불이익당하고 그런 거 있어요. 그렇게 혜택도 있고, 안 좋은 것도 있고.(왕정수, 4월 19일)

중국은 여러 민족이 함께 사는 국가이기 때문에 생활하면서 가 끔 충돌할 때도 있지만 함께 사는 것을 당연히 여긴다고 한다.

> 같이 살면서 가끔 부딪쳐요. 안 부딪칠 수가 없어요. 왜냐하면 우리 조선족은 고려종자 그런 호칭이 어렸을 때부터 계속되니까. 차별적인 말 이지요. 이건 굉장히 나쁜 말이에요…… 어렸을 때 냇가에서 목욕하지요. 여기는 중국 사람, 여기는 조선족. 물싸움 하고, 던지고, 저는 고려종자, 그러다가 섞이고 떨어질 수 없으니까 우리가 필요하면, 우리끼리 해결할 수 없는 문제는 또 그 사람들 도움 받고, 우리가 잘하는 건 도와주기도 하고.(왕정수, 4월 19일)

그렇게 생활해 왔기 때문에 다른 민족을 차별하는 한국이 이해 되지 않는다고 하였다.

> 그렇게 자라 왔기 때문에 한국 와서 이상했어요. 처음에 참 한국 좋게 생각했어요. 우리 조선민족이니까 기쁘고, 더 좋은 생각, 싸우지도 않을 거고, 그렇게 시기하고 그렇게 질투하고, 그렇게 어려운 줄 몰랐어요. 중 국 사람도 그렇게 안 대하는데…… 적응될 때까지, 저는 조선족인데도 불구하고 5-6년, 6-7년 이렇게 걸렸었어요. 항간에 이런 말들이 돌드 라고예. 처음에 어르신들 말들 들어 보면 애기 하나 낳으면 그런대로 살 겠구나. 둘 낳으면, 아 그럴 만하네, 셋 낳으면 그 사람은 이제 한국 사람 이네. 이런 말까지 들을 정도로 너무나 가슴 아프더라고요. 누구나 여기 살러 왔지 도망치려고 여기 오는 건 아니거든요. 그런데 그런 말을 듣고 해야 되는 과정을 보면…… 7-8년 이런 세월이 지나더라고요. 이제는 많이 이해해 주고 고마워하지요, 친척들도. 많이 편해요.(왕정수, 4월 3일)

2) 친구 되기

연구를 위해 자료를 모으던 중 국가청소년위원회 산하 무지개

청소년센터에서 나온 '2006년 다문화 청소년 친구 되기'를 접하게 되었다. 이미 일반 학교에서 차별과 편견을 경험한 여성결혼이민자의 자녀들이 쓴 이야기에는 이들의 느낌과, 친구가 되어 함께 하고 싶은 마음이 담겨 있었다. 다음은 네팔, 러시아 출신 어머니를 둔 아이들의 이야기이다.

(가)

　엄마는 오빠와 나를 키우면서 눈물도 많이 흘리고 외로웠다고 하시는데 나는 잘 모르겠습니다. 내가 엄마 아빠와 밖에 다닐 때 사람들이 귀엽다고, 어느 나라에서 왔냐고 물어봅니다. 귀찮을 때가 많지만 그리 기분 나쁘지 않습니다. 어떤 때는 언니 오빠들이 따라오면서 사진도 찍습니다. 다들 예쁘다고 하지만 엄마 기분이 별로인 것 같습니다. 전에 다니던 학교에선 애들이 놀릴 때 속상해하면 엄마는 그냥 이해하라고 합니다. 지금은 아시아공동체학교에 다닙니다. 여름방학 캠프 지나고 엄마 아빠가 2학기부터 이곳에 다니라고 했을 때 오빠와 나는 너무 기뻤습니다. 놀림 안 받아서 좋고 친구들도 착해서 좋습니다. 엄마도 우리 학교에 한글을 배우러 다니고 계십니다. 열심히 해서 한글 선생님이 되는 것이 꿈이라고 합니다.

(나)

　우리 엄마는 러시아인입니다. 나는 우리 엄마를 사랑하고 엄마가 최고 좋습니다. 그런데 엄마는 나를 매일 야단치고 혼내십니다. 학교에서도 친구들은 나를 같은 편에 넣어 주질 않습니다. 그럴 때면 나는 이쪽저쪽으로 다니면서 방해를 합니다. 그러면 기분이 좀 나아집니다. 제일 슬프고 신경질이 날 때는 길거리서 날 보고 '튀기새끼'라고 놀리고 도망가는 겁니다. 끝까지 쫓아가서 때려 주고 싶지만 하루 이틀 듣는 이야기도 아닌데 그냥 참습니다.

　아시아공동체학교 여름캠프에 참여하게 되었는데, 그곳에는 나처럼 엄마가 외국에서 온 친구들이 많았습니다. 중국·일본·필리핀·네팔·러시아·베트남 엄마를 둔 아이들과 서로 어울려 잘 놀았고 신났습니다. 선생님도 친절하고 잘 해 주었습니다. 나는 여기서도 야단을 많이 맞았습니다. 그 전에는 야단맞으면 기분이 나빴는데 여기서는 안 그래야겠다는 생각이 들었습니다. 공부도 열심히 하고 러시아에서 엄마처럼 좋은 일을 많이 하는 것이 내 꿈입니다.

(다)

　　나는 지금 한국 사람이다. 엄마가 러시아 사람이고 아빠는 한국 사람이기 때문이다. 만약에 내가 그냥 한국 사람이었다면 한국말을 배웠을 거다. 엄마가 러시아 사람이니까 러시아 말도 알고 아빠가 한국 사람이니까 한국말도 알고 그게 좋다.

　　그런데 조금 나쁘기도 하다. 엄마는 러시아 말만 안다. 아빠는 한국말만 알고, 그래서 엄마는 아빠 말을 못 알아들어서 답답하고 아빠는 엄마 말을 못 알아들어서 답답하다. 내가 러시아에 있을 때 학교에 다녔다. 한 아이의 엄마가 한국 사람인데 애가 러시아 사람이었다. 나는 진짜 놀랐다. 엄마가 한국 사람인데 왜 러시아 애가 되는지 잘 모르겠다. 나는 엄마가 러시아 사람이고 아빠는 한국 사람인데 왜 내가 한국 사람인지 잘 모르겠다. 이 세상에 다문화 가족들이 엄청 많다. 엄마, 아빠도 말 많이 배워서 엄마는 아빠 말을 알아듣고 아빠는 엄마 말을 알아들었으면 좋겠다. 이젠 엄마, 아빠, 이모, 할머니, 그리고 친구들이 다 건강하고 좋게 살았으면…….

4 부

다문화주의 실현과 평생교육

12. 한국에서의 다문화주의 실현

　여성결혼이민자들이 한국인과 결혼해 한국에 사는 이유는 주로 경제적인 이유가 많다. 빈곤과 실업상황에 처해 있는 저개발국의 여성들은 계층 상승의 꿈을 갖고 상대적으로 부유한 국가로 이동한다. '가난하며 가족부양의 책임'을 갖는 저개발국의 여성들은 이주의 수단으로 결혼을 선택하게 된다. 연구참여자 5명의 출신국은 중국, 네팔, 러시아, 베트남으로 모두 한국보다 가난한 나라이다. 그러나 이들은 우리가 흔히 생각하는 '돈'에 의해 팔려 오거나 '가족을 위한 희생양'으로 자신을 생각하고 있지는 않았다. 이들은 자신들의 삶을 주체적이고 적극적으로 살아가는 행위주체자일 뿐이었다. 네팔 출신의 마리는 네팔보다 잘사는 한국에 대한 동경을 가지고 있었고 자신도 한국에서 살면 경제적으로 풍요로운 삶을 누릴 수 있다고 생각했다. 경제적으로 넉넉하지 않은 가정의 장녀인 마리는 장녀로서의 경제적 부담감과 가족에 대한 책임감으로, 사진으로만 본 남성과의 결혼을 결정하였다. 신민아도 외국에 대한 동경과 새로운 삶에 대한 기대로 한국행을 결정하였다. 러시아 출신의 타냐도 경제적 상황이 안 좋은 러시아를 떠나 돈을 벌기 위

해 한국에 처음 왔다. 장사를 하기 위해 한국에 와 있다가 한국
남성을 만나 한국에서 살게 되었다. 왕정수는 조금 다른 경우인데,
결혼을 먼저 한 후에 한국에 이주하였다. 왕정수는 같은 민족과의
결혼을 원하고 있었고, 한국남성과 결혼했기 때문에 당연히 한국에
서 산다. 그러나 왕정수도 경제적으로 부유한 한국에서 돈을 벌어
친정을 도와주고 싶다는 생각을 가지고 있다. 장연주의 경우는 다
른 연구참여자 4명과 다르다. 그녀에게는 경제적인 동기는 별로
없다. 오히려 그녀는 중국에서의 여유로운 생활을 버리고 한국남성
과 살기 위해 한국에 왔다. 그녀는 지금도 중국에 돌아가면 현재
보다는 더 경제적으로 풍요로운 생활을 할 수 있지만 한국남성을
사랑하기 때문에 한국에 산다.

마리와 신민아에게 한국으로의 이주는 더 나은 삶을 의미한다.
네팔에서 카스트는 높지만 경제적으로는 넉넉하지 않은 집안의 장
녀였던 마리에게, 한국남성과 결혼하라는 숙모의 제안은 가족에 대
한 경제적 책임을 다하고, 또 대학 재수 중이라는 답답한 삶에서
벗어날 수 있는 기회이다. 그러나 가족들이 반대할 것을 알고 있
기 때문에 마리는 부모를 속이고 한국으로 온다. 그리고 자녀들이
차별받을까 봐 걱정하고 있기는 하지만 한국 생활을 좋아한다. 신
민아도 결혼 중개업체를 통해 모르는 남자와 결혼하고 한국에 왔
지만 한국으로의 이주를 후회하지는 않는다. 베트남에서의 생활보
다는 경제적으로 여유가 있고, 편하기 때문이다. 왕정수에게 이주
의 의미는 같은 민족과의 만남이고 뿌리를 찾는 것이다. 따라서
그녀는 많은 기대를 하고 있었지만 기대가 컸기 때문에 그녀가 한
국생활을 체험하면서 겪는 실망도 크다. 특히 조선족에 대한 한국

인의 차별은 그녀의 한국이주를 가끔 후회하게 하기도 하지만 자녀 교육을 위해서는 한국에서 사는 것이 괜찮다고 생각한다. 장연주는 한국 남자와 결혼을 했으니까 한국에 사는 것이다. 그녀에게 한국이주는 단지 남편과 같이 있는 삶이다. 남편이 원하기 때문에 한국에 사는 것이다. 그녀는 남편이 중국으로 간다면 언제든지 중국으로 갈 수 있다. 타냐에게도 한국이주는 한국 남자와의 결혼을 통한 삶이다. 그러나 그녀는 결혼 전에 이미 한국생활을 체험했고 한국에서 사는 것이 좋다고 생각한다.

결혼 후 한국인 남성들과 함께 살면서 이들은 언어와 가부장적인 문화, 생활방식의 차이 때문에 어려움을 겪는다. 대부분 남편과의 나이 차이가 많이 나는데, 남편들은 대부분 한국의 가부장적인 사고를 가지고 있으므로 특히 집안일에 무심하며 가사분담을 하지 않는다. 가족중심적인 사고를 가지고 있지 않기 때문에 그런 문화에 익숙하지 않은 아내와 자주 싸움을 한다. 또한 남편이 자녀의 교육문제나 사회복지 지원을 받는 문제 등에 관심이 없거나 모르고 있고 아내에게 대부분의 책임을 넘기지만, 여성결혼이민자들은 언어차이나 문화에 대한 무지, 정보부족으로 많은 어려움을 체험한다. 또한 이들의 남편들은 아내의 의견을 따르기보다는 자신의 주장만을 따르기를 요구하며, 권위적이다. 다냐의 남편은 다른 여자를 만나기도 하였고, 그것 때문에 자주 싸우고, 이혼 얘기까지 있었다. 이들의 남편들은 경제적으로 넉넉하지 않은 상황인데, 타냐, 마리는 시집에서 경제적으로 도움을 주지만 왕정수와 장연주는 그런 도움을 받지 못한다. 게다가 왕정수와 장연주의 남편은 돈을 벌어야겠다는 생각을 별로 하지 않는다. 왕정수의 남편은 최근에 자녀를 위해 새로 일을 시작하였지만, 장연주는 여전히 경제적으로 어려운 상황이다. 장연주의 남편은 공부도 많이 하고, 또 잘한다고 한다. 그러나 경제적으로는 무능력하다. 남편이 받는 월급으로는 생활할 수 없어 장연주는 생활비를 벌기 위해 여기저기에서 중국어 강의를 한다. 그러면서도 앞으로 남편을 더 공부시키기 위해 돈을 많이 벌어야 하기 때문에 자녀도 안 가진다. 신민아의 경우는 예외적으로 경제적인 어려움 없이 살고 있고, 친정도 경제적인 도움을 받는다. 그리고 남편도 가정적이고, 시집식구들도 호의적이다. 신민아는 자신이 운이 매우 좋다고 생각하고 있다.

여성결혼이민자의 경우 시집가족들과 함께 사는 경우가 많고, 또 같이 살지 않더라도 매우 밀접한 관계를 가질 수밖에 없기 때문에 실제적으로 한국인의 친족으로, 특히 며느리로서 살아가는 것은 이들에게 힘든 체험이다. 남편과 시집식구는 의사소통, 세대차이, 문화적 차이 등은 고려하지 않고 여성결혼이민자들을 통제하려한다. 따라서 시집식구와의 갈등이 생기는 경우가 많다. 특히 시어머니와의 관계는 이들에게 불편하고 어려운 관계이다. 한국어를 못한다고 야단을 치거나, 의사결정을 하는 데 있어서 시어머니의 허락을 받아야 하고, 심지어는 외출과 같은 일을 통제하기도 한다. 결혼을 통해 이들이 전통적 한국인 가정에 편입되는 것은 쉬운 일이 아니다. 아내로서, 며느리로서의 의무만 떠맡게 될 뿐이고, 완전한 가족의 구성원으로 받아들여지기는 어렵다. 이들은 한국여성들이 기피하는 시부모 모시기, 맏며느리로서 역할, 종부로서의 역할, 제사 지내기 등을 맡게 된다. 그런 과정을 통해 한편으로는 자부심이나 책임감을 느끼기도 한다. 시집식구들과 갈등관계에만 있는 것은 아니다. 친정과는 단절되어 있는 상황에서 여성결혼이민자들과 가장 가까운 관계에 있기 때문에 이들은 여러 도움을 주기도 한다. 남편과의 갈등이 있을 때 중재해 주는 역할을 하기도 하고, 경제적인 도움도 준다. 이들이 의지할 수 있는 대상이 되는 것이다.

어머니가 되고, 자녀를 낳아서 키우는 것은 이들에게 가장 강렬한 체험이다. 문화와 언어가 익숙하지 않고, 조언이나 도움을 줄 수 있는 친정식구나 친구가 없기 때문에 이들은 많은 혼란과 어려움을 체험한다. 임신부터 출산, 산후 조리까지 이들은 혼자서 많은 어려움을 겪는 경우가 많고, 또 자신의 나라와는 다른 문화 속에서 많은 혼란을 경험하는 것 같다. 자녀를 키우는 것도 쉽지가 않은 일이다. 시어머니가 도와주는 경우는 괜찮지만, 그렇지 않은 경우 자녀를 어떻게 교육시켜야 되는지 모르기 때문에 시행착오를 겪는다. 자녀가 커서 유치원에 들어갈 때도 경제적인 문제로 어려움을 겪고, 자녀가 아파서 병원에 갈 때도 시스템을 모르거나 의사소통 문제 때문에 힘들어한다. 자녀가 취학을 하게 되면 더 걱정이 커지는데, 자녀의 학습에 도움을 주지 못하고, 자녀들은 언어발달이 지체되고, 학습이해도가 낮으며, 친구들에게 따돌림을 당하기도 한다. 학업성취가 낮기 때문에 사교육을 시키고 싶지만 사교육비는 경제적인 부담이 된다. 또 출신국 언어를 가르쳐야 되는지 갈등을 겪고, 영어를 모르기 때문에 학습에 도움을 줄 수 없다. 또 자녀가 커 가면서 자녀의 진로에 대해 걱정한다.

지역사회의 구성원이지만 사회적 지지망을 제대로 형성하지 못해 어려운 일이 있을 때 같이 이야기하거나 도움을 줄 수 있는 친구나 이웃이 별로 없다. 그 이유는 외부와 단절된 생활을 하거나, 문화와 언어차이, 또는 사고방식이나 생활습관의 차이 때문에 한국 사람과 새로운 관계를 형성하는 데 어려움을 겪기 때문이다. 이러한 사회적 지지망 형성의 어려움은 그들이 주류사회에 진입하는 데에 한계가 될 수 있다. 그러나 마리의 경우처럼 사회적 지지망을 형성하기 위해 적극적으로 노력하는 경우도 있다. 마리는 자녀가 차별받지 않게 하기 위해 자신의 내성적인 성격을 바꾸고, 부끄러움을 무릅쓰고 한국 사람들에게 다가가서 친밀한 관계를 이루었다.

이들은 외국인이기 때문에 주변사람들의 차별적인 시선을 받아내야 하고, 자신의 출신을 숨기고 싶어 한다. 이러한 차별은 이들의 어두운 모습만을 부각시키는 매스컴이나 잘못된 정부 정책의 책임도 있다. 이들이 가장 마음 아파하는 것은 자신에 대한 차별이 아니라 자신의 자녀들이 받는 차별이다. 그들은 국적이 한국인데, 단지 어머니가 외국인이라서 언어능력이 떨어지거나 외모가 다르기 때문에 학교생활에서 어려움을 겪는다. 이러한 차별은 이중적이다. 우리는 서구 출신의 외국인을 대할 때는 다소의 열등의식을 가지고, 반면 우리보다 못사는 나라의 사람들을 대할 때는 인종주의적인 시각을 가진다. 따라서 서구적 외모의 타냐와, 마리, 신민아, 왕정수, 장연주가 받는 시선은 다르다. 이들은 자신은 한국 사람이 아니라고 생각한다. 그러면서도 자녀가 한국인이기 때문에 자신의 정체성에 대해 혼란을 겪는다. 왕정수의 경우는 자신은 한국인이라고 생각하지만 한국인들은 자신을 외국인이라고 생각한다면서 자신의 정체성에 대해 혼란스러워한다.

연구참여자들은 이러한 적응의 체험 속에서 많은 장애요인들에 부딪힌다. 한국어를 잘 못해서 의사소통이 제대로 되지 않으며, 남편이나 시집가족들과 갈등이 쌓이거나 의사소통이 안 될 때가 있고, 심지어는 자녀와도 대화가 안 될 때가 있다. 또한 자녀의 학습을 도와줄 수가 없기 때문에 한국어 공부의 필요성을 절실하게 느끼지만 자신들에게 맞는 교육기관을 찾기가 어렵고, 교재나 프로그램도 별로 개발되어 있지 않은 실정이다. 남편이 아내의 출신국 언어를 할 수 있는 경우에는 의사소통의 어려움이 많이 줄어들기도 한다. 연구참여자들은 모두 영어를 모르고 있었는데, 자녀의 영어공부를 도와줄 수가 없어서 힘들다고 이야기하였다.

이들은 또한 한국문화에 대한 이해 없이 한국생활을 시작하기 때문에 살면서 여러 가지 문화차이를 경험한다. 음식, 좌식생활, 제사, 친척관계, 일상생활 등 많은 것에서 문화차이를 느끼지만 특별히 문화교육을 받은 적은 없다. 최근에 많이 운영되는 문화교육 프로그램이 자신들에게는 시간적으로 안 맞고 내용 면에서도 별로 도움이 안 된다고 생각한다. 이들은 요리나 전통문화 외에도 한국의 역사나 일상적인 생활의 정보 등을 배우기를 원했다. 연구참여자들은 모두 남편과 문화가 달라서 어려웠다고 했는데 이것은 근본적으로는 여성과 남성의 역할에 대한 사고방식의 차이 때문이다. 이들은 모두 '남자는 하늘, 여자는 땅'이라는 말을 알고 있었고, 남편이 자주 이야기한다고 하였다. 가부장적 사회에서 살아온 한국 남편들은 성차별적인 사고와 성역할에 대한 고정관념을 가지고 있고, 이들에게 순종적인 여성의 모습을 요구하지만, 우리와 다른 사회에서 살다가 온 이들은 그것을 받아들이기가 어렵다.

이들은 대부분 경제적으로 어려운 상황인데, 생활안정과 자녀교육비, 또 친정 식구들을 돕기 위해서 일을 하고 있었고, 또 현재는 일을 하고 있지 않은 경우에도 언젠가는 취업을 하고 싶어 했다. 그러나 이들에게 취업의 문턱은 너무나 높다. 자신들이 원하는 일자리를 구하기가 어려웠고, 기술을 배우고 싶어도 어디에서 어떻게 배워야 하는지를 잘 모르고 있었다. 또 자녀와 비용문제 때문에 망설이기도 하였다. 이들은 취업에 대한 정보제공과 고용을 연결해주는 제도가 필요하다고 느끼고 있었다.

자녀의 교육문제도 이들에게는 큰 어려움인데, 한국말을 잘 못하기 때문에 자녀를 키우고 학습을 도와주는 것이 어려우며, 교육에 대한 정보도 얻기가 힘든 상황이었다. 또한 과열된 사교육 풍조 속에서 경제적으로 어려우면서도 어쩔 수 없이 사교육을 시키기도 한다. 일반 학교에 다니는 경우 자녀들이 친구관계나 적응에 있어 어려움을 겪기 때문에 학업 외에도 태도나 성격에 문제가 생기기도 하고, 다문화가정의 자녀를 위한 학교에 보내는 경우도 있다. 미취학자녀가 있는 경우, 보육비가 너무 비싸서 어린이집이나 유치원에 보내기가 어렵고, 자녀들의 이중 언어 교육 문제나 영어 교육 문제 때문에 고민하기도 한다. 자녀들은 학교에서 어머니가 외국인이라는 이유로 놀림을 받기도 하는데, 연구참여자들은 자신들 때문에 자녀들이 사회와 학교에서 차별과 놀림을 당한다고 생각하고 가슴 아파한다. 또 자신들을 차별하는 한국사회를 이해할 수 없다고 한다.

13. 다문화주의 실현을 위한 평생교육의 실천

가. 언어교육

의사소통의 어려움은 갈등을 깊게 한다. 어떤 사회에 살든지 적응하려면 그 사회의 언어를 이해하는 것이 중요하다. 여성결혼이민자들 대부분이 한국에 오기 전에 한국어를 배우지 않는다. 하밍타잉(2005)의 연구에서는 최근에 베트남에서 오는 여성들은 한국에 오기 한 달 전쯤부터 베트남에서 개인과외를 통해 자모음 정도는 배우고 온다고 한다. 그러나 한국에 온 이후에는 공식적 기관에서 한국어를 배우기가 쉽지 않은 실정이다. 물론 최근에 여기저기에서 한국어 교육 프로그램이 진행되고 있지만, 접근에 있어서 용이하지 않다. 가족의 반대나 시간적 어려움, 자녀 양육 때문에 이들은 대부분 한국어 교육을 체계적으로 받지 못한다. 이들이 한국에 온 후 한국어를 배우는 언어학습의 상황은 자습이나 독학의 상황이다. 남편들도 외국인 아내에게 한국어를 체계적으로 가르칠 수 있는 지적, 교육적 배경을 갖지 못하고 있으며, 또 아내의 한국어 학습에 시간과 노력을 투입하기가 어렵다. 가족들이 한국어 공부에 대한 필요성을 느끼지 못하는 경우도 많은데, 그 이유는 가족을 비롯해 여성결혼이민자 자신들도 한국에 와서 몇 년 생활하면 자연스럽게 한국어를 습득하게 될 거라고 생각하는 경우가 많기 때문이다(구지은, 2006). 장연주의 경우에도 한국에 있는 2년 동안 별로 한국어 학습을 하지 않았기 때문에 한국어 실력은 다른 연구참여자들에 비해 낮다. 왕한석(2005)에 따르면 여성결혼이민자들은 특별한 한국어 학습시간을 두지 않고 개인적으로 해결하는 경우가 많은데, 학습 방법은 남편 및 가족들에게 모르는 것을 묻고, 사전 및 한국어 학습서를 이용하며, 텔레비전의 여러 프로그램들을 시청하면서 한국어를 배우는 것으로 나타났다. 그리고 초보적인 학습이 어느 정도 이루어진 사람들은 어린이용 책, 주로 동화책 등을 읽으면서 자신의 언어학습을 더 진전시킨다고 한다. 실제로 마리나타냐, 장연주, 신민아도 이런 방법으로 한국어를 배웠다고 한다.

또한 한국어를 배울 수 있는 기관도 많지 않아 한국어를 배울 수 있는 기회가 별로 없다. 현재 한국에서 이루어지고 있는 외국인 대상 한국어교육은 대부분 대학부설기관에서 이루어지고 있고, 또 일반 학문 목적의 한국어 교육 중심이다. 그러나 여성결혼이민자들을 위한 한국어 교육은 일반 학문 목적의 한국어 교육과 다를 수밖에 없다. 이들이 가정과 지역사회에서 실제로 활용할 수 있는 한국어 교육이 필요하며, 의사소통 문제 때문에 생기는 가족 간 갈등을 줄이고, 자녀교육에도 도움을 줄 수 있어야 한다. 교육 내용 자체가 이들이 처한 상황과 현실적 필요성에 초점을 맞추어야 한다.

2004년부터 2006년 사이 여성결혼이민자에 대한 관심 증가와 정부의 지원책으로 여러 기관에서 여성결혼이민자들을 위한 한국

어 교육을 시작하였고, 또 여성결혼이민자들을 위한 교재[47]가 여
성가족부에서 출간되었다. 또 여러 기관에서 경쟁적으로 한국어 교
육을 실시하고 있으나 한국어 수업 시간은 주1회 또는 2회로 그치
고 있고 그 프로그램도 체계적이지 못해 대부분이 초급위주의 프
로그램으로 운영되고 있다. 교재는 여성가족부에서 만든 교재를 쓰
는 기관이 많기는 하지만 이 교재가 여성결혼이민자들을 위한 유
일한 교재이다. 그러나 이 교재는 단원의 학습순서가 체계적이지
못하고, 어휘 제시량도 적절하지 못하며, 유의미한 활동을 전혀 할
수 없게 되어 있고, 문법에 대한 설명이 어려우며 활동과 연습이
배제되어 있는 등(구지은, 2006) 부족한 부분이 많다. 따라서 일선
교육기관에서는 급이 올라가면 자체 제작하거나 일반 학습자를 대
상으로 만든 기존의 교재를 쓰는 경우가 많은데, 이것이 여성결혼
이민자들의 특성과 수준에 맞지 않아 어려움을 겪는 경우가 많다.
따라서 여성결혼이민자들의 실제 생활에 도움이 되고, 이들의 특성
과 요구를 고려하여 구체적이고 실제적인 상황의 제시와 문화가
포함된 교재의 개발이 필요하다. 이와 아울러 한국에서의 취업이나
자녀교육에 도움이 될 수 있도록 고급 수준의 한국어 교재도 필요
한 실정이다. 왕정수는 자신 정도의 고급수준의 학습자가 배울 수
있는 교재가 필요하다고 하였다. 실제로 왕정수 정도면 기존의 대
학기관에서 만든 교재들로도 얼마든지 한국어 학습을 할 수 있다
고 판단되었지만 이들은 한국어 교재에 대한 정보가 거의 없었다.
이러한 교재를 여성결혼이민자들이 쉽게 접할 수 있도록 하는 홍

---

47) 여성가족부에서 만든 「여성결혼이민자를 위한 한국어교재」는 2005년 12월에 초급 교
    재가 나왔다. 그리고 2009년에는 한국어 첫길음과 중급 교재를 발간하였다.

보나 지원도 요구된다. 실제로 연구참여자들은 여성가족부에서 만든 교재에 대해 전혀 모르고 있었다. 따라서 현재 상황에서 여성결혼이민자들의 체계적 한국어 교육을 위해 교재의 개발이 시급하며, 공식적인 교육기관에서의 교육뿐 아니라 독학을 할 때에도 유용한 교재이어야 한다. 자녀가 취학 전이라면 유아 동화책 등을 활용해 언어교육을 하고, 자녀가 학교에 다니는 경우에는 초등학교 교과서와 연결하여 교육하는 것도 필요하다.

한국어 교사들은 거의 자원봉사자가 많았는데, 구지은(2006)의 연구에서는 한국어 교사 양성과정을 마친 교사들은 17%였고 대부분은 교사 양성과정을 이수하지 않은 채 한국어 교육을 하고 있었다. 한국어 교육을 전공하지 않았다는 것은 한국어 교육의 전문성 부족을 보여 준다. 실제로 한국어 교육시의 어려움에 대한 응답에서도 학습자들의 부족한 학습시간이 48%였고, 자신들의 한국어 교육에 대한 전반적 지식 부족이 31%로 나타났다. 이러한 문제를 해결하기 위해 2006년에 이주민 대상 한국어 교사 양성과정이 한국어세계화재단의 주관하에 서울교육대학교, 경희대학교, 배재대학교, 영산대학교, 위덕대학교, 세명대학교에서 이루어졌는데 앞으로도 이러한 교육이 더 확대될 필요가 있다.

이러한 한국어 교육과 함께 남편들에 대한 아내의 출신국 언어교육이 필요하다. 실제로 타냐와 장연주, 왕정수의 경우에는 남편들이 이들의 언어를 사용할 수 있었고, 마리의 남편도 네팔어를 배우는 데 열성적이었다고 한다. 따라서 이들은 남편들과의 의사소통의 어려움은 크지 않았다. 그러나 신민아의 경우는 남편과 시어머니가 전혀 베트남어를 몰랐기 때문에 의사소통의 어려움을 많이 겪었다고 한다. 의사소통이 이루어지지 않는다는 것은 오해와 갈등을 쌓이게 하는 요인이 된다. 따라서 여성결혼이민자들의 한국생활 정착을 위해서 남편들의 언어 교육이 요구된다. 또 영어를 사용하는 국가에서 오지 않은 경우에, 자녀의 영어학습을 지원할 수 있도록 여성결혼이민자들을 대상으로 하는 영어교육도 이루어질 필요가 있다.

나. 문화교육

타일러(Tylor, 1958:1)는 문화를 지식, 신앙, 예술, 도덕, 법률, 관습, 그리고 사회의 구성원으로서 인간이 획득한 모든 능력과 습관을 포함하는 복합총체라고 하였고, 보이드와 실크(Boyd & Silk, 2000:603)는 문화는 특정한 형태의 사회적 학습을 통해 개인이 학습한 정보라고 하였다. 문화 교육은 이질 적인 문화의 충격을 최소화하거나 해소함으로써, 한국 문화를 이해하고 받아들이게 하고, 한국문화에 적응하도록 해 줄 수 있다.

그러나 대부분의 여성결혼이민자들은 한국문화에 대한 이해 없이 한국생활을 시작하기 때문에 문화차이로 인한 갈등이 크다. 국제결혼이란 단지 국적이 다른 두 사람의 결합일 뿐 아니라 상이한 두 나라의 문화가 결합하는 과정이다. 서로 다른 문화와 생활 습관을 가진 사람들이 이룬 국제결혼 가정은 근본적으로 문제를 가지고 시작되는데, 가정 내의 이중문화로 인한 갈등은 가정 자체를 불안정하게 만든다. 이러한 문화의 결합이 긍정적 효과를 나타내기 위해서는 이질적 문화가 맞부딪치는 데서 오는 충돌과 갈등을 최소화할 필요가 있다(하밍타잉, 2005). 서로의 문화를 이해하지 못하는 경우 의심, 분노, 갈등의 상황에 놓이게 된다.

최근 여성결혼이민자를 대상으로 하는 대부분의 한국어 교육기관이 문화교육을 병행하고 있다. 그러나 이러한 문화교육들은 대부분 일회성으로 끝나기도 하고 김치담기나 다도체험 같은 제한된 주제나 문화유적 탐방 같은 관광 프로그램이 대부분이다. 예를 들면 경복궁, 인사동, 해수욕장 등의 문화유적지나 거리탐방, 김치, 송편 만들기 등 요리 체험행사, 문화축제 참여, 민속놀이, 다도 및 한복체험, 도자기, 요가교실, 한지공예 등의 취미교실 등의 문화교육이 대부분인데, 물론 이런 프로그램도 필요하지만, 여성결혼이민자들의 현실적인 요구가 반영된 프로그램을 개발해야 한다. 연구참여자들은 음식문화, 주거문화, 가족관계, 생활습관, 전통예절, 자녀양육 및 교육에 있어서의 문화차이를 많이 느끼고 있었고 또한 한국역사, 생활문화, 법률, 의료지식 등에 대한 필요성도 이야기하였다. 따라서 이러한 요구가 반영된 교육이 이루어져야 한다. 한국어교육과 문화교육을 별개로 분리하여 교육할 수도 있지만, 한국어교육의 과정 속에서 한국어에 대한 문법적 지식뿐 아니라 문화적 지식까지를 모두 배울 수 있으므로 일상적인 문화를 한국어교육과 통합시켜 교육시키는 것이 효과적일 것이다.

다. 양성평등교육

혈통을 중시하는 남성 중심의 가부장제는 여성에 대한 배제와 차별을 내포하고 있다. 가족의 부양자로서 남성을 상징하는 가족구조는 '가장'으로서의 권위를 남편에게 부여하기 때문에 이러한 가족관계 내에서 남편은 아내의 행동을 통제할 수 있다. 남편들은 여성이 전업주부로 집안에만 머무르게 될 때 경제권을 독점함으로써 더욱 쉽게 아내의 일상생활의 영역을 제한한다(하밍타잉, 2005:70). 특히 여성결혼이민자들의 경우는 지역사회보다는 가정 중심의 제한된 생활을 하는 경우가 많으므로 이들의 영역은 더욱 좁다고 할 수 있다.

연구참여자들과 남편들과의 갈등의 주된 이유는 여성과 남성의 역할에 대한 사고방식의 차이이다. 대부분의 가정에서 성역할이 고정되어 있고, 아내가 밖에서 일을 하는 경우는 더 많은 부담이 따르게 된다. 가정에서는 가사노동의 분담이 이루어지지 않고, 의사결정에 있어서도 남편의 통제를 받게 됨으로써 여성결혼이민자들은 많은 어려움을 겪게 된다. 가부장적인 한국 사회에서 살아온 남편들은 가장으로서의 권위를 내세우고, 다른 사회에서 온 여성들은 그것을 받아들이지 못한다. 다양한 국가에서 온 여성결혼이민자들의 경우 자신의 나라에서의 여성의 지위와 한국의 지위가 다르기 때문에 혼란을 겪는 경우가 많다. 따라서 다문화사회를 받아들이고 조화로운 동반자적 관계를 이루기 위해서는 우리사회의 가부장적인 사고를 변화시키고, 양성평등한 사회문화를 확산시키며, 성별 고정관념을 탈피하는 것이 필요하다. 또한 여성으로서 스스로 판단하고 결정할 수 있는 리더십을 향상시키고, 성차별적 문화에서 벗어날 수 있는 양성평등교육이 요구된다. 장기적으로는 고용에서의 평등 임금, 교육에서의 평등한 기회, 여성의 적극적인 사회활동 참여도 이루어져야 한다.

라. 여성 인적자원개발(HRD)

2005년 8월 16일 정부가 발표한 여성결혼이민자에 대한 지원방안에는 여성결혼이민자에게 주어졌던 동거비자인 F2비자 소지자에게도 취업의 기회가 주어진다. 따라서 직업훈련과 고용 보장 등을 통해 복지의 사각지대에서 경제적 빈곤과 복지혜택에서 소외되었던 여성결혼이민자의 안정적 생활을 할 수 있는 가능성이 높아졌다.

그러나 현재 여성가족부를 비롯한 관련 기관에서 벌이고 있는 여성결혼이민자가족 지원 사업에는 직업훈련 지원은 없으며, 또한 여성결혼이민자들은 근본적으로 노동시장 진입이 어렵다. 일자리를 가지려 하지만 남편과 시집의 허락을 얻기가 쉽지 않고 의사소통이 제대로 안 되며, 문화도 모르기 때문에 원하는 직업을 찾기가 어렵다. 또 대부분 임신, 출산, 자녀양육의 시기 동안에는 취업을 하기가 어려운 상황이다.

연구참여자들은 모두 직업의 필요성에 대해 동의하지만 한국사회의 취업의 문턱은 이들에게 너무 높다. 남편들이 모두 일을 하기는 했지만 중장비 기사인 마리와 귀금속 공장에 다니는 신민아의 남편을 제외하고는 나머지 세 명은 가정형편이 어렵다. 그들의 걱정거리인 생활안정, 자녀 교육 등을 위해 직업을 가지고 싶어 하는 욕구는 강하지만, 기술이 없거나 정보가 부족하다. 마리는 취업을 위한 직업교육을 받고 싶은 마음은 있지만, 자녀교육문제, 정보 부족, 비용 때문에 망설이고 있다. 왕정수는 현재 일을 하고 있지만 가계에 많은 도움이 되지 못하고 있다. 장연주는 중국에서의 자신의 직업을 생각하고 한국에서 그에 상응하는 일을 하고 싶어 하지만 그것은 쉽지가 않다. 인맥, 학맥 등으로 연결되는 한국의 상황에 대해 잘 모르고 있는 것이다. 신민아는 현재 일을 하고 있기는 하지만 장기적으로는 미용기술을 배워서 미용실을 하고 싶어 한다. 그러나 어떻게 해야 하는지 잘 모르고, 또 한국어 실력이 낮기 때문에 잘할 수 없을 거라고 생각한다. 타냐의 경우에는 어린 자녀 때문에 일을 못 하고 있다. 또 왕정수와 장연주는 이력서 작성이나 정보 검색 같은 기본적인 일도 어려워했다.

따라서 국가경쟁력을 향상시키기 위해서뿐만 아니라 여성결혼이민자들의 삶의 질 향상을 위해서도 인적자원개발이 필요하다. 인적자원개발 기본법[48]에서는 인적자원을 '국민 개개인과 사회 및 국가의 발전에 필요한 지식·기술·태도 등 인간이 지니는 능력과 품성'으로 정의하고, 인적자원개발을 '국가·지방자치단체·교육기관·연구기관·기업 등이 인적자원을 양성·배분·활용하고, 이와 관련되는 사회적 규범과 네트워크를 형성하기 위해 행하는 제반활동'이라고 정의하고 있다(교육인적자원부, 2002). 여성결혼이민자들의 인적자원개발을 위해서 직업 상담 및 교육훈련기회를 확대하여 경쟁력과 직업

---

48) 인적자원개발기본법은 2002년 8월에 공포되었다.

역량을 강화하며, 취업에 대한 정보를 제공하는 것이 필요하다. 이와 함께 고용창출과, 직장과 가정생활의 양립을 위한 육아지원, 훈련 보조금 지급, 언어와 문화적응 교육도 함께 지원되어야 할 것이다.

마. 자녀교육

여성결혼이민자의 자녀들은 부모의 가치관과 태도가 각각 다른 이중문화 속에서 자라기 때문에 정체성의 혼란을 경험하기도 한다. 이러한 정체성 혼란은 일탈행동으로 이어지고 학업 포기, 사회생활 부적응 등의 악순환을 겪을 수도 있다. 또 우리나라의 현실은 자녀교육이 주로 어머니에 의하여 이루어지는데, 어머니가 한국어가 서투르고 문화와 풍습에 익숙하지 못하므로 교육에 있어 많은 어려움을 겪는다. 연구참여자들도 이러한 점에 대해 가장 걱정을 많이 하고 있었다. 이들 자녀들은 태생적으로 언어, 풍습 등에서 자유롭지 못한 환경에서 태어났으므로 그들에 대한 사회적 배려가 있어야 할 것이다(김갑성, 2006).

따라서 여성결혼이민자들의 자녀교육에 대한 지원이 필요한데, 연구참여자들의 경우 한국의 교육시스템에 익숙하지 못하고, 또 교육에 대한 정보를 얻을 수 있는 곳이 거의 없어 무척 힘들어했다. 따라서 여성결혼이민자와 남편이 자녀들을 교육할 수 있는 능력을 강화할 수 있도록 한국의 학교교육의 체계나 교육에 대한 정보가 제공되어야 한다. 학업성취도가 낮은 자녀들을 위해 보충교육이나 방과 후 수업이 이루어져야 하며, 필요한 경우에는 멘토링[49]을 활용하거나 진로를 위한 지도가 필요하다. 또 이들 자녀들을 위한 학교를 따로 운영하거나, 일반학교에서 통합된 교육을 받을 경우에는 이들을 배려하는 교재와 교육과정, 교육 프로그램의 개발이 필요하다. 취학 이전의 단계에서도 한국어와 문화에 익숙해지도록 보육비 지원 등을 통해 교육을 받도록 하여야 하며, 궁극적으로 이들 자녀가 정규 교육으로부터 소외되지 않고 혜택을 받을 수 있도록 지원하는 것이 필요하다.

바. 다문화교육(multicultural education)[50]

다문화사회를 살기 위해서는 서로 이해하고 배려하며 소통하는 것이 필요하다. 여성결혼이민자들과 그 가족들이 더 이상 특별한 존재나 소외계층이 아닌 동반자라는 인식전환이 필요한데, 이것은 다문화교육을 통해 이룰 수 있다. 문화를 이해할 때 가져야 할 기본적인 생각으로, 문화는 다르지만 인간이 공유하는 심리적 제일성(psychic unity of mankind)[51]과, 문화의 상대성과 총체성을 인식해야 함이 지적되어 왔다(전경수, 1999). 인간의 보편적 요소인 제일

---

49) 멘토링 제도는 저소득층 가정의 초·중등 학생을 대상으로 대학생 멘토를 연결하여 개별화된 학습 및 인성지도 등을 통해 계층 간 교육격차를 완화하기 위한 제도이다.
50) 다문화교육(multicultural education)은 multiethnic education, multiracist education, multiracial education과 같은 맥락이다(Mitchell & Salsbury, 1999).
51) 타일러가 심리적 제일성을 주장한 것은 같은 인류이기 때문에 공통분모가 있고, 이에 기반해서 특수함과 차이를 이해할 수 있다는 것이다.

성에도 불구하고 각 문화는 본질적으로 상대성을 지니고 있다. 이러한 개념 위에 다문화교육이 제기되었다고 할 수 있다.

문화 간 소통을 통해 사회 구성원들에게 기존의 관점과 지식에 대해 질문하고 재해석할 수 있는 능력을 지니도록 하는 것이 다문화교육의 목적이다(김정원, 2006). 뱅크스(Banks, 2001)도 다문화교육을 '자유를 위한 교육'으로 정의하고, 다양한 문화적 집단으로부터 온 학생들, 소수의 학생들, 그리고 남성과 여성 집단 등에 대한 교육적 평등을 증진시키는 것이 그 목적이라고 하였다. 또 다른 목적은 미래 사회에 효과적으로 생존하고 살아가기 위해 필요한 지식과 기술과 태도를 기르도록 도와주는 것이다. 다문화교육의 개념을 확대하면, 좀 더 민주적이고 자유로운 사회를 만들기 위한 사회적, 시민적 행동에 참여하는 기술을 제공하는 것이다. 뱅크스와 뱅크스(Banks & Banks, 2006)에 의하면 다문화교육은, 다양한 인종적, 민족적, 사회계층적, 문화적 기반을 지닌 학생들에게 교육기회의 형평성을 높이려는 탐구 영역이자 새로운 학문 영역이다.

뱅크스(Banks, 2001)는 다문화교육의 세 가지 특징을 제시하였는데, 그것은 이념(ideal or concept), 교육개혁 운동(education reform movement), 과정(process)이다. 다문화교육은 성, 인종과 민족, 문화, 사회계층, 종교 등 그들이 속한 집단에 관계없이 모든 학생들에게 교육적으로 평등한 기회가 주어져야 한다는 '이념'이다. 또한 사회계층, 성, 인종, 문화적 특성에 상관없이 모든 학생들이 동등한 교육적 기회를 가질 수 있도록 학교와 교육기관을 변화시키는 '개혁운동'이다. 이러한 개혁운동은 단지 교육과정의 변화에만 머무는 것이 아닌, 학교와 교육환경의 총체적 변화를 의미한다. 즉 학교문화, 학교정책, 학습양식, 교직원들의 태도·신념·행위, 교수양식과 전략, 평가과정, 형식화된 교육과정 등 모든 요소들을 변화시켜야 한다고 본다. 그리고 다문화교육은 하나의 '계속되는 과정'이다. 다문화교육을 하나의 계속적인 과정으로 보는 것은, 다문화교육이 실현하려 하는 교육적 평등, 자유, 정의와 같은 것들이 인간 사회에서는 완전히 성취하기 힘든 이상화된 목적이기 때문이다. 또한 인종주의, 성차별, 신체장애에 대한 차별 등은 우리가 그것을 없애기 위해 어떤 노력을 하더라도 계속해서 존재할 것이기 때문에, 편견과 선입견을 제거하고 교육적 평등을 이루기 위해 우리가 끊임없이 노력을 해야 한다는 의미이기도 한다.

　이미 문화적으로 다양화된 우리 사회에서 다문화교육을 이루기 위해서는 단순한 한국어교육, 한국문화체험을 넘어서는 것이 필요하다. 우리가 여성결혼이민자의 가족을 이해하고 존중하며, 그들이 자신의 문화적인 정체성에 대해 자부심을 갖게 하고, 서로 이해하고 공생할 수 있도록 해야 한다. 그러기 위해서는 먼저 여성결혼이민자들의 남편과 시집식구들에 대한 다문화교육과, 또 직접 이들을 만나게 되는 교사, 공무원의 다문화교육이 필요하다. 이와 함께 우리 사회 전체가 다문화를 알고 이해하는 노력을 기울여야 한다. 올바른 다문화의 정보를 제공하고 우리 현실에 맞는 다문화교육과정과 교육 프로그램의 개발이 요구된다. 유치원과, 초·중·고교 교육과정 및 교과서에 다문화를 이해하는 내용을 넣어 편견과 차별을 극복할 수 있도록 해야 하며 매스컴과 인터넷, 정부 홍보매체 등을 통한 다문화교육과 함께 이들 가족에 대한 편견과 차별을 없애는 사회분위기 조성도 필요하다.

14. 함께 어울리고 소통하는 다문화사회를 지향하며

훌륭한 다문화 사회를 이루기 위해 해결해야 되는 것들은 의사소통, 문화이해, 양성평등, 취업과 경제적 자립, 사회적 수용, 눈에 보이지 않는 차별 해결 등 수없이 많고 이를 해결하기 위해서는 평생교육의 개입이 요구된다.

우선 여성결혼이민자들의 적응과 의사소통을 위한 언어교육과 문화교육이 이루어져야 한다. 언어와 문화는 통합되어 교육될 때 더 효과적일 수 있다. 이와 동시에 사회적으로 다문화주의를 수용해야 한다는 공감대 형성과 여성결혼이민자의 문화와 역사를 존중하고 이해하는 환경 조성을 위한 다문화 교육이 필요하다. 이러한 바탕 위에서 남성과 여성이 동반자적인 삶을 살기 위한 양성평등교육, 생계안정과 역량강화를 위한 인적자원개발, 자녀들의 인권과 교육권을 배려하고 인정하는 자녀교육 등이 함께 이루어져야 한다. 다문화사회의 궁극적 지향점은 다문화주의의 실현이며, 이것은 다문화사회를 구성하는 다양한 집단들에게 교육기회를 제공하고 평생교육의 과정 속에서 유의미한 학습 활동을 경험할 수 있도록 하며, 최소한의 교육결과를 보장하고 교육 이후 직업 획득 과정에서도 사회적인 배제를 예방하는 교육복지의 실현을 통해 사회통합을 강화하고 더불어 사는 다문화사회를 이루는 것이다.

기회평등과 결과평등을 함께 이룰 수 있는 평생교육의 과정 속에서 여성결혼이민자들의 주체적인 역할이 고려되어야 한다. 다문화사회는 동화시키는 것이 아니라 더불어 사는 것이라는 인식을 전제로, 이들이 뿌리내리고 함께 살아갈 수 있는 체계적이며 장기적인 다문화주의 정책 마련이 필요하다.

이러한 정책의 바탕을 이루기 위해서 선행되어야 할 과제는 다음과 같다.

첫째, 단순한 통계적 현황을 알기 위한 조사가 아닌, 여성결혼이민자들이 주위의 한국인들과 어떠한 관계를 이루고 있고, 지역사회는 이들을 어떻게 받아들이고 있는지, 또 여성결혼이민자들의 요구는 무엇인지를 알기 위한 정부 차원의 체계적인 전국적 실태조사가 정기적으로 이루어져야 한다.

둘째, 결혼이민자 체류관련법을 대폭 개선하고, 체계적이고 실효성 있는 교육복지 정책을 시행하기 위한 교육복지법 제정도 필요하다. 교육복지의 수혜대상 안에 여성결혼이민자들과 그들의 자녀들을 명시하여 구체적이고 실제적인 정책이 이루어져야 한다.

셋째, 여성결혼이민자 출신국의 대사관, 한국어교육기간 등을 연계하여 여성결혼이민자의 입국 전과 후에 한국어와 문화교육을 일정기간 받도록 하는 정책을 제도화해야 한다. 한국어와 문화교육은 이들의 안정적인 가정생활을 위해서는 물론이고 자녀교육, 취업에도 필수적이다. 이와 함께 여성결혼이민자들의 남편들이 아내의 출신국 언어와 문화를 배울 수 있는 기회를 제공해 주고 프로그램을 개발한다.

넷째, 여성결혼이민자와 그 가족을 대상으로 하는 양성평등교육 프로그램과 교재를 개발하며, 이와 동시에 지역사회의 구성원에 대한 양성평등교육도 강화하여 여성결혼이민자에 대한 차별적 시각을 개선한다.

다섯째, 여성결혼이민자의 배경과 특성, 요구에 맞는 맞춤형의 체계적인 인적자원개발을 통해 여성결혼이민자들의 자립을 위한 정책을 마련하는 것이 필요하다. 또한 성인학습의 기회를 확대하고, 여성친화적인 일자리를 개발하는 것도 요구된다.

여섯째, 결혼이민자 자녀를 최우선 대상으로 선정해서 공립유치원 등에 우선 진학하도록 하는 시스템이 필요하다.

일곱째, 여성결혼이민자와 그 자녀 등을 포용하는 교육과정과 교과서의 개발이 필요하며, 다문화를 이해하고 한국어를 교육할 수 있는 교사양성과 연수를 제도화해야 한다.

마지막으로, 사회 속에 내재해 있는 여러 편견과 차별을 없애기 위해 다문화교육을 제도화해야 한다. 매스컴이나 각종 교육프로그램, 인터넷, 정부 홍보 등을 통해 다문화사회의 장점을 알리고, 지자체를 중심으로 영어마을과 같은 다문화체험마을을 설립하여 학생과 일반 시민들에게 다문화를 체험하고 이해할 수 있는 기회를 제공하는 것이 필요하다. 또한 아시아 지역 각국의 문화를 다룬 방송 프로그램을 편성하고, 다문화교육의 연구와 연수를 담당하는 다문화연구교육기관을 설립해야 한다.

참고문헌

1. 국내문헌

강권찬(2004). '교체'와 '통합' 양축으로 고용허가제 대표적 모델: 독일. **민족연구**, 12, 64 - 73.

강내희(2003). **교육개혁의 학문전략: 신자유주의 지식생산을 넘어서**. 서울: 문화과학사.

강선보(2000). **부버의 만남의 교육**. 서울: 양서원.

강유진(1999). 한국 남성과 결혼한 중국조선족 여성의 결혼생활실태에 관한 연구. **한국가족관계학회지**, 4(2): 61 - 80.

강해순(1999). 중·한 섭외혼인 생활의 실태와 전망. **여성·가족생활연구논총**, 4, 41 - 62.

강현숙·김대현(2006). 수업연구대회에서의 교사체험의 의미. **교육사상연구**, 19, 23 - 43.

고재성(2007). 네덜란드의 이민 통합정책. 평택대학교 다문화가족센터 편. 미래사회의 다문화가족. 평택대학교 다문화가족센터 국제 심포지엄 자료집(2007. 3. 30. 한국 프레스센터), 97 - 119.

곽삼근(2002). 교육학에서의 페미니스트 질적 연구방법의 틀. **교육인류학연구**, 5(1), 1 - 20.

광주여성발전센터(2003). **외국인 주부 실태조사**. 광주: 광주여성발전센터.

교육인적자원부(2002). **인적자원개발기본법·동법시행령 전문비교**. 서울: 교육인적자원부.

교육인적자원부(2006a). 교육격차 해소 위해 지자체가 발벗고 나서. 교육인적자원부 보도자료.

교육인적자원부(2006b). 저소득층 아동 교육복지 중소도시까지 대폭 확대. 교육인적자원부 보도자료.

교육인적자원부 외편(2006c). **여성결혼이민자 가족의 사회통합 지원대책**. 서울: 교육인적자원부.

구견서(2003). 다문화주의의 이론적 체계. **현상과 인식**, 27(3), 29 - 53.

구명숙(2005). 기혼여성의 인적자원 개발과 활용에 관한 연구. 박사학위논문, 영남대학교 대학원.

구은숙(2000). 다인종 다문화시대의 문화연구: 미국문학과 문화수업을 중심으로. **국제문화연구**, 18, 75 - 81.

구지은(2006). 국제결혼 이주여성을 위한 한국어 교재 개발 방안 - 부산·경남지역 중심으로. 석사학위논문, 부산외국어대학교 교육대학원.

구차순(2007). 결혼이주여성의 적응에 관한 근거이론연구. 박사학위논문, 부산대학교 대학원.

국가인권위원회(2003). **국내 거주 외국인노동자 아동의 인권실태조사**. 서울: 국가인권위원회.

국무총리실(2006). 총리, 결혼이민자가족지원센터 및 가구 방문. 국무총리실 보도자료(2006. 10. 4.).

국회사무처 법제실(2005). **교육복지체제 구축을 위한 법제연구: (가칭) 교육복지법 제정**. 서울: 국회사무처 법제실.

권정숙(2000). 직업교육훈련의 성별 불평등 특성 분석. 박사학위논문, 충남대학교 대학원.

금명자 외(2004). **이혼과정 경험에 대한 질적 연구: 부모역할과 부모자녀 관계를 중심으로**. 서울: 한국청소년상담원.

김갑성(2006). 한국 내 다문화가정의 자녀교육 실태조사 연구. 석사학위논문, 서울교육대학 교육대학원.

김광억 외(1998). **문화의 다학문적 접근**. 서울: 서울대학교 출판부.

김남국(2005). 심의 다문화주의: 문화적 권리와 문화적 생존. **한국정치학회보**, 39(1), 87 - 107.

김대원(1996). 농촌주민의 사회적 욕구수준과 지역복지의 과제. 박사학위논문. 한국정신문화연구원 한국학대학원.

김대현·김현주(2003). 입학 초기 중학생의 삶. **교육과정연구**, 21(4), 1 - 24.

김동심 외(2003). **기지촌 혼혈인 인권실태조사**. 서울: 국가인권위원회.

김민정 외(2006). 국제결혼 이주여성의 딜레마와 선택: 베트남과 필리핀 아내의 사례를 중심으로. **한국문화인류학**, 39(1), 159 – 193.

김선미(2004). '가사노동 전담자'인 전업주부에게 취업은 대안인가 아닌가? **한국가정관리학회지**, 22(5), 29 – 45.

김성건(1996). 싱가폴의 인종과 민족문제. **지역연구**, 5(4), 165 – 213.

김수연(2001). 한국의 혼혈인 복지정책에 관한 연구. 석사학위논문. 중앙대학교 사회개발대학원.

김승보 외(2006). **2006년도 인적자원정책 협력망 운영**. 서울: 교육인적자원부.

김연희(2006). 문화적 역량을 갖춘 사회복지실천. 평택대학교 다문화가족센터, 한국가족사회복지학회 편. 다문화 가족을 위한 정책 및 지원전략. 평택대학교 다문화가족센터 추계학술대회 자료집 (2006. 11. 24. 평택대학교), 149 – 164.

김영천(1997). **네 학교 이야기: 한국 초등학교의 교실생활과 수업**. 서울: 문음사.

김오남(2006). 이주여성의 부부갈등 결정요인 연구. 박사학위논문, 가톨릭대학교 대학원.

김욱동(1998). 다문화주의의 도전과 응전. **미국학논집**, 30(1), 29 – 49.

김원섭(2008). 여성결혼이민자 문제와 한국의 다문화정책: '다문화가족지원법'의 한계와 개선방안. **(시대의 논리)민족연구**, 36, 112 – 134.

김원찬(2005). 도시 저소득층의 교육, 문화, 복지수준 강화를 위한 교육복지투자우선지역지원사업 확대. **교육마당 21**, 통권 279, 54 – 86.

김윤옥 외(1997). **교육연구를 위한 질적 연구방법과 설계**. 서울: 문음사.

김윤태 · 설동훈(2006). 대만의 국제결혼 이민자 복지정책. **중소연구**, 29(3), 143 – 187.

김윤희(2002). 여중생의 무용수업 체험에 관한 질적 연구. **한국스포츠교육학회지**, 9(1), 109 – 127.

김이선 · 김민정 · 한건수(2006). **여성결혼이민자의 문화적 갈등 경험과 소통 증진을 위한 정책과제**. 서울: 한국여성개발원.

김이선(2007). 한국사회 다문화가족의 문화적 소통 현실과 전망. 평택대

학교 다문화가족센터 편. 미래사회의 다문화가족. 평택대학교 다
    문화가족센터 국제 심포지엄 자료집(2007. 3. 30. 한국 프레스센
    터), 185 - 197.

김장호(2005). 인적자원입국의 비전과 전략. 한국직업능력개발원 편. 인
    적자원입국의 뉴패러다임. 한국직업능력개발원 개원 8주년 기념
    심포지엄 자료집(2005. 10. 17. 프레스센터), 2 - 42.

김장호 편(2005). **한국의 인적자원: 도전과 새 패러다임**. 서울: 법문사.

김정원(2006). 외국인 근로자 자녀 교육문제와 다문화교육. **국회도서관
    보**, 43(5), 29 - 39.

김정원 외(2005). **외국인 근로자 자녀 교육복지실태 분석연구**. 서울: 한
    국교육개발원.

김정진(2005). 심각한 무관심, 상상 못할 위기 부를 것: 보도 그 후 - 다
    인종 사회, 한국은 준비돼 있는가. 말, 235, 4 - 67.

김중섭(2005). 외국인을 위한 한국 문화교육 연구의 현황 및 과제. **이중
    언어학**, 27, 59 - 85.

김춘일(1997). **교육현상학의 기초**. 서울: 태학사.

김태리(2004). 영국에서의 국제이해교육: 내재적 다양성을 수용하고 타
    자를 내면화하는 간문화교육. **국제이해교육**, 13, 140 - 151.

김태홍(2005). 여성인적자원개발 추진전략. **여성정책포럼**, 9, 28 - 32.

김태홍 외(2001). **여성인적자원 개발 및 활용제고를 위한 추진전략**. 서
    울: 여성부 인력개발 담당관실.

김형만(2005). 직업세계와 학습의 연계 강화. 한국직업능력개발원 편.
    인적자원입국의 뉴패러다임. 한국직업능력개발원 개원 8주년 기
    념 심포지엄 자료집(2005. 10. 17. 프레스센터), 109 - 125.

김형인(2006). 미국의 다문화 정책과 교훈. **국회도서관보**, 43(5), 16 - 28.

나병균·김혜란(2006), 프랑스 거주 외국인 노동자 가족을 위한 정책 - 가
    족급여를 중심으로. 평택대학교 다문화가족센터, 한국가족사회복지
    학회 편. 다문화 가족을 위한 정책 및 지원전략. 평택대학교 다문화
    가족센터 추계학술대회 자료집(2006. 11. 24. 평택대학교), 49 - 71.

나임윤경(2003). **여성교육과 실천**. 서울: 학영사.

노영주(1998). 초기 모성 경험에 관한 문화기술적 사례연구. 박사학위논

문. 서울대학교 대학원.

대통령자문 빈부격차차별시정위원회(2006). **(제74회 국정과제회의) 결혼이민자 가족의 사회통합 지원대책 확정**. 서울: 대통령자문 빈부격차차별시정위원회.

대한민국정부(2006). **국가인적자원개발 기본계획: 2006년도 시행계획: 2006 - 2010, 제2차**. 서울: 교육인적자원부 인적자원정책국.

류방란(2006). **교육복지투자우선지역 확대 계획 구체화 방안 연구**. 한국개발연구원 편. 서울: 한국교육개발원.

마츠모토 쿠미히코(2007). 야마가타현의 다문화가족 정책의 성과. 평택대학교 다문화가족센터 편. 미래사회의 다문화가족. 평택대학교 다문화가족센터 국제 심포지엄 자료집(2007. 3. 30. 한국 프레스센터), 25 - 56.

문화관광부(2005). **여성결혼이민자 문화예술교육 프로그램 기초연구**. 서울: 문화관광부.

박남수(2000). 다문화 사회에 있어 시민적 자질의 육성. **사회과교육**, 33: 101 - 117.

박성희(2004). **질적 연구방법의 이해: 생애사 연구를 중심으로**. 서울: 원미사.

박준언(2004). 동화주의 정책으로 회귀하는 미국에서의 다중언어사용. **이중 언어학**, 24, 109 - 126.

박지원(2003). SINGAPORE: 상호주의 공존질서의 선택. **민족연구**, 11, 71 - 83.

박채란(2004). **국경 없는 마을: 외국인 노동자, 코시안, 원곡동 사람들이 만들어 가는 '국경 없는' 이야기**. 서울: 서해문집.

박천응(2006). 지역사회와 다문화교육. 유네스코 한국위원회 편. 유네스코 다문화심포지엄 자료집(2006. 7. 8. 유네스코 한국위원회). 1 - 19.

박태준(2005). 교육의 혁신. 한국직업능력개발원 편. 인적자원입국의 뉴 패러다임. 한국직업능력개발원 개원 8주년 기념 심포지엄 자료집(2005. 10. 17. 프레스센터), 44 - 77.

박형식(2006). 국제결혼 가정의 부부갈등요인 연구: 전라북도를 중심으로. 석사학위논문. 고려대학교 대학원.

배은주(2004). 청소년센터에서의 대안적 학습에 관한 문화기술적 연구. 박사학위논문. 서울대학교 대학원.

배은주(2006). 한국 내 이주노동자 자녀들의 학교생활에서의 갈등 해결 방안: 초등학교를 중심으로. **교육인류학연구**, 9(2), 25 – 55.

백재희(1999). 외국여성의 한국 성산업 유입에 관한 연구: 기지촌의 필리핀 여성을 중심으로. 석사학위논문. 이화여자대학교 대학원.

법무부(2006). **2005 출입국관리국 정책연구 보고서**.

석태종(2004). **한국의 교육사회: 과거·현재·미래**. 서울: 동문사.

설규주(2004). 세계시민사회의 대두와 다문화주의적 시민교육의 방향. **사회과교육**, 43(4), 31 – 54.

설동훈(2006). 다문화 가족에 대한 사회적 인식. **국회도서관보**, 325, 2 – 3.

설동훈 외(2004). **외국인관련 국가 인권정책 기본계획 수립을 위한 연구**. 서울: 한국조사연구학회.

설동훈 외(2005). **국제결혼 이주여성 실태조사 및 보건·복지 지원 정책 방안**. 서울: 보건복지부.

설동훈 · 한건수 · 이란주(2003). **국내거주 외국인 노동자 아동 인권실태 조사**. 서울: 국가인권위원회.

성경원(2005). 노인 성교육프로그램 개발에 관한 연구: 노인의 성의식 변화를 중심으로. 박사학위논문, 경원대학교 대학원.

성기철(2001). 한국어 교육과 문화교육. **한국어교육**, 12(2), 111 – 135.

손승아(2000). 첫 어머니됨의 체험 연구. 박사학위논문. 서울여자대학교 대학원.

손유미(2005). 일, 지역, 학습의 병행과 통합. 한국직업능력개발원 편. 인적자원입국의 뉴패러다임. 한국직업능력개발원 개원 8주년 기념 심포지엄 자료집(2005. 10. 17. 프레스센터), 79 – 107.

신경림 · 안규남 역(1994). **체험연구: 해석학적 현상학의 인간과학 연구 방법론**. 서울: 동녘.

신경희(2004). 국제결혼가족의 부부갈등요인에 관한 연구 — 한국남성과 필리핀 여성의 부부관계를 중심으로 —. 석사학위논문, 조선대학교 정책대학원.

신란희(2005). 국제결혼 이주여성의 가족, 일 그리고 정체성: 우즈베키

스탄과 필리핀 여성의 생애사 연구. 석사학위논문, 서울대학교 대학원.

신혜숙(2002). 뇌호흡 수련의 교육적 의미에 관한 문화기술적 연구. 박사학위논문, 서울대학교 대학원.

안현정(2003). 국제결혼 부부의 결혼만족에 관한 연구. 석사학위논문, 초당대학교 산업대학원.

양민정(2006). 외국인을 위한 한국문화 교육방안 연구: 한국 고전문학을 중심으로. **국제지역연구**, 9(4), 101 – 126.

양재찬(2006). 동남아 혼혈 더는 외면하면 안 된다: 코시안. **월간중앙**, 32(5), 262 – 271.

양정호(2006). 교육양극화 무엇이 문제인가. **교육개발**, 33(1), 24 – 28.

양철호 외(2003). 외국인 주부의 인권과 복지에 관한 연구 – 광주·전남을 중심으로. **사회복지정책**, 16(6), 127 – 149.

에반스, 브라이언 L.(1989). 다문화주의와 캐나다의 아시아 정책. **캐나다 연구**, 1, 75 – 86.

여성가족부(2006). **여성정책 연차보고서, 2005**. 서울: 여성가족부 정책기획 평가팀.

연합뉴스(2006). "'혼혈학생' 기초학력 부진 심각". 연합뉴스, 2006. 4. 23.

염지숙(1999). 내러티브 탐구(Narrative Inquiry)를 통한 유아 세계 이해. **교육인류학 연구**, 2(3): 57 – 82.

오성배(2005). 코시안(Kosian) 아동의 성장과 환경에 관한 사례연구. **한국교육**, 32(3), 61 – 83.

왕한석(2006). 국제결혼 이주여성의 언어문제와 해결방안. **새국어생활**, 16(1), 3 – 50.

왕한석·한건수·양명희(2005). **이주여성의 언어 및 문화적응 실태연구: 전라북도 임실군(및 순창군·남원시) 일원 사례보고서**. 서울: 국립국어원.

유양경(2003). 한국노인의 노인되어감에 대한 문화기술지. 박사학위논문, 경희대학교 대학원.

유정석(2003). CANADA: 다문화주의 제도화의 산실. **민족연구**, 11, 12 – 25.

유혜령(1999). 소수 민족 유아의 유치원 생활 경험: 현상학적 이해. **교육인류학연구**, 2(2), 139 - 170.

윤갑정 · 고은경(2006). 다문화적 배경을 가진 유아의 한국 유아교육기관에서의 생활에 대한 질적 연구. **유아교육연구**, 26(2), 147 - 168.

윤병희(1996). 해석적 체험과 교육적 체험. **교육과정연구**, 14(1), 235 - 263.

윤선영(2006). 다문화청소년 알아가기 - 독일의 이주 청소년 정책. 서울: 무지개청소년센터.

윤여각(1997). 태극대학교 대학원의 학문적 수월성 유지 기제에 관한 문화기술적 사례연구. 박사학위논문, 서울대학교 대학원.

윤여각(1998). 교육생애사 연구방법. **교육인류학소식**, 4(3), 8 - 11.

윤여탁(2000). 한국어 교육에서 문화의 위상과 역할. **국어교육연구**, 7, 291 - 308.

윤종혁(2006). 일본의 양극화해소와 교육복지정책. **교육개발**, 33(1), 70 - 79.

윤택림(1996). 생활문화 속의 일상성의 의미: 전업주부의 일상생활 구성을 통하여 문화에 대한 여성학적 고찰. **한국여성학**, 12(2), 79 - 117.

윤택림(2002). "질적 연구 방법과 젠더: 여성주의 문화기술지(feminist ethnography)의 정립을 위하여". **한국여성학**, 18(2), 201 - 229.

윤형숙(2004). 국제결혼 배우자의 갈등과 적응. 최협, 김성국, 정근식, 유형기 편. **한국의 소수자, 실패와 전망**. 서울: 한울, 321 - 349.

이강숙(2007). 국제결혼 이주여성들의 실태조사 및 한국사회적응을 위한 교육 프로그램 연구. 박사학위논문, 강원대학교 대학원.

이경란(2006). 재북미 한인청소년을 위한 한국문화교육프로그램 개발 연구: 생활문화교육을 중심으로. 박사학위논문, 성신여자대학교 대학원.

이기연(2006). 성인여성의 학습체험에 관한 질적 연구: 방송대 주부학생의 사례. 박사학위논문, 서울대학교 대학원.

이동연(2004). **도시 저소득층 지역 학교와 지역사회 연계·협력을 통한 교육복지 정책연구:『교육복지투자우선지역 지원사업을 중심으로』**. 문화연대 문화사회연구소 편. 서울: 문화연대 문화사회연구소.

이명신(2006). 진주지역 결혼이민여성의 생활실태 및 결혼안정성. 평택대학교 다문화가족센터, 한국가족사회복지학회 편. 다문화 가족을 위한 정책 및 지원전략. 평택대학교 다문화가족센터 추계학술대회 자료집(2006. 11. 24. 평택대학교), 81 – 120.

이민영(2005). 남북한 이문화부부의 가족과정 경험에 과한 질적 연구: 내러티브 탐구방법을 활용하여. 박사학위논문, 이화여자대학교 대학원.

이부미(2003). 탈북가정 유아의 남한사회 적응과정에 대한 현장연구: 탈북적응교육 훈련원(하나원)을 중심으로. **유아교육연구**, 23(2), 115 – 145.

이상오(2000). 평생학습사회구축을 위한 교육복지체제의 모형개발. **Andragogy Today**, 3(2), 1 – 49.

이상일(2007). 미국인 타인종과 결혼 40년 만에 2→7% 급증. 중앙일보 2007. 4. 14.

이상화(2005). 다문화 시대의 외국어로서의 한국어 및 문화교육에 대한 제언. **외국학연구**, 9, 35 – 57, 안성군: 중앙대학교 외국어문학연구소.

이수자(2004). 이주여성 디아스포라: 국제성별분업, 문화혼성성, 타자화화 섹슈얼리티. **한국사회학**, 38(2), 189 – 219.

이옥희(2004). 중학교 과학수업에서 교사와 학생의 상호작용에 관한 연구. 박사학위논문, 서울대학교 대학원.

이용숙·김영천 편(1998). **교육에서의 질적 연구: 방법과 적용**. 서울: 교육과학사.

이용승(2004). 호주의 다문화주의. **동아시아연구**, 8, 177 – 205.

이인경(2005). 이주여성의 인권: 어울림 사례를 중심으로. **부산발전포럼**, 96, 52 – 60.

이재인(2004). 탈식민주의 페미니즘의 저항주체 형성에 대한 연구: 여성이주노동자의 경험을 중심으로. 석사학위논문, 계명대학교 여성학대학원.

이정선(2001). 초등학교에 있어서 학업성공과 사회자본의 관계: 문화기술적 연구. **교육인류학연구**, 4(3), 253 – 288.

이종각(2004). **새로운 교육사회학 총론**. 서울: 동문사.

이주여성인권센터(2004). **꿈의 나라에서: 이주여성 삶 이야기**. 서울: 이주여성인권센터.

이태수 외(2004). **교육복지구현 종합방안 연구**. 교육인적자원부 편. 서울: 교육인적자원부.

이태옥(2006). 국제결혼 이주여성 가족과 사회적 지지망 연구: 영광지역 여성을 중심으로. 석사학위논문, 광주대학교 사회복지전문대학원.

이토 다카유기(1999). 다민족이 섞여 사는 동유럽. **극동문제**, 247, 141 - 151.

이해령(2006). 결혼이민자 체류관련 국내법 고찰. 평택대학교 다문화가족센터, 한국가족사회복지학회 편. 다문화 가족을 위한 정책 및 지원전략. 평택대학교 다문화가족센터 추계학술대회 자료집(2006. 11. 24. 평택대학교), 3 - 16.

이혜경(2005). 혼인이주와 혼인이주 가정의 문제와 대응. **한국인구학**, 28(1), 73 - 106.

이혜영(2006). 교육복지투자우선지역 지원 사업의 의의와 과제. **교육개발**, 33(1), 29 - 33.

이혜영 외(2006a).**(교육복지투자우선지역 지원사업 활성화를 위한) 가정·학교·지역사회 연계협력 강화방안 연구**. 한국교육개발원 편. 서울: 한국교육개발원.

이혜영 외(2006b). **교육복지에 관한 법제연구**. 한국교육개발원 편. 서울: 한국교육개발원.

인권정책연구회(2005). **2005년 활동보고서: 17대 국회의원연구단체**. 서울: 국회인권정책연구회.

임경택·설동훈(2006). 일본의 결혼이민자 복지정책. **지역사회학**, 7(2), 5 - 68.

장미영(2008). 여성결혼이민자의 자기정체성 향상을 위한 한국문화교육 방안. **한국언어문학**, 64, 355 - 379.

장인실(2003). 다문화교육이 한국 교사 교육과정 개혁에 주는 시사점. **교육과정연구**, 21(3), 409 - 431.

전경수(1999). **문화의 이해**. 서울: 일지사.

전만길(2005). 외국인주부 한국생활실태 조사연구. 석사학위논문, 한국외국어대학교 대학원.

전의천·임태성, (2005). 여성인적자원개발과 여성고용창출에 관한 연구. **지역발전연구**, 10(1), 23 - 38.

전혜인・박지연(2005). 부모결연프로그램에 참가한 정신지체학생 어머니
　　들의 경험에 관한 질적 연구. **정서·행동장애연구**, 21(2), 81 - 109.

정명신(2001). 주의력 결핍 및 과잉행동장애 아동 어머니의 양육 경험
　　에 관한 질적 연구. 석사학위논문, 이화여자대학교 대학원.

정민승(2000). 학교태에 대한 도전으로서의 페미니스트 교육론. **교육원**
　　리연구, 5(1), 257 - 278.

정숙경・윤관식(2000). **교실수업을 위한 수업설계: 현대교육의 모범적**
　　지침서. 서울: 지샘.

정영덕(2004). 국제 결혼한 외국인 여성들의 삶의 만족도 연구 - 장수군
　　을 중심으로. 석사학위논문, 한일장신대학교 아시아태평양국제신
　　학대학원.

정일환 외(2003). **여성교육론**. 서울: 교육과학사.

정은희(2005). 성인대학원생의 학습과 변화. 박사학위논문, 경남대학교
　　대학원.

정재훈(2006). 독일의 외국인가족 관련 정책 및 서비스 현황 - 가능성과
　　한계. 평택대학교 다문화가족센터, 한국가족사회복지학회 편. 다
　　문화 가족을 위한 정책 및 지원전략. 평택대학교 다문화가족센
　　터 추계학술대회 자료집(2006. 11. 24. 평택대학교), 17 - 48.

정정임(2006). 수간호사의 임상실습교육 체험. **질적 연구**, 4(1), 88 - 102.

정책기획위원회(2005). **통합정치의 국제적 비교연구**. 서울: 정책기획위
　　원회.

정하성(2007). 21세기는 다문화청소년시대이다. 평택대학교 다문화가족
　　센터 편. 다문화가족 실태와 청소년정책방향. 2007 춘계학술대
　　회 자료집(2007. 3. 27. 평택대학교).

정향진(2007). 문화와 교육: 인류학적 관점. 한국교육인류학회 편. 한국
　　교육인류학회 99회 월례발표회 자료집(2007. 2. 3. 서울대학교),
　　1 - 12.

조상식(2002). **현상학과 교육학: 현상학적 교육학에서 육체의 문제**. 서
　　울: 원미사.

조용달・윤희원・박상철(2006). 다문화 가정 자녀의 교육실태와 정책

과제. 교육인적자원부 2006 정책과제.

조용하(1999). 외국의 청소년 동향과 과제. **교육연구**, 358, 17 – 22.

조용하·안상헌(2001). **평생교육의 이해**. 서울: 동문사.

조용하(2005). 청소년활동의 참여문제와 효율적 전개방안: 청소년의 결손체험과 정책적 과제. **부산교육학연구**, 18(1), 171 – 188.

조용환(1997). **사회화와 교육: 부족사회 문화전승 과정의 교육학적 재검토**. 서울: 교육과학사.

조용환(2001). 문화와 교육의 갈등 – 상생관계. **교육인류학연구**, 4(2), 1 – 27.

조용환(1999). **질적 연구: 방법과 사례**. 서울: 교육과학사

쯔지모토 도시코(2006). 디아스포라로서의 주체 형성을 위한 이주여성의 저항과 전략: 한국으로 이주한 필리핀 여성들의 경험을 중심으로. 박사학위논문, 성공회대학교 대학원.

차경수(1976). 사회계층과 교육의 기회균등: 교육의 기회균등 <특집>. **새교육**, 257, 72 – 76.

최선희(2006). 한국에서의 결혼이민여성가족을 위한 실천적 개입전략 모색. 평택대학교 다문화가족센터, 한국가족사회복지학회 편. 다문화 가족을 위한 정책 및 지원전략. 평택대학교 다문화가족센터 추계학술대회 자료집(2006. 11. 24. 평택대학교), 165 – 179.

최승희(2006). 다문화가정 아동 및 청소년을 위한 개입 전략. 평택대학교 다문화가족센터, 한국가족사회복지학회 편. 다문화 가족을 위한 정책 및 지원전략. 평택대학교 다문화가족센터 추계학술대회 자료집(2006. 11. 24. 평택대학교), 121 – 148.

최재식(1999). 하버마스의 "생활세계"와 "체계" 이론 및 이에 관한 사회문화 현상학적 비판: "문화주의적으로 왜소화된 현상학적 생활세계"에 대한 현상학적 재비판. **철학과 현상학 연구**, 13, 184 – 220.

통계청(2005). 인구동태통계연보.

통계청(2006). 2005년 혼인·이혼통계 결과.

펄벅재단(1987). 혼혈인 통계자료. **뉴스레터**, 봄호, 6.

펄벅재단(1999). 혼혈인 성별 구분. 보건복지부 보고서, 1999년 1월.

표현영(2004). 국제결혼가정의 결혼만족도에 영향을 미치는 요인연구. 석사학위논문, 서남대학교 사회정책대학원.

하밍타잉(2005). 1992년 이후 한국과 베트남 사이의 국제결혼에 대한 연구: 베트남 여성의 문화적 적응을 중심으로. 석사학위논문, 서울대학교 국제대학원.

한건수(2005). 이주노동자 자녀교육을 문화다양성 교육으로 활용. **교육개발**, 32(1), 74 – 78.

한건수(2006). 농촌지역 결혼 이민자 여성의 가족생활과 갈등 및 적응. **한국문화인류학**, 39(1), 195 – 243.

한국개발연구원 편(2006). **양극화 극복과 사회통합을 위한 사회경제정책 제안**. 서울: 한국개발연구원.

한국교원단체총연합회(2006). **당면 교육정책 개선방안**. 서울: 한국교원단체총연합회.

한국교육개발원(2003). **교육복지투자우선지역지원사업 평가보고서**. 서울: 한국교육개발원.

한국교육개발원(2006). **교육격차 해소와 교육안전망: 교육안전망 지원센터 개소식 기념 세미나**. 서울: 한국교육개발원.

한국문화인류학회 편(1998). **낯선 곳에서 나를 만나다**. 서울: 일조각.

한국하이데거학회 편(1997). **하이데거의 언어사상**. 서울: 철학과 현실사.

한정자(2002) 직장내 성차별 문화와 여성정책 효과에 관한 연구. 박사학위논문, 이화여자대학교 대학원.

한주연(2002). 한 · 일 국제결혼 가정의 결혼만족도에 관한 연구. 석사학위논문, 선문대학교 사회복지대학원.

허정수(2004). 초등학교 신임교사의 교직생활에 관한 문화기술적 연구. 박사학위논문, 경성대학교 대학원.

홍기혜(2000). 중국조선족 여성과 한국남성과의 결혼을 통해 본 이주의 성별 정치학. 석사학위논문, 이화여자대학교 대학원.

황용복(2005). 캐나다 '다문화정책' 인기 시들: 국민대상 설문조사 결과 지지율 급락…… 제1야당도 "국가 분열시키는 역기능 커". **주간동아**, 통권 474, 50 – 51.

황혜자 · 최윤화(2003). 부모의 양육태도가 아동의 자기효능감과 학업성취에 미치는 영향. **사회과학논집**, 22(1), 285 – 304.

2. 외국문헌

臺灣　內政府　統計處(2003). 台閩地區外籍與大陸(含港澳) 配偶人數.

臺灣　內政府(2004).　外籍配偶照顧輔導及進補助經費申請補助項目及
　　　基準.

http://www.ris.gov.tw/ch9/f9a − 940308 − 2.htlm(2004).

青木保(2006). **多文化世界**. 東京: 岩波新書.

池內惠(2004). **アラブ政治の今を讀む**. 東京: 中央公論新社.

石附實(1995). **教育の比較文化誌**. 東京: 玉川大學出版部.

木村一子(2000). **イギリスのグローバル教育**. 東京: 勁草書房.

田中圭治郎(2004). **多文化教育の世界的潮流**. 京都: ナカニシヤ出版.

同志社大學　教育文化學研究室編著(2005). **教育文化學への挑戰**. 東京:
　　　明石書店.

中野卓・櫻井厚(1995). まえがき. 中野卓, 櫻井厚編著, ライフヒスト
　　　リーの社會學. 京都: 弘文堂. 7 − 12.

西川長夫(2006). 〈新〉植民地主義論: グローバル化時代の植民地主義
　　　を問う. 東京: 平凡社.

日本厚生勞動省大臣官房統計情報部編(2004). 人口動態統計.

日本總務省(2006). 多文化共生の推進に關する研究會報告書.

橋本知也(2005). **ディアスポラと先住民: 民主主義**. **多文化主義とナ**
　　　ショナリズム. 京都: 世界思想史.

藤原孝章編(1995). **外國人勞動者問題　多文化教育　多民族共生時代　教**
　　　育課題. 東京: 明石書店.

宮澤康人(2002). **教育文化論**. 東京: 日本放送出版協會.

山本雅代(1996). バイリンガはどのようにして言語の習得するのか. 東
　　　京: 明石書店.

渡戶一郎, 山村千鶴子編(2004). **多文化教育を拓く**. 東京: 明石書店.

Alexander, M., et al.(2005). Building multicultural competencies in school
　　　counselor trainees: An international immersion experience. *Counselor*

Education and Supervision, 44(4), 255 – 266.

Amstrong, F.(1987). *Qualitative strategies in social and educational research: the life history method in theory and practice*. Hull: Hull University Press.

Arber, E.(2005). Speaking of race and ethnic identities: Exploring multicultural curricula. *Journal of Curriculum Studies*, 37(6), 633 – 652.

Banks, A.(2001). *An introduction to multicultural education(3rd ed.)*. MA: Allyn and Bacon.

Banks, A.(2003). Teaching literacy for social justice and global citizenship. *Language Arts*, 81(1), 18 – 19.

Banks, A. and Banks, A. McGee(2003). *Handbook of research on multicultural education*. San Francisco: Jossey – Bass.

Banks, A., et al.(2005). Education and diversity. *Social Education*, 69(1), 36 – 40.

Banks, A. and Banks, A. McGee.(2006). *Multicultural education: Issues and perspectives(6th ed.)*. NJ: John Wiley & Sons.

Banks, A. ed.(2007). *Diversity and citizenship education: Gglobal perspectives*. San Francisco: Jossey – Bass. ERIC ED 493647.

Beilke, R.(2005). Whose world is this? *Multicultural Education*, 12(3), 2 – 7.

Belenky, M., et al.(1997). *Women's ways of knowing: The development of self, voice and mind*. NY: Basic Books.

Bennett, C.(1995). *Comprehensive Multicultural Education: Theory and Practice*. 3rd ed. Boston: Allin and Bacon.

Bezemer, J., et al.(2005). Teaching and learning in multicultural contexts: a comparative analysis of language teaching and learning in a Norwegian and Dutch primary school classroom. *Intercultural Education*, 16(5), 453 – 467.

Bogdan, R., and Biklin, S.(1992). *Qualitative research of education*. Boston: Allyn and Bacon.

Bollnow, O.(1972). Encounter and education. *The Educational Forum*, 36(4), 465 – 472.

Boyd, R., and Silk, J.(2000). *How humans evolved*. NY: W. W. Norton &

Company.

Callaway, H.(1992). Ethnography and experience: Gender implications in fieldwork and text. In Okely, J. & Callaway, H. eds. *Anthropology and Autobiography*. London: Routlege.

Charney, E.(2003). Identity and liberal nationalism. *American Political Science Review*. 97(2), 295 − 310.

Chase, S.(2003). Taking narrative seriously: Consequences for method and theory in interview studies. In Lincoln, S. & Denzin, K. eds. *Turning Point in Qualitative Research: Tying Knots in a Handkerchief*. CA: Altamira Press.

Cheng, X., and Zhao, M.(2006). Cultivating multicultural competence through active participation: Extracurricular activities and multicultural learning. *NASPA Journal*, 43(4), 13 − 38. ERIC EJ 751049.

Clandinin, J., and Connelly, M.(2000). *Narrative inquiry: Experience and story in qualitative research.*. San Francisco: Jossey − Bass.

Clifford, J.(1986). Introduction: partial truths. In Clifford, J. and Marcus, G. eds. *Writing culture: The poetics and politics of ethnography*. Berkeley: University of California Press.

Cole, M. ed.(2000). *Education, equality and human rights: A handbook for students*. NY: Routledge.

Coleman, J.(1969). *The Concept of Equality of Educational Opportunity*. Harvard Educational Review. Cambridge, MA: Board of Editors, Equal Educational Opportunity.

Constantine, G., et al.(2007). Social justice and multicultural issues: implications for the practice and training of counselors and counseling psychologists. *Journal of Counseling & Development*, 85(1), 24 − 29.

Cook, S., and Amatucci, B.(2006). A high school English teacher's developing multicultural pedagogy. *English Education*, 38(3), 220 − 244.

Creswell, W.(1994). *Research design: Qualitative, quantitative, and mixed methods approaches*. Thousand Oaks, CA: Sage. 조흥식 외 역(2005).

질적 연구방법론: 다섯 가지 전통. 서울: 학지사.

Creswell, W.(2004). *Educational research: Planning, conducting, and evaluating quantitative and qualitative research(2nd ed.)*. NJ: Prentice Hall.

Davis, L., et al.(2005). Experiencing diversity through children's multicultural literature. *Kappa Delta Pi Record*, 41(4), 176 – 179.

Denzin, K.(2003). *Performance ethnography: Critical pedagogy and the politics of culture*. Thousand Oaks, CA: Sage.

Denzin, K., and Lincoln, S. eds.(1994). *Handbook of qualitative research*. Thousand Oaks, CA: Sage.

Denzin, K., and Lincoln, S. eds.(1998). *The landscape of qualitative research*. Thousand Oaks, CA: Sage.

Denzin, K., and Lincoln, S. (2000). Introduction: The discipline and practice of qualitative research. In Denzin, K. & Lincoln, S. eds. *Handbook of qualitative research(2nd ed.)*. Thousand Oaks, CA: Sage.

Denzin, K. and Loncoln, S.(2003). *Turning points in qualitative research: Tying knots in a handkerchief*. Walnut Creek: AltaMira Press.

Dewey, J.(1916). *Education and democracy*. NY: The Free Press.

Driedger, L.(1989). *Identity in diversity*. Toronto: Mcgraw – Hill Ryerson.

Edgar, A., and Sedgwick, P. eds.(1999). *Key concepts in cultural theory*. New York and London: Routledge. 박명진 외 역(2003). 문화이론사전. 서울: 한나래.

Eisner, E., and Peshkin, A. eds.(1990). *Qualitative inquiry in education*. NY: Teachers College Press.

Ellis, C., and Bochner, A.(2000). Autoethnography, personal narrative, reflexivity: Researcher as subject. In Denzin, K. & Lincoln, S. eds. *Handbook of qualitative research(2nd ed.)*. Thousand Oaks, CA: Sage.

Enns, Z., et al.(2004). Toward integrating feminist and multicultural pedagogies. *Journal of Multicultural Counseling and Development*, 32, 414.

Fetterman, M.(1989). *Ethnography: step by step*. Newbury Park, CA: Sage.

Fier, B., and Ramsey, M.(2005). Ethical challenges in the teaching of multicultural course work. *Journal of Multicultural Counseling and Development*, 33(2), 94.

Fine, M.(1994) Working the hyphens: Reinventing self and other in qualitative research. In Denzin, K. & Lincoln, S. eds. *Handbook of qualitative research(2nd ed.)*. Thousand Oaks, CA: Sage.

Fine, M., et al.(2000). For whom? Qualitative research and social responsibilities. In Denzin, K. & Lincoln, S. eds. *Handbook of qualitative research(2nd ed.)*. Thousand Oaks, CA: Sage.

Fishman, M., and McCarthy, L.(2005). Talk about race: When student stories and multicultural curricula are not enough. *Race, Ethnicity & Education*, 8(4), 347 − 364.

Fiske, A.(1991). *Structures of social life: The four elementary forms of human relations*. NY: The Free Press.

Fox, K., and Diaz − Greenberg, R.(2006). Culture, multiculturalism, and foreign/world language standards in U.S. teacher preparation programs: Toward a discourse of dissonance. *European Journal of Teacher Education*, 29(3), 401 − 422. ERIC, EJ 741908.

Frisby, L., and Reynolds, R. eds.(2005). *Comprehensive handbook of multicultural school psychology*. NJ: John Wiley & Sons.

Garbarino, J., and Whittaker, J. eds.(1983). *In social support networks: Informal helping in the human service*. New Brunswick, NJ: Aldine Transaction.

Gilligan, C.(1982). *In a different voice: Psychological theory and development*. Cambridge: Harvard University Press.

Glaser, B., and Strauss, A.(1967). *The discovery of grounded theory: Strategies for qualitative research*. Chicago: Aldine Pub. Co.

Glesne, C., and Peshkin, A.(1992). *Becoming qualitative researchers*. White Plains, NY: Longman.

Goets, J., and LeCompte, M.(1984). *Ethnography and qualitative design in educational research*. NY: Academic Press.

Grant, A., and Sleeter, E.(2006). *Turning on learning: five approaches for multicultural teaching plans for race, class, gender and disability*. San Francisco: Jossey — Bass,

Guba, G., and Lincoln, S.(1984). Competing paradigms in qualitative research. In Denzin, K. & Lincoln, S. eds. *Handbook of qualitative research*. London: Sage.

Hage, S., et al.(2005). Multicultural training in spirituality: An interdisciplinary review. *Counseling and Value*s, 50(3), 217. ERIC. EJ 749741.

Hammersley, M., and Atkinson, P.(1995). *Ethnography: Principles in practice (2nd ed.)*. NY: Routledge.

Hansen, F.(1979). *Sociocultural perspective in human learning: An introduction to educational anthropology*. N. J.: Prenticehall.

Harding, S.(1996). Gendered ways of knowing and the epistemological crisis of the west. In Goldberger, N., et al. eds. *Knowledge, difference, and power: Essays inspired by women's ways of knowing*. NY: Basic Books.

Hartsock, N.(2004) The feminist standpoint: Developing the ground for a specifically feminist historical materialism. *In Harding, S. ed. The feminist standpoint theory reader*. New York and London: Routledge.

Jacob, E.(1987). Traditions of qualitative research: A review. *Review of Educational Research*, 51(1), 1 — 50.

Jenkins, R.(1996). *Social identity*. London: Routledge.

Johnson, S.(1995). Enhancing multicultural relations: Intervention strategies for the school counselor. *The School Counselor*, 43, 102 — 113.

Lazarus, S.(1996). *Anthropologie du nom*. Paris: Editions du Seuil. 이종영 역(1996). 이름의 인류학. 서울: 새물결

Lincorn, S., and Guba, G.(1985). *Naturalistic inquiry*. Beverly Hills, CA: Sage.

Luchtenberg, S. ed.(2004). *Migration, education and change*. NY: Routledge.

Marri, R.(2005). Building a framework for classroom — based multicultural democratic education: Learning from three skilled teachers. *Teachers College Record*, 107(5): 1036 — 1059.

McCray, R., et al.(2004). An analysis of secondary school principals' perceptions of multicultural education. *Education*, 125(1), 111. ERIC, EJ 698688.

McNeal, K.(2005). The influence of a multicultural teacher education program on teachers' multicultural practices. *Intercultural Education*, 16(4), 405 – 419.

Melkman, A., and Trotman, J. ed.(2005). *Critical pedagogy and race*. Oxford: Blackwell Publishing.

Merriam, B.(1988). *A case study research in education: A qualitative approach*. San Francisco: Jossey – Bass. 허미화 역(1997). (교육학에서의) 질적 사례연구법. 서울: 양서원.

Mitchell, B., et al.(1995). *The Dynamic Classroom*. 5th ed. Dubuque, IA: Kendall/Hunt.

Mitchell, B., and Salsbury, R.(1999). *Encyclopedia of Multicultural Education*. Westport, Connecticut, London: Greenwood Press.

Milner, R.(2005). Developing a multicultural curriculum in a predominantly white teaching context: Lessons from an African American teacher in a suburban english classroom. *Curriculum Inquiry*, 35(4), 391 – 427.

Moustakas, E.(1994). *Phenomenological research methods*. Thousand Oaks, CA: Sage.

Munroe, A., and Pearson, C.(2006). The Munroe multicultural attitude scale questionnaire: A new instrument for multicultural studies. *Educational & Psychological Measurement*, 66(5), 819 – 834.

Ndura, E.(2006). Transcending the majority rights and minority protection dichotomy through multicultural reflective citizenship in the African Great Lakes region. *Intercultural Education*, 17(2), 195 – 205. ERIC, EJ 736942.

Nelson, L., et al.(2006). A feminist multicultural perspective on supervision. *Journal of Multicultural Counseling and Development*, 34, 105.

Okely, J., and Callaway, H.(1992). *Anthropology and autobiography*. NY: Routledge.

Olesen, V.(2000). Feminism and qualitative research at and into the millennium. In Denzin, N. and Lincoln, Y. eds. *Handbook of qualitative research(2nd ed.)*. Thousand Oaks, CA: Sage.

Parekh, B.(2000). *Rethinking multiculturalism: Cultural diversity and political theory*. NY: Palgrave.

Patton, M.(2002). *Qualitative Research & Evaluation Methods(3rd ed.)*. Thousand Oaks, CA: Sage.

Peacock, L.(1986). *The anthropological lens: Harsh lights, soft focus*. Cambridge: Cambridge University Press.

Pelias, J.(2004). *A methodology of the heart: Evoking academic and daily life*. Walnut Creek, CA: AltaMira Press.

Peng, H., et al.(2006). Producing multimedia stories with ESL children: A partnership approach. *Journal of Educational Multimedia and Hypermedia*, 15(3), 261 – 284.

Philips, S.(1983). *The invisible culture: Communication in classroom and community on the Warm Springs Indian Reservation*. NY: Longman.

Piper, N. and Roces, M. eds.(2003). *Wife or worker? Asian women and migration*. Lanham, MD: Rowman and Littlefield Publishers.

Rabinow, P.(1986). Representations are social facts: Modernity and post – modernity in anthropology. In Clifford, J. and Maecus, G. eds. *Writing Culture: The Poetics and Politics of Ethnography*. Berkeley: University of California Press.

Ragin, C.(1989). *The comparative method: moving beyond qualitative and quantitative strategies*. Berkeley: University of California Press. 이재은 역(2002). 비교방법론. 서울: 대영출판사.

Rajendran, N.(2005). Teachers teaching students from a multicultural background: The case of Malaysia. *Higher Education Policy*, 18(4), 361 – 374.

Reinharz, S.(1992). *Feminist methods in social research*. Oxford: Oxford University Press.

Roysircar, G., et al.(2005). Development of counseling trainees' multicultural awareness through mentoring English as a second language students. *Journal of Multicultural Counseling and Development*, 33(1), 17. ERIC. EJ 699326.

Scholte, B.(1999). Toward a reflexive and critical anthropology. In Hymes, D. ed. *Reinventing anthropology*. Ann Arbor: University of Michigan Press.

Schultz, A.(1967). *The Phenomenology of a social world. Evanston.* Ⅲ: Northwestern University Press.

Schwandt, A.(1997). *Qualitative inquiry: A dictionary of terms.* Thousand Oaks, CA: Sage.

Sowell, T.(1990). Ethnic America: A History. New York: Basic Books.

Spindler, D.(1982). *Doing the ethnography of schooling: Anthropological education in action.* NY: Holt, Rinehart and Winston.

Spradley, P.(1997). *Participant observation.* NY: Harcourt Brace College Publishers.

Spradley, P.(1997). *The Ethnographic interview.* NY: Harcourt Brace College Publishers. 박종흡 역(2003). 문화기술적 면접법. 서울: 시그마프레스.

Stewart, P., and Mickunas, A.(1990). *Exploring phenomenology: A guide to the field and its literature.* Ohio: Ohio University Press.

Tiedt, P., and Tiedt, Ⅰ.(1995). *Multicultural Teaching.* Boston: Allyn & Bacon.

Timm, j.(1996). *Four Perspectives in Multicultural Education.* Belmont, CA: Wodsworth.

Tisdell, E.(1998). Poststructural feminist pedagogies: The possibilities and a feminist emancipatory adult learning theory and practice. *Adult Quarterly*, 48(3), 139 − 156.

Thomas, B.(2001). Civic multiculturalism and the myth of liberal consent. *The Centennial Review*, 1(3), 1 − 30.

Tyler, E.(1958). *The Origins of culture.* London: Harper Torchbooks.

UNESCO(1998). Basic education for empowerment of the poor. Bangkok UNESCO.

van Manen, M.(1988). *Tales of the field.* Chicago: The University of

Chicago Press.

van Manen, M.(1990). *Researching lived experience: Human science for an action sensitive pedagogy*. London, Ontario: The University of Western Ontario Press.

Vidich, A., and Lyman, S.(2000). Qualitative methods: Their history in sociology and anthropology. In Denzin, N. K. & Lincoln, Y. S. eds. *Handbook of qualitative research(2nd ed.)*. Thousand Oaks, CA: Sage.

Wilkinson, K.(1970). The Community as a social field. *Social Forces*, 48, 311−322.

Wolcott, H.(1994). *Transforming qualitative data: Description, analysis, and interpretation*. Thousand Oaks, CA: Sage.

Wolf, D.(1996). Situating feminist dilemmas in fieldwork. In Wolf, D. ed. *Feminist dilemmas in fieldwork*. Boulder, Colo: Westview Press.

Blömker, M.(2004). Politische kultur und politische beteiligung in Deutschland und den Niederlanden. *Jajrbuch des Zentrums für Niederlande−Studien*, 15, 218−222.

BMFSFJ(2003). Die familie im spiegel der amtlichen statistick.

BMFSFJ(2005). Leben in viefalt migrationsfamilien−zwischen integration und ausgrenzung.

3. 인터넷 자료

http://busanwomen.org/

http://fwr.jinbo.net

http://kosian.urm.or.kr

http://kosis.nso.go.kr/

http://wcc.busan.go.kr

http://www.edaily.co.kr/

http://www.epic.kdi.kr/epic−attach/2006/R060498.hwp/

http://www.eulim.org/

http://www.immigrant.or.kr/

http://www.inform.umd.edu/Edres/Topic/Diversity/Reference/divic.

http://www.kr.unescoapceiu.org

http://www.pearlsbuck.or.kr/

http://www.president.go.kr/

http://www.wmigrant.org.bbs/

http://www.yonhapnews.co.kr

〈부록 1〉 인터뷰 가이드

1. 인터뷰 가이드 1

여성결혼이민자들의 한국에 오기 전 생활과 한국생활의 체험에 대한 질문

가. 자국에서의 생활

<한국에 이주하기까지>
결혼해서 한국에 오기 전까지 어떻게 살아왔는지 이야기해 주세요.
무슨 일을 했습니까?
어떻게 한국에 올 결심을 했습니까?
처음 남편을 볼 때 어떤 느낌이었습니까? 어떤 인상을 받았습니까?
남편과 결혼하겠다고 결심한 이유는 무엇입니까?
한국에 오기 전에 어떤 준비를 했습니까? (한국어학습, 문화학습 등)

나. 한국에서의 생활

<한국에 온 후의 체험, 이주의 의미>
한국에 대한 첫인상은 어땠습니까?
처음 한국에 와서 가장 좋았던 것은 무엇입니까?
무엇이 가장 어려웠습니까?
한국에 와서 충격을 받거나 놀란 것은 무엇입니까?

<한국인과 가족관계 형성하기>
<u>한국인 아내로 살아가기</u>
한국인 아내로 사는 것은 어떻습니까?
무엇이 좋습니까? 무엇이 어렵습니까?
남편과 의사소통은 어느 나라 언어로 하십니까?
언제 결혼을 잘했다고 생각하십니까?
결혼에 대해서 후회한 적이 있습니까? 있다면 언제입니까?
한국의 아내와 자국의 아내의 차이점은 무엇이라고 생각하십니까?
남편과 살면서 문화적으로 다르다고 생각한 적은 언제입니까?

<u>한국인 며느리로 살아가기</u>
지금 누구와 같이 사십니까?
시어머니, 시아버지는 같이 사십니까?
친척들(시어머니, 시아버지, 시누이, 시집 친척들)과의 관계는 어떻습니까?
한국친척들과 같이 지내면 어떤 것이 좋습니까? 어떤 것이 어렵습니까?

한국 며느리에 대해 어떻게 생각하십니까?

한국 며느리와 자국 며느리의 차이는 무엇이라고 생각하는지?

<u>어머니로 살아가기</u>

언제 어머니가 되었습니까? 아이는 몇 명입니까? 몇 살입니까?

아이를 가졌을 때, 아이를 어떻게 키워야겠다고 생각했습니까?

어머니가 되었을 때의 느낌은 어땠습니까? 걱정은 무엇이었습니까?

아이를 키우면서 문화적으로 힘든 것은 무엇이었습니까?

한국 어머니와 자국 어머니의 차이는 무엇이라고 생각하십니까?

아이에게 엄마, 아빠의 문화적인 다름에 대해 어떻게 설명하십니까?

아이가 학교에 가면서 가지게 된 생각은 무엇입니까?

학교에 보낼 때 무엇을 가장 걱정했습니까?

아이는 학교생활을 어떻게 하는 것 같습니까?

아이의 교육에 있어서의 문제점은 무엇입니까?

어떻게 아이를 교육시키십니까? 아이 교육에 있어서 무엇이 필요하다고 생각하십니까?

아이의 학교 선생님과의 관계는 어떻습니까?

아이는 친구가 많습니까?

남편은 자녀 교육에 얼마나 관여하십니까?

<지역사회 구성원으로 살아가기>

<u>사회적 지지망 형성하기</u>

이웃사람들과 어떻게 지내십니까?

이웃사람들이 어떻게 대합니까? 어떤 점이 좋습니까? 어떤 점이 어렵습니까?

친구들은 있습니까? 한국 친구가 많습니까? 아니면 자국(외국)의 친구가 많습니까?

한국 친구들은 어떻게 사귀게 되었습니까?

친구들과 얼마나 자주 만나고 만나서 무엇을 하십니까?

도움이 필요하면 누구에게 먼저 상담하거나 부탁하십니까?

<u>외국인으로 살아가기</u>

외국인이기 때문에 한국에서 살기 어려운 점이 있습니까?

한국에서 편견이나 차별을 받는다고 느낄 때가 있습니까?

한국인들은 외국인을 어떻게 보는 것 같습니까?

엄마가 외국인이기 때문에 자녀들이 겪는 어려움이 있습니까?

현재 국적이 어느 나라입니까?

한국 사람에게서 가장 듣기 싫은 말은 무엇입니까?

2. 인터뷰 가이드 2

여성결혼이민자들의 자국생활과 한국생활의 체험에 대한 1차 인터뷰 내용에서 추출된 적응의 장애요인과 이를 위해 개입되는 평생교육 영역에 대한 질문

<언어교육>

한국어를 몰라서 힘든 적이 언제입니까?

지금 한국어는 얼마나 하십니까?

어디에서 한국어를 배웠습니까?

남편과 주로 어느 나라 언어로 이야기하십니까?

아이에게 주로 한국어로 이야기하십니까? 자국의 언어로 이야기
하십니까?

한국에 와서 자국의 언어로 이야기할 기회가 많습니까?

아이에게 자국의 언어를 가르치고 싶습니까?

한국어를 잘하기 위해 무엇이 필요하다고 생각하십니까?

(한국어 교육기관, 한국어 교사, 한국어 교재, 한국어 프로그램 등)

<문화교육>

한국의 문화에 대해 얼마나 아십니까?

어떻게 알게 되었습니까?

문화를 몰라서 당황하거나 힘든 적이 언제입니까?

자국의 문화와 한국의 문화가 다른 점은 무엇입니까?

한국의 문화에 대해서 어떻게 생각하십니까?

자녀에게 자국의 문화를 가르치고 계십니까?

자녀가 한국의 문화를 몰라 힘들었던 적이 있습니까?

<양성평등교육>

자국의 여성과 한국의 여성은 어떻게 다르다고 생각하십니까?

자국에서 여성으로 사는 것은 어떻다고 생각하십니까?

자국의 남성과 여성들의 관계는 어떻습니까?

여성으로서 한국에 사는 것은 어떻습니까?

한국에서 여성이기 때문에 불리한 일을 당한 적이 있습니까?

한국에서 여성으로 사는 것은 어떻다고 생각하십니까?

한국의 남성과 여성들의 관계는 어떻다고 생각하십니까?

한국여성들은 무엇이 좋은 것 같습니까? 무엇이 문제인 것 같습니까?

한국남성들은 여성을 어떻게 대하는 것 같습니까?

한국여성들은 남성을 어떻게 대하는 것 같습니까?

한국에서 여자와 남자는 평등하다고 생각하십니까?

여성과 남성이 같이 살기 위해서 무엇이 필요하다고 생각하십니까?

<인적자원개발>

지금 일을 하고 있으십니까?

(아니라면) 왜 안 하십니까? 취업을 하고 싶은 생각이 있으십니까?

(일을 한다면) 왜 일을 하십니까?

취업을 한다면 어떤 일을 하고 싶으십니까?

취업을 하기 위해 무엇이 필요합니까?

취업을 하는 데 어려운 것은 무엇이라고 생각하십니까?(노동시장의 인종차별, 성차별, 교육의 문제)

어떤 교육을 받고 싶습니까? 취업을 위한 교육이 있다면 받으시겠습니까?

일을 하면 무엇이 좋다고 생각하십니까?

<자녀교육>

아이가 처음 학교에 갈 때 무엇을 걱정했습니까?

아이는 학교생활을 어떻게 했습니까?

아이의 학교생활 적응을 위해 필요한 것은 무엇이라고 생각하십니까?

아이의 학교 선생님(이전 학교)은 아이와 자신을 어떻게 대했습니까?

아이에게 공부를 시킬 때 힘든 점은 무엇입니까?

한국의 교육에 있어서의 문제점은 무엇입니까?

아이 교육에 필요한 것은 무엇이라고 생각하십니까?

한국의 학교에 대해서 어떻게 생각하십니까?

한국의 선생님에 대해서 어떻게 생각하십니까?

<다문화교육>

한국 사람들이 자국의 문화에 대해 얼마나 안다고 생각하십니까?

한국의 공무원, 교사, 한국가족, 일반인들은 자국의 문화를 얼마나 알고 이해한다고 생각하십니까?

한국의 텔레비전이나 영화, 노래에서는 외국인을 어떻게 표현하는 것 같습니끼?

한국사회에서 살기 위해서 무엇이 필요합니까?

한국사회에서 없어져야 할 것은 무엇입니까?

다른 국제결혼가족에게 해 주고 싶은 말이 있다면 무엇입니까?

3. 추가 인터뷰 가이드

인터뷰를 하는 과정에서 불충분하게 진술되었거나, 깊이 있는 인터뷰가 필요한 경우의 질문

〈부록 2〉 연구참여 동의서

연구참여 동의서

연구자: 권미경(동아대학교 교육학과 박사)
연락처: yoonj619@yahoo.co.kr/019 - 2*5 - 54*8

본 연구는 여성결혼이민자들의 생활에 관한 이야기들을 이해하는 데 목적이 있습니다. 연구자는 참여자의 결혼 전 과정부터 만남, 결혼, 입국, 그리고 현재 생활까지의 체험에 대해 질문할 것입니다. 연구자는 참여자와 3회 이상의 면담을 할 예정이고, 각 면담은 1시간 정도 걸릴 것입니다. 면담 내용은 녹음될 것이며 녹음된 내용은 다른 목적으로 사용하지 않고 본 연구를 위해서만 사용될 것입니다. 또한 녹음된 내용은 원하시면 익명으로 인용될 것입니다.

________는 면담에 자의로 참여하고 면담내용을 녹음하고 기록하는 것을 허락합니다. 이 연구에 참여하는 동안 본인에게 어떠한 비용이나 위험이 따르지 않는다는 것을 설명을 통해 알고 있으며, 이 연구에 관한 모든 궁금한 점에 대해 질문하고 대답을 들을 수 있다는 것을 설명 들었습니다. 또한 연구자로부터 본인의 익명을 보장하고 면담하는 동안에 특별한 질문에 대한 대답을 거부할 수 있으며, 원하지 않는 경우 언제든지 참여를 철회할 수 있음을 이해합니다.

2007년   월   일

참여자 ___________
연구자 ___________

권미경

▮약 력

1988년 연세대학교 교육학과 졸업
1990년 연세대학교 대학원 교육학과 졸업(석사)
1991-2000년 연세대학교 언어연구교육원 한국어학당 근무
2007년 동아대학교 대학원 교육학과 졸업(박사)
2001-2008년 동아대, 동의대, 부산외대, 동서대 출강

▮주요논문 및 저서

학부모운동에 관한 교육사회학적 연구
외국어로서의 한국어교육에서 성인학습자의 동기가 학업성취도에 미치는 영향
봉사학습을 통한 여성노인의 생산적 노년: 부산지역 평생학습기관의 여성노인들을 중심으로
미디어시대, 새로운 몸의 등장: 소비자본주의적 몸에 대한 사회문화적 고찰
다문화사회의 교육문화 과제 탐색: 여성결혼이민자의 체험에 관한 질적 연구
다문화주의 실현과 평생교육의 역할: 여성결혼이민자 교육에 관한 비교문화적 고찰
여성결혼이민자 문화 리터러시(Cultural Literacy) 습득의 평생교육적 함의

다문화주의와 평생교육

초판인쇄 | 2009년 8월 17일
초판발행 | 2009년 8월 17일

지은이 | 권미경
펴낸이 | 채종준
펴낸곳 | 한국학술정보㈜
주　소 | 경기도 파주시 교하읍 문발리 파주출판문화정보산업단지 513-5
전　화 | 031) 908-3181(대표)
팩　스 | 031) 908-3189
홈페이지 | http://www.kstudy.com
E-mail | 출판사업부　publish@kstudy.com

등　록 | 제일사-115호(2000. 6. 19)
가　격 | 27,000원

ISBN　978-89-268-0139-0 93330 (Paper Book)
　　　　978-89-268-0140-6 98330 (e-Book)

내일을여는지식 ■ 은 시대와 시대의 지식을 이어 갑니다.